# 法における人間像と経済法

江口公典

尚学社

## はしがき

2000（平成12）年に刊行された最初の論文集（経済法研究序説・有斐閣刊）に続いて、本書は筆者の2番目の論文集である。書名における「法における人間像」には、筆者のこの間の研究を性格づける意味が含まれている。

大学の法学部と法科大学院において経済法の研究教育を担当してきたことから、筆者の仕事の多くの部分は独占禁止法を中心とする実用法学の分野にあった。他方で職業生活の後半に至って、それまでとは異なる関心を抱くようになり、そのなかから本書の第一部に収めている各論稿が生まれることとなった。「法における人間像」は、実用法学的研究と密接に関連してはいても、それとは明らかに異なる基礎法学的関心のキーワードとして選択したものである。

予め読者にお断りしておくべきことがあるように思う。

第1に、収録している論文等の執筆の契機や時期は様々である。それらの論文等の内容を完全に現時点の状況に即したものとするために変更を加えることはしていない。他方で、執筆された時点から事態が大きく動いていて、そのままでは不自然である個所については、必要に応じて手を加えている。

第2に、外国語（ドイツ語、英語）による論文や講演記録を収録している。この間の筆者の研究の重要な部分が外国研究機関の研究者や国際機関との交流をとおして行われ、加えて成果の公表が外国語による出版物として実現したことによるものである。このような活動をとおして大いに学術上の刺激や方向付けを得られたように思う。

以上の2点との関連を含め、収録した論稿に関する経緯や背景等について巻末の「あとがき」に若干のことを述べている。読者の便宜に資することになれば幸いである。

職業として大学における研究教育の道に進んで以降、およそ50年の時間が

経過しようとしている。今日まで勉学や執筆を続けられていることに感慨を覚えると同時に、常に教えをいただいている多くの先生方や友人に対する感謝の念を禁じ得ない。

　出版について貴重な助言を下さった小山剛教授（慶應義塾大学法学部）にお礼を申し上げる。本書の刊行に向けて快適な環境を整えていただいた苧野圭太氏（尚学社）に謝意を表する。


2024年

江口公典

# 目　次

はしがき　　i

### 第一部　法における人間像と現代法

Ⅰ　法における人間像の更新 ……………………………………………… 3

Ⅱ　独占禁止法の基本問題に係る文化的含意 ……………………… 14

Ⅲ　Cultural Implications in the Framework of Basic Issues
of Competition Policy ……………………………………………… 23

Ⅳ　環境問題と競争秩序 ………………………………………………… 29

Ⅴ　ドイツにおける環境問題と競争秩序 ………………………… 42

Ⅵ　日本法のための覚書 ………………………………………………… 59

Ⅶ　Wirtschaftsverfassung und Wirtschaftsrecht in Japan vor
den Herausforderungen der Globalisierung und der WTO ……… 69

Ⅷ　フーゴー・ジンツハイマー「法律家の世界像における変遷」……… 77

Ⅸ　スマートフォンの社会的(悪)影響と法 ……………………… 89

Ⅹ　「ドイツ法」の教育 ………………………………………………… 103

## 第二部　独占禁止法の諸問題

Ⅰ　独占禁止法上の競争の実質的制限に関する覚書 ……………… 123

Ⅱ　独占禁止法上の競争の実質的制限 ……………………………… 132

Ⅲ　Wesentliche Wettbewerbsbeschränkung im Antimonopolgesetz
　　— Ein Vorstudium zum Vergleich des japanischen und deutschen
　　Kartellrechts ……………………………………………………… 143

Ⅳ　独占禁止法の基礎概念 …………………………………………… 153

Ⅴ　競争秩序と知的財産法制のあり方
　　──具体的トピックに基づく検討 ……………………………… 173

Ⅵ　知的財産権と独占禁止法の境界線
　　──権利行使はどこまで許されるのか ………………………… 186

Ⅶ　競争制限的企業集中の規制に関する一考察 …………………… 207

Ⅷ　独占禁止法における企業集中規制の現況と課題 ……………… 220

Ⅸ　業務提携と法 ……………………………………………………… 231

Ⅹ　独占禁止法とは何か（入門）…………………………………… 277

Ⅺ　独占禁止法と競争秩序 …………………………………………… 286


初出一覧　　298

あとがき　　300

第一部

# 法における人間像と現代法

# Ⅰ　法における人間像の更新

## 1．問題提起

（a）　現代日本法の基本的なあり方は、19世紀後半の大規模な社会改革（明治維新）および20世紀中葉の第 2 次世界大戦敗戦に基づく戦後改革の枠組みのなかで、西ヨーロッパ・北アメリカ由来の近代法秩序と個別的法制度が導入されたことに基づいている。このような従来のあり方を前提として日本法の将来像を展望する場合、西ヨーロッパ・北アメリカ由来の法秩序やその個別的構成要素を単に導入し、その固有の秩序原理に即して展開するだけではなく、日本ないしアジアの立場から主体的に法のあり方を更新することが求められているのではないか。20世紀後半から21世紀初頭にかけて明らかになってきている環境問題、経済危機等のグローバルな諸問題がとりわけ西ヨーロッパ・北アメリカ由来の社会システムの限界と密接に関係していることに鑑みれば、日本ないしアジアが従来よりもポジティヴな仕方で問題解決に寄与することは、西ヨーロッパ・北アメリカを含むグローバル・コミュニティーに対して負うべき責任でもあろう。その場合に留意すべき重要な点は、外界（自然）との関係における人間のあり方および人間相互間の関係のあり方に係る理解にまで立ち返り、近・現代法秩序を支えている社会哲学や基本概念について検証することにあるように思われる。

　もちろん、このように考える場合にも、欧米起源の近代法・近代社会システムには数世紀にわたって世界をリードするだけの相応の普遍的な要素がみられ、その故に国民の意思が国会をとおして現行法秩序の基本的なあり方を一貫して承認してきているという事実にも留意しないわけにはいかない。し

かし、外界との関係における人間のあり方および人間相互間の関係のあり方に係る東洋の思想と感性は、今日のグローバルな諸問題を克服し、法と社会の将来像を展望するための大きな潜在力を有しているものと考えられる。求められているのは法における新しい人間像であろう。複雑で困難な課題であることはいうまでもないが、大胆かつ慎重な検討をとおして成果を発信し、法学の分野における真の国際交流に寄与することが求められているように思われる。

(b) 以上は、いくつかの小論をとおして筆者がすでに提示したものである[1]。本稿は、その趣旨を踏まえて検討を進展させるための研究ノートとなる。

## 2. 法学入門、民法基礎理論における問題意識

(a) 1986年刊行の優れた法学入門書である倉沢康一郎『プレップ法と法学』（弘文堂）では、「法の本質」、「法における人間」、「公法と私法」、「近代私法の基本原則」等に関する叙述を踏まえた後半部分に「法と文化──日本人にとって法とは何か」というタイトルの章が置かれ、その冒頭に、次のような叙述がみられる。

「ここまで本書を読んできた人は、少し不思議な感じをもったり、あるいは、人によっては、いらだちを感じたりしたのではないかと思う。というのは、疑いもなく本書は、日本人の大学教師が、日本語で、日本人の読者を相手にして書いている書物であるにもかかわらず、これまで述べられていることは、主として西欧のできごとだからである。」「もちろん、筆者は筆者なりに、これから法学を学ぼうとしている諸君のために、少しでも役に

---

1) 江口公典「日本法のための覚書」法学雑誌タートンヌマン11号（2009年）332–342頁【本書**第一部Ⅵ**】、同「法における新しい人間像を求めて」三田評論2009年5月号48頁。

4　第一部　法における人間像と現代法

立つようなガイド・ブックを書きたいと考えている。ただ、そのためには、人類の歴史の中で西欧近代という時代の占める地位を、法学的な視点から再確認することがどうしても必要であり、また、それが日本の法を正しくとらえるための王道であると筆者は信じているのである。」（倉沢・前掲書136頁）

　この叙述は、それが今日の日本法の基本的なあり方をめぐる著者の基本認識を直截かつ自覚的に表現していること、また「人類の歴史の中で西欧近代という時代の占める地位」についてその「再確認」の必要を指摘していることから、潜在的にではあるにせよ「西欧近代」の相対化のモメントを含むものであると考えられる。この意味で、引用した叙述には本稿の問題提起と強い親近性が認められる。他方で、それぞれのキーワードともいえる「王道」（倉沢）と「更新」（江口）の対照に示されているように、両者の間には一定の距離があることも否定できない。この距離の背後には、両者の考え方が形成された時間的・歴史的な距離があるように思われる。

　（b）　わが国における実用法学のあり方を検証することに焦点を置きながら、サヴィニーの法的判断論の理解について論じた異色かつ出色の業績である原島重義『法的判断とは何か』（創文社、2002年）も、倉沢・前掲書と同様の認識を踏まえているものとみることができよう。この点について、原島・前掲書には、次のような記述がある。

　「いったい何をサヴィニーやカントから自分は学びたいのか。これをはっきりさせる。つまり自分の課題に焦点を合わせて読むことで、やっと自分らしい作業となりましょう。この自分の課題は、日本の法状態をどう思うか、に掛かっています。」「言うまでもないことかもしれませんが、ここでは単にサヴィニーについて解説しているのではありません。日本の法状態に直面しているわたくしがサヴィニーから特に重要と思われるところを取り出しています。」（原島・前掲書148頁、263頁）

Ⅰ　法における人間像の更新　　5

なお、原島・前掲書では、サヴィニー『現代ローマ法体系（*Friedrich Carl von Savigny,* System des heutigen römischen Rechts)』(1840年) 第1巻「法源」・第2章「法源の一般的性格」・15節「それらの関係における諸法源（それらの内容の性格と由来）」における「民族法の内容の二重の要素」（普遍的要素と個別的要素）が取り上げられている。その内容は、本稿の考察との関連において単に共通する問題意識を含むというだけではなく、より深い実質をもつものであることから、以下、節を改めて述べることとしよう。

### 3. 法における個別的要素と普遍的要素

　(a)　法における個別的要素と普遍的要素に関するサヴィニーの考え方について原島・前掲書の記述（258-262頁）に即してとりまとめれば、以下のとおりである[2]。

　　民族法の内容には二重の要素がある。第1に、各民族に特別に属する個別的な要素であり、第2に、共通する人間性に基礎づけられた普遍的な要素である。**(52)**
　　法における2つの要素のうち一方のみを承認することは、次のように法の一面的な取り上げ方につながる。第1の要素のみに着眼して、法の内容を偶然の非本質的なものととらえ、事実をそれ自体として認識することに甘んじるならば、法における、より高い使命を見落とすことになり、他方で、第2の要素のみに着眼して、（すべての民族が自らの実定法の代わりに直ちに採用すべきものとして）実定法の上に浮かぶ標準法を設定するならば、法からあらゆる生命を奪い去ってしまう。個々の諸民族の歴史的な課題は、

---

2) 以下、本文のゴチック数字は、サヴィニーの考え方が示されている原書（*Friedrich Carl von Savigny,* System des heutigen römischen Rechts, 1840)（Scientia Verlag Aalen, 1973 復刻版）の頁を示す。

　6　　第一部　法における人間像と現代法

普遍的な課題をそれら諸民族の特別の仕方で解決することなのであり、普遍的課題をそのようなものとして受け入れるならば、2つの誤った道を回避することができる。(52-53)

　個別的なものに限定して検討されているようにみえる場合にも、全体に対する理解（すなわち法制度のより高い意味に対する理解）が表現されうること、また他方で、普遍的なものに向けられた考察が実際には諸民族の歴史的生活の観察によって支えられている場合があることを、見逃してはならない。(53)

　このような観点から特定の民族の実定法を観察すると、そこで生み出されたものの中にはたいていの場合法の両方の要素が、まったく別のものではなく、むしろ分割できない同一の創造的な力として存在している。(54)

　あらゆる実定法の2つの要素（普遍的要素と個別的要素）を承認することをとおして、同時に立法にとって新しく高い使命が開かれる。なぜなら、このような2つの要素の相互作用の中にこそ前進する民族法の最も重要な動機が存在するのであり、そしてそこでは常に、普遍的目標をより確実に認識しそれに接近しながらも、しかし個別的な生命の新鮮な力を弱体化させないことがポイントとなるからである。このような道程においては、多くの事柄が調整され、多くの障害が克服される必要がある。(56)

法における個別的要素と普遍的要素に係るサヴィニーの見解の含意は、確かに本稿の問題提起に対して大いに示唆を与えるものである。しかし、その含意が一義的ではないことから、それを本稿の問題提起とどのように関連づけて考えるかについては、さらに慎重な検討が求められよう。とりわけ「さまざまな形態で現れる」(55)とされる普遍的要素とは何かということが重要である。さしあたり、2つの点に留意したい。

第1に、普遍的要素が最も純粋かつ直接的に現れるのは「法の道徳的性質」が一般的に作用する場合であるとされ、その実質的内容として「人間の常に平等な道徳的尊厳と人間の自由を承認すること、法の諸制度によって自由を

包摂すること」(55) が指摘されている[3]。

　第 2 に、前述(a)引用部分第 2 パラグラフの意味における法の「普遍的な課題」がキリスト教と関連づけて、次のように論じられている。すなわち、「法の普遍的課題は人間の本性の道徳的規定に帰着するのであり、それはキリスト教の生活観における人間の本性の道徳的規定のあり方と同様である。なぜなら、キリスト教は単にわれわれが生活の規則として承認すべきものであるだけではなく、実際に世界を変革したからである。その結果、われわれのあらゆる思想は、それがキリスト教と疎遠にみえても、また敵対的なものにさえみえても、キリスト教に支配され、支えられている」(53-54)。

　(b)　法人類学にも依拠しながら、世界のさまざまな文化 (思考様式) が人間と法について異なる観念を有していることを踏まえ、それぞれの思考様式に規定された法のあり方に対して思考様式横断的に妥当する法の基本価値はどのようなものかを問うフィケンチャーの研究は、サヴィニーを含む学術的伝統の延長線上に位置づけることができよう[4]。それぞれの思考様式から独立し、むしろ思考様式を条件づける法の基本価値について、フィケンチャーはそれを、それぞれの思考様式に固有の価値に係る問題の提起が許されていることのなかに見出している[5]。


## 4.　法における人間像

　法における人間像の変遷に焦点を当て、とりわけ中世封建社会から近代市

---

3) 原島重義『法的判断とは何か』(創文社、2002年) 261頁以下参照。

4) *Wolfgang Fikentscher,* Wirtschaftsrecht Band I, 1983.

5) *Fikentscher*・前掲注 4) 102頁以下。そこで示されている Synepeik の一般理論と、1989年以降の東ヨーロッパにおける改革に触発されて執筆された彼の民主主義入門書 (*Wolfgang Fikentscher,* Demokratie: eine Einführung, 1993) 55頁以下で示されている「民主主義と文化的思考様式」に関する含意とはどのような関係にあるのか、興味深い。

民社会への転換の過程、そして近代市民法秩序が社会法の成立を伴って現代法へと展開する過程を印象的に描き出したのは、ラートブルフ『法における人間』(1927年) である[6]。またジンツハイマーは、ワイマール期ドイツにおいて労働立法を推進する理論的基礎としてラートブルフの「法における人間」論を援用し[7]、近代市民法 (民法) における「抽象的」人間像 (人格〔Person〕) から社会法 (労働法) における「具体的」人間像 (人間〔Mensch〕) への変化を強調した。

　環境問題と現代法の課題について筆者は、法における人間像の問題と関連づけながら論じたことがある[8]。本稿の考察の観点から、以下、その概要を示す。


## (1) 文明と環境

　広い意味における文明の成立は、人間が自己と対立する存在として自然という外界 (＝環境) を認識することを前提とする。それ以前の段階において、人間は自然界内部の構成要素であるにすぎず、外部の自然全般を自己と対立的な「環境」として明確に意識することもない。この意味で、文明の成立は、

---

6) *Gustav Radbruch,* Der Mensch im Recht (Vandenhoeck & Ruprecht, 1957) および Gustav Radbruch Gesamtausgabe, Band 2 (C.F. Müller, 1993) に収録されている。日本語訳は『ラートブルフ著作集第 5 巻・法における人間』(東京大学出版会、1962年) 1 頁以下。

7)「法律家の世界像における変遷 (Der Waldel im Weltbild des Juristen)」(1928年)、「労働法における人間 (Der Mensch im Arbeitsrecht)」(1930年)、「法における人間の問題 (Das Problem des Menschen im Recht)」(1933年) 等の論文がある (*Hugo Sinzheimer,* Arbeitsrecht und Rechtssoziologie, Band 2, 1976 に収録)。

8) 江口公典「環境問題と競争秩序」法律時報73巻 8 号 (2001年 7 月号) 4 頁以下【本書**第一部Ⅳ**】。

Ⅰ　法における人間像の更新　　9

人間が自然界から独立し、かつ自然と対立する存在となったことを、客観的な現実と人間の意識の両面について表現する指標であるといえよう。しかし、古代、中世までの段階において、人間社会と環境との対立は、次の2つの意味において限定的・個別的なものであった。第1に、自然界と対立する場合にも、その対象は環境全般ではなく、自己の生活に直接関係する限定的・個別的な範囲にすぎない。第2に、自然界と対立する人間社会の側の主体のあり方も、主として村落共同体を単位とするものであり、この点からも限定的・個別的な対立であった。第1の点、第2の点は、もちろん密接に結び付いている。

## (2) 近代市民社会の成立と展開

封建的共同体からの「個人」の解放を導いた近代市民社会の成立をとおして、環境に対する人間社会の働きかけは劇的に強まる。これには、環境への人間の働きかけのあり方に係る個別化およびグローバル化という2つの要素がある。

第1に、共同体から解放された諸個人が基本的な単位となって自然環境と向き合うこととなり、したがって環境に働きかける主体が数的に劇的に増加することとなった（個別化）。第2に、会社制度を踏まえた資本制経済社会の展開により、環境への働きかけの範囲と程度が劇的に強まる（グローバル化）。今日における地球温暖化、大気汚染等の環境上の諸問題の直接的な原因がこの時期に飛躍的に拡大した経済活動にあることは、広く承認されている。

## (3) 現代社会・現代法への変容

資本制経済社会の進展に伴って労働問題、貧困問題、独占問題等のいわゆる社会問題が発生し、近代市民法は重大な修正を加えられることとなった。このことをとおして、近代市民法の枠組みを基礎としながら現代法秩序への

転換が図られる。北アメリカ、西ヨーロッパ、さらには日本等において20世紀前半から中葉にかけてみられた潮流である。このような近代市民法から現代法への変化の決定的な指標となっているのは、今日の意味における労働法、社会保障法および経済法により構成される社会法分野の生成である。社会法の成立を前提とする現代法秩序の特質として、次の2つの点を指摘することができる。第1に、人を自由で平等な「人格」としていわば抽象的に把握する近代市民法の見方を踏まえながら、他方で、労働関係等の場合のように、(それが要請される場面では)人を社会的現実における具体的「人間」ととらえる視点が導入される。これに伴い、第2に、近代市民法において個人の背後に退いていた共同体が、社会法の諸制度をとおして再発見されることとなる(「労働組合」、「一般消費者」等)。

　このように、現代法秩序の成立は、近代市民法の枠組みの否定を意味しないとはいえ、それを大きく変化させる画期的な転換であった。しかし、社会法分野の諸制度は、人間社会内部の諸問題(労働問題、貧困問題、独占問題等)の解決に向けられたものであり、したがって、そこでは、人間社会と、その外部にある自然環境との間の関連が、今日におけるように「環境問題」という形で社会全般の課題として取り上げられることはない。


## ⑷　現代法を超えて

　「公害」問題に対する私法的・公法的手段を投入した取り組みが、今日の環境問題の前史となった。この段階では、しかし、法的手段による事後的救済に主眼が置かれ、この意味では、人間社会内部の事象として処理されていた。これに対し、温暖化を典型とする諸問題は、人間社会内部の事柄という枠を越え、文字どおり「地球環境」問題となる。

　法的課題としての地球環境問題は、人類にとって新たな挑戦である。そこでは、人間社会内部の問題という枠を越え、地球環境と人間社会との関係、いいかえれば地球環境における人間と人間社会のあり方が問われる。この意

味において、法秩序は、環境問題を媒介として現代法を超えた段階へと導かれることとなる。

2001年に執筆された「環境問題と競争秩序」に関する以上の叙述では、そのテーマに規定されて、本稿冒頭の問題提起で示した法における人間像の更新に係る2つのポイントのうち主として「外界（自然）との関係における人間のあり方」のみが取り上げられている。本稿の問題提起では、これに加えてさらに「人間相互間の関係のあり方」の観点にも着眼している。

## 5. 結　語

以上の検討において取り上げたドイツの3人の法学者は、ドイツ史ないしそれを含む世界史の、それぞれ異なる転換期において困難な基本問題に取り組んだ法学者である。すなわち、サヴィニーは19世紀半ば統一ドイツの形成に向かう激動のなかでドイツ民法典のあり方について、ラートブルフはワイマール期から第2次世界大戦後に至る大きな社会的危機のなかで法の基本問題について、そしてフィケンチャーは20世紀半ば以降世界のグローバル化の進展に伴って生じている世界経済法秩序の規範的な理解の問題について、それぞれ顕著な成果をあげており、近・現代法学のいわば巨人である。本稿冒頭の問題提起を踏まえて有効な議論を展開するためには、これらを含む西ヨーロッパ・北アメリカの法伝統との関係においてわが国法秩序の自己認識を形成することが求められよう。その場合、思想、哲学の分野や芸術の分野等において自らの思考や感性の直接の表現が大きな役割を果たす[9]のとは異なり、日本の法と法学の場合には、西ヨーロッパ・北アメリカ由来の法制度の

---

9）鈴木大拙（上田閑照編）『新編　東洋的な見方』（岩波書店、1997年）、佐伯啓思『現代文明論（上）――人間は進歩してきたのか・西欧近代再考』（PHP研究所、2003年）等参照。

存在が前提となることから、いわば微調整の範囲から検討を着手することが現実的であるように思われる。このことは、わが国法秩序に内在する自己認識の現状とも合致している。

I　法における人間像の更新　　13

# II　独占禁止法の基本問題に係る文化的含意

## はじめに

　「独占禁止法の基本問題に係る文化的含意」というこのスピーチの依頼を受けた2001年12月当時、わたしはドイツ・ベルリンに滞在していました。数か月以内に解決しなければならない課題の大きさのことを思うと、ドイツアルプスを間近に望む当地キームゼーの美しい風景を夢想するという楽しみがあったとはいえ、旧東ベルリン、フリードリヒ・シュトラーセ駅近くのゲストハウスで、検討の手掛かりが見つからない心細さに苦しんでいました。ある時、しかし、ひとりの天使がスピーチの最初の数行をささやきかけてきました。天使の名前はマルレーネ（Marlene）。というのは、ちょうどその時期、マルレーネ・ディートリヒ（Dietrich）生誕100年を迎えてドイツ（とりわけ彼女が生まれ育ったベルリン）では、新聞やテレビ等のメディアに毎朝毎晩彼女の記事や映像が溢れ、わたしはある日の新聞の一面全部を飾った彼女の最盛期の写真を部屋の壁に貼り、殺風景なゲストハウスの単身生活に潤いを取り戻そうとしたのです。その天使が独占禁止法の基本問題に係る文化的含意について何を語りかけたのか——この点から、本日のスピーチの内容に入りたいと思います。

## 1.　第1の含意

　とりわけ1930年代に、その青い天使（"der Blaue Engel"〔嘆きの天使〕、マルレーネ・ディートリヒ）だけではなく、その他の多くの著名な文化人を含むド

イツ人が、ドイツ第3帝国という別名を持つ祖国を離れました。彼らはどこへ向かったのでしょう。彼らの多くは、自由の国、アメリカ合衆国へ移住しました。日本でも、自由主義者は地下活動を余儀なくされ、沈黙し、または転向することになりました。ドイツのリベラリストたちとの違いは、日本の場合国境を越えて移住するという状況になかったことや、その必要性が比較的小さかったことだけであったといっていいでしょう。ともかくもこのように、ドイツと日本は文化の領域で大きなダメージを蒙ることとなり、このダメージは今日でも両国の文化のあり方に影を落としているように思われます。要するに、貴重な文化人や文化財を失わないためには、自由と正義に基礎づけられた政治・社会制度を構築すべきであるということです。

　この関連で興味深いのは、アメリカ合衆国（やカナダ）がすでに19世紀の後半には反トラスト立法すなわち独占禁止法制を有していたことです。そして、シャーマン法成立からおよそ四半世紀後の1914年、ヨーロッパでは列強諸国が独占問題の解決に失敗したことをひとつの原因として第1次世界大戦の開戦に至り、他方でまさにその同じ1914年にアメリカ合衆国では、クレイトン法、連邦取引委員会法を制定して、独占問題の合理的な解決へ向けた態勢が格段に強化されました。アメリカが20世紀全般をとおして世界の政治的、経済的そして文化的リーダーであり続けたことの根拠について、以上のような見方ができるように思われます。


## 2.　第2の含意

　地球上には多くの文化があります。そこで、独占禁止法と諸文化との関係について取り上げることとしましょう。実例を上げて考えることが有益だと思われます。以下では、母国日本の例に即して、独占禁止法の基本問題に係る文化的含意の一端を引き出したいと思います。

　わが国では独占禁止法上のカルテル禁止について、文化的な背景ないし社会における伝統に起因する大きな困難がありました。まず、古代日本史のひ

Ⅱ　独占禁止法の基本問題に係る文化的含意　　15

とこまから始めましょう。西暦604年、当時の日本政府（大和朝廷）はいわゆる「17条憲法」を制定したとされています。これは、もちろん近現代の意味における憲法とは性格を異にしており、官吏や貴族に向けた17項目の規範を実質的な内容としています。その「憲法」の第1条は、名宛人である官吏や貴族に対して、和（wa）を尊重し、争いの回避を基本とするよう命じていました。「wa」とは、調和、一致、平和、和解等を意味し、現代日本語においても頻繁に使われることばです。「憲法第1条」のメッセージは、もちろん今日では何ら法的効果を持つものではありませんが、最も重要な社会的規範のひとつであり続け、日本人の行動を強く律していることも、否定できません。

　そして、独占禁止法におけるカルテル禁止原則が必ずしも十分な実効性を発揮できなかったことは、日本における和の伝統文化と関係しているのではないかとも思われます。すなわち、日本社会には、事業者が競争を回避し共謀することを社会的に非難しないような一定の文化的背景があった、と。

　では、独占禁止法（競争法）と日本文化の間には基本的な不一致があるということになるのでしょうか。いや、全くそうではありません。和の精神は、本来的には公共の利益に基づいたものであり、そのように正しく理解された意味における和の精神は、競争法の良き友人であるというべきでしょう。むしろ、談合や価格協定等の競争制限的共謀こそ、一般消費者の利益を侵害する行為として和の精神に反するものであり、共謀者が援用する「和」は、短絡的で退廃した意味における和にすぎません。もっとも、独占禁止法制と和の関係についてこのような本来的な考え方を十分な現実性をもって語れるようになったのは1990年代以降のことにすぎないことにも、留意する必要があります。


## 3. 第3の含意

14か月前（2001年3月）わたしは1週間ケニアに滞在していました。
UNCTAD（国連貿易開発会議）およびケニア共和国独占・価格委員会の主催

により開かれた「東南アフリカ諸国競争政策地域セミナー」(Regional Training Seminar on Competition Law and Policy for Eastern and Southern Africa) の会議に参加するためです。独占禁止法の基本問題に係る第3の文化的含意は、この時の体験と結びついています。象徴的だったのは、滞在したインド洋岸の都市モンバサの空気が、それまで知っていたどこの空気とも違う匂いがし、違って見えたことです。たいへん暑く、しかし快適でした。

セミナーでの仕事も、英語を使用する会議に初めて本格的に参加したことからある程度の難しさがあったとはいえ、順調に進み、おおむね満足のいくものでした。他方で、しかし、会議の中頃から、とりわけ帰国後になってセミナーでの体験やその意味について考えるようになると、この会議に参加したことの意味はそう単純なものではないと思うようになりました。東南アフリカ諸国競争政策地域セミナーの意義を認めるとしても、それには一定の留保が必要ではないか、と。

ところで、イギリス、イタリアおよびドイツからの同僚とともに、わたしは東南アフリカ地域以外からの、いわゆる国際専門家 (international experts) の一員として参加していました。地域内からの参加者が主としてそれぞれの国における競争法のあり方や問題点についてスピーチを行ったのに対し（もっとも地域内には競争法制を持たない国も少なくありません）、わたしたち国際専門家は、いわばセミナーにおける講師ともいうべき役割を担って、競争法の主要論点、関連するトピックおよび事例研究を分担して講演を行いました。たとえばわたしは「垂直的制限と対市場効果」、「競争政策、中小企業および健全で競争的な国内産業の相互関係」についてスピーチし、また独占禁止法と知的財産権の交錯した事例として「商標権に関する北海道新聞（・函館新聞）事件」の概要を解説しました。

前述した一定の留保、そして本日のこのスピーチにおける第3の含意について述べたいと思います。まず、ワシントンDCの法律家ドナルド・ベイカー氏が1999年ザンビアで行った説得力ある講演の1節に耳を傾けてみましょう。彼はアフリカ人の聴衆に、次のように語りかけました。「あなた方の問

II 独占禁止法の基本問題に係る文化的含意　　17

題は、わたしたちアメリカ人の問題と同じ問題ではなく、またヨーロッパ人の問題と同じ問題でもありません。ですから、競争法について北アメリカやヨーロッパ等の問題解決にただ従うということについては注意を要します。……あなた方は、あなた方自身の状況に対応したあなた方自身の問題解決を見出し、北アメリカやヨーロッパ等における誤りから学ぶことができますし、またそうすべきなのです」。このように述べた後、彼は、OECD諸国で引き起こされてきた立法上の誤り6項目および運用上の誤り4項目を指摘しています。すなわち、「張り子の虎にすぎない法律を制定すること」、「過度に漠然とした競争法を制定すること」、「適切な判断基準に基づくことなく規制のターゲットを選択すること」等が指摘されています。引用前半部分のアフリカの聴衆に対する呼びかけを含めて、ベイカー氏の所論にわたしも完全に賛成です。ただ、本日のこの会合における「独占禁止法の基本問題に係る文化的含意」の問題提起者としてわたしは、ベイカー氏の説得力ある所論を、敢えて次のように、さらに推し進めたいと思います。

　すなわち、OECD諸国以外の、たとえばアフリカの諸国には、北アメリカやヨーロッパ等における競争法上の誤りから学ぶこと以上の未来があるのではないか。なぜなら、現在の競争法のコンセプトは、比較的早期に経済的発展を達成した諸国が19世紀末以来直面してきた独占問題への対応として、それら諸国が与えた解答であり、かつそれにすぎないとみられるからです。ケニアやその近隣諸国を含めた国々は、それぞれの創造力とイマジネイションを応用して、直面する諸問題に新しい解答を見出すことができますし、そうすべきなのです。競争法の新しいコンセプトや文化によって競争の古いとらえ方が克服され、新しい問題解決の構想が提示されることを期待したいと思います。そして、将来このような過程においてアフリカ、東南アジア、南アメリカ等の諸国が犯すかもしれない誤りから、北アメリカ、ヨーロッパの諸国や日本や韓国のようにすでに競争法制を発展させている国々の側が多くを学び取り、実りある交流や議論が行われることを、期待しようではありませんか。あるいは、注意深く観察すれば、このような事態がすでに進行しつつ

あるかもしれません。

## 4．第4の含意

　若干のホームシックから、アジアと日本に立ち戻ることをお許しください。また、テーマに関する第4の含意としてこれから述べることは、独占禁止法（競争法）の枠を越えることとならざるをえません。

　19世紀半ば過ぎ、つまり今から140年ほど前、日本は、ヨーロッパの一部と北アメリカで確立していた近代的社会制度を導入する方針を決定しました。そして少なくとも、様々な統計的指標から日本の決定は十分に報われたようにみえます。また、現におおむねそのとおりでしょう。しかし、──このような疑念が日本で公式に表明されることは稀ですが──日本の文化が欧米起源の諸制度と幸福に調和しているかどうか疑わしい面があることも、否定できません。ですから、わたしたち日本の法律家にとって、西洋的に思考し、かつ同時に東洋的な（日本的な）感性をもって行動することは、それほど簡単ではないのです。もっとも、そのように事柄を悲観的に観察せず、むしろ西と東の両方を享受できるのですから、このことをわたしたちの、いわば特権としてポジティヴに受け止めることも可能です。

　いずれにしても、政治、文化、経済等の社会の諸側面について人間の尊厳に即した基本的コンセプトを確立し、願わくば、世界をリードする諸国のひとつに数えられている事実にふさわしい社会を構築することが日本の課題であり、したがって、法制度ないし法律家の役割もこのような前提を踏まえたものとなります。しかし、従来日本がこのような課題に即した自己認識を十分に確立することなく、欧米との関係におけるキャッチアップとアジアとの関係におけるドミナンスを達成することに急であったため、課題への取り組みにはなお多くの時間とエネルギーを要するでしょう。またそのためには、みなさま方をはじめ世界の友人の協力や援助が不可欠です。この関連において申し上げたいのは、世界の人々に日本を訪れていただきたいということで

Ⅱ　独占禁止法の基本問題に係る文化的含意　　19

す。そうして日本を体感した人々に良き批判者となっていただけるよう期待したいと思います。さらに、ある国の深層を理解するには、その国の言葉を話し読み書くことが有効であることはいうまでもありませんし、それが不可欠であるといっても過言ではありません。そのような多くの友人を得られることを期待しています。

## 結　語

スピーチのとりまとめとして、この会議の全体テーマ「国際反トラスト法の将来──比較競争法から共通競争法へ」についてコメントします。

先に述べた第1の含意は、競争法の一般的意義と必要性にほかならず、共通競争法への傾向を加速させる要素となります。第2の含意は、比較競争法から共通競争法への方向性との関係ではニュートラルなものでしょう。そして第3の含意は、異なる諸文化を跨ぐ場合の問題点に注意を喚起し、共通競争法の方向へ短兵急に進もうとすることに警鐘を鳴らしています。

1993年の国際反トラスト規約案（Draft International Antitrust Code〔DIAC〕）では、多角的（plurilateral）な枠組みに即した接近方法が採用されており、その意味で、このスピーチの立場が踏まえられているということができます。このような考え方を合理的かつ忍耐強く推進するならば、規約案の基本的なコンセプトの実現を引き寄せることができるでしょう。

西ヨーロッパおよび北アメリカからの参加者のみなさま、いいかえればこの会議における（わたし以外の）すべての参加者のみなさま、最後に、繰り返しを恐れず、第1に、わたしたちはアフリカ、アジア、スラヴ諸国等からの新たな考え方やコンセプトを受け入れる用意があるべきこと、第2に、わたしたちアジア人の時間（time）に係る理解と感覚はあなた方の場合とは大いに異なるように思われることを申し述べて、わたしのスピーチの締めくくりとしたいと思います。

ご静聴いただき有難うございました。

〔追記〕

　ここに再現したのは、2002年6月3～5日ドイツ・バイエルン州南部フラウエ
ンキームゼー（Frauenchiemsee）において開催され、「The Future of Transnation-
al Antitrust — From Comparative to Common Competition Law」をテーマと
する会議において筆者が行った報告（Cultural Implications in the Framework of Basic
Issues of Competition Policy）の日本語訳である。ただし、時間的・空間的隔たりに
基づく不自然な点等について若干の変更を加えている。

　会議はマックス・プランク知的財産・競争・租税法研究所（ドイツ・ミュンヘン）、
ミュンヘン大学法学部国際法研究所を含む4団体により組織され、会議における
報告とコメントは、前述した会議のテーマと同一のタイトルの書物にまとめら
れ、2003年にすでに出版されている（*Josef Drexl*〔編者〕、Stämpfli Verlag/Kluwer Law
International〔出版社〕）（以下「会議録」という）。会議録の第1部（International Antitrust
and Diversity of Competition Cultures）には筆者の報告およびフィケンチャー（*Wolf-
gang Fikentscher*）教授のコメントが、第2部（From Cooperation to a Common Law of
Antitrust）にはファースト（*Harry First*）教授の報告（Evolving Toward What? The De-
velopment of International Antitrust）およびドレクスル（*Josef Drexl*）教授のコメント、
イド（*Laurence Idot*）教授の報告（Restraints of Competition as an Issue of International
Trade Law: Concentration and Co-operation Cases）およびイメンガ（*Ulrich Immenga*）
教授のコメント、フォックス（*Eleanor Fox*）教授の報告（What is Harm to Competition?
Antitrust, Exclusionary Practices, and the Elusive Notion of Anticompetitive Effect）およ
びエーリケ（*Ulrich Ehricke*）教授のコメントが、第3部（New Issues of Competition Law）
にはハイネマン（*Andreas Heinemann*）教授の報告（Antitrust Law and the Internet）
およびボーデヴィヒ（*Theo Bodewig*）教授のコメント、ウルリヒ（*Hanns Ullrich*）教授
の報告（Competitor Cooperation and the Evolution of Competition Law: Issues for Research
in a Perspective of Globalization）およびフックス（*Andreas Fuchs*）教授のコメントが、
第4部（Multilevel Antitrust Regulation and Enforcement）にはグライムズ（*Warren
Grimes*）教授の報告（The Microsoft Litigation and Federalism in U.S. Antitrust Enforce-
ment: Implications for International Competition Law）およびジョーンズ（*Clifford Jones*）
博士・ジェイミソン（*Mark Jamison*）博士のコメント、ケルバー（*Wolfgang Kerber*）
教授の報告（An International Multi-Level System of Competition Laws: Federalism in

Antitrust) およびキルヒナー（*Christian Kirchner*）教授のコメント、ドレクスル教授の報告（Do We Need "Courage" for International Antitrust Law? Choosing between Supranational and International Law Principles of Enforcement）およびベーレンス（*Peter Behrens*）教授のコメントが、最後に第5部（Outlook）にはポンス（*Jean-François Pons*）氏の報告（Is It Time for an International Agreement on Antitrust?）がそれぞれ掲載されており、これによって、会議の概要と性格がある程度明らかになるものと思う。また、会議録のはしがきに詳述され、筆者の報告の結語でも示唆されているように、会議は、1993年国際反トラスト規約案（Draft International Antitrust Code〔DIAC〕）を起草した研究者グループのイニシアティヴを踏まえて、これをさらに推進するために組織されたものである。この国際反トラスト規約案については、規約案に解説を付した詳細な出版物（*Wolfgang Fikentscher/Ulrich Immenga*〔Hrsg.〕, Draft International Antitrust Code, Nomos, 1995）が刊行されているほか、規約案の日本語訳も公表されている（ジュリスト1036号46-69頁〔正田彬・柴田潤子〕）。

　マックス・プランク知的財産・競争・租税法研究所等の団体が会議の公式な組織者であることはすでに触れたが、会議における報告テーマ等の選定は、主としてフィケンチャー教授、ドレクスル教授が担当された。会議におけるほとんどの報告のテーマが国際競争法制に係る一般的で具体的な問題を対象としているのに対し、筆者の担当したテーマが文化の視点から競争法を考えるという、あまり取り上げられることのない新規なものであったことは、フィケンチャー教授が法人類学の手法により諸文化の間の（国際経済法的な）法的問題の検討に取り組んでいることと関係していよう。報告では、独占禁止法を含む現行法制度に取り組むわが国の学術にとって何が重要なのかという疑問について、ごく部分的ではあれ解答を試みた。なお、第3の含意において取り上げたドナルド・ベイカー氏の講演（Practical Risks and Opportunities for Countries Creating New Competition Laws and Enforcement Agencies）については、*United Nations Conference on Trade and Development (UNCTAD),* Competition Policy, Trade and Development in the Common Market for Eastern and Southern Africa (COMESA), 2000 (UNCTAD Doc. UNCTAD/ITCD/CLP/Misc. 18) pp. 77-81参照。

　スピーチの冒頭で触れたゲストハウスの新聞ポスターは、たいへん遺憾ながら、その後すぐに行方不明になった。

# III Cultural Implications in the Framework of Basic Issues of Competition Policy

## 1. The First Implication

In December 2001, when the offer to take part in this meeting came to me, I was living in Berlin, in the former East Berlin (Ostberlin). At the time I was, of course, concerned at the heavy responsibility that was to be borne within a couple of months. In my room near the station Friedrichstrasse I was indeed fairly helpless, though I could enjoy dreaming of the wonderful landscape of the Chiemsee. At that time, however, an angel whispered to me the first passages of my speech: The angel's name is Marlene. In December 2001 in Germany, especially in Berlin, they always spoke of Marlene Dietrich, who was born just one hundred years ago in Berlin, Germany. Every morning and every evening I saw a "wunderschönes" photograph of her on the wall of the room, because I had cut it from a newspaper in order to decorate my lonely room and to stabilise my psychology in this far western country far from Japan. What did the angel tell me about my theme relating to the cultural implications in the framework of basic issues of competition policy? Now I would like to reconstruct the first implication:

Not only the blue angel, Marlene Dietrich, but also many other German personalities of cultural significance left their mother country, the Third Reich of Germany. And where did they go? As we all know, most of them arrived in the United States of America, the country of freedom at that time. On the other hand, many Japanese liberals were compelled to go underground, to be silent or to be converted. The difference lies only in the fact that the Japanese liberals, unlike their German colleagues, could not escape over the border — or did not have to do so. So in this way Germany and Japan suffered serious damage in the field of culture, which is even now to be perceived. To sum up, a country should have a political and social system that is based on freedom and justice if it would not like to lose its most precious cultural personalities and cultural properties.

In this connection it is very impressive that the United States of America (and Canada) already had antitrust legislation before the end of the nineteenth century. Some decades later, in 1914, World War I began in Europe and in the same year the antitrust legislation was reinforced with the Clayton Act and the FTC Act in the United States. Now we might assume that roughly at that time it became clear that the United States of America was the political, economic and cultural leader in our world during the twentieth century.

## 2. The Second Implication

There are many cultures on the earth. We are now going to inquire about the relationship between competition policy and various cultures. I have a few materials to be discussed. First I'm going to talk about an implication from my country:

As to the prohibition of cartels in the Japanese Antimonopoly Act, there were obvious difficulties because of our cultural background, namely because of our tradition in Japanese society. Now we have to examine old Japanese history: In the year of 604 the old Japanese government with Ten-no as its leader carried into effect the so-called "Constitution with Seventeen Articles" which, unlike constitutions in the modern sense, proclaimed seventeen norms for governmental officials and aristocrats. The first norm of the Constitution told them to highly respect *wa* (which means harmony, unity, peace or conciliation depending on the context) and not to go against other persons. This historical message is naturally no longer of any legal effect. But it has continued to be one of the most important social norms, which have strongly ruled the behaviour of the Japanese people. The fact that the prohibition of cartels by the Japanese Antimonopoly Act has not been more effective can be traced at least partially to the culture of *wa* in Japan. Namely, in Japanese society there have been grounds for firms not to compete, but to cooperate — and sometimes conspire — without being blamed.

Do we accordingly have to assume that there is fundamental inconsistency between Japanese culture and competition law? No, not at all. Rather, the spirit of *wa* is a good friend of competition law and policy because cartels and other anticompetitive practices are to be regarded as something against *wa*. If it is correctly understood, the spirit of *wa* must be based on the common welfare. In this sense

24    第一部 法における人間像と現代法

cartels seem to be related only to the degenerate meaning of *wa*. So today we Japanese can have both our old culture and competition law without any anxiety. But, to be honest, it was just a few years ago that the anxiety at last disappeared: Yes, that was about at the beginning of the 1990s. It was very hard for us to become an approved owner of an antimonopoly law, much harder than becoming an owner of a Mercedes, Cadillac or Jaguar, anyway.

# 3. The Third Implication

Fourteen months ago I stayed for a week in Mombassa, Kenya, where the "Regional Training Seminar on Competition Law and Policy for East and Southern Africa" was held, organised by UNCTAD and the government of Kenya. The third implication is related to my experience in Africa at that time. It was symbolic and meaningful that the air in Mombassa smelled quite different and also looked very different from any air I had ever known. It was hot, but fantastic.

As to my work in the seminar, I was and I am satisfied. This is so partially because there in Kenya I could indeed practice English for the first time in my life. But on the other hand there has been always a kind of reservation both in my brain and in my heart.

Together with British, Italian and German colleagues I took part in the seminar as one of the so-called international experts from outside the region. African participants spoke mainly about the experiences they have had with their competition laws, if they have one. We international experts practically functioned as teachers by talking about all the main topics of antitrust. I, for example, talked about vertical restraints and so on. Well, now we are going to jump to the reservation mentioned above, so to the third implication in my speech.

First of all I would like to cite some passages from a persuasive speech that *Donald I. Baker,* an attorney and counsellor from Washington, D.C., made in 1999 in Zambia [1]. He said to the Africans, "Your problems are not the same as our prob-

---

1) *United Nations Conference on Trade and Development (UNCTAD),* Competition Policy, Trade and Development in the Common Market for Eastern and Southern Africa (COMESA), 2000, UNCTAD-Doc. UNCTAD/ITCD/CLP/Misc. 18, pp. 77-81.

Ⅲ  Cultural Implications in the Framework of Basic Issues of Competition Policy    25

lems — or Europe's either — and therefore you must be careful about just follo-wing North American or European solutions in competition law or elsewhere. ... In creating your own solutions to your own circumstances, you still can and should learn from the mistakes that others made on North America, Europe, and elsewhere." And then he pointed out six legislative errors and four agency errors that, according to him, have occurred in OECD countries. In this way he showed a lot of concrete failures such as "creating a paper tiger", "making the competition law too vague", "being random and undisciplined in selecting targets" and so on. I completely agree with *Mr. Baker*. But as a reporter for the cultural implications in the framework of basic issues of competition policy, I dare to go further.

So I would say that (at least) some of the developing countries including Afri-can countries can and should have more future than to learn from our particular mistakes concerning competition law. Namely, the concept of existing competition laws in our countries is itself only an answer to the monopoly problems that our de-veloped countries have confronted since the last decades of the nineteenth century. Therefore Kenya and its neighbours should be able to find new answers when they encounter their own problems, by applying their own creation and imagination. We expect that new concepts, so new cultures of competition law, may possibly even give up the old conception of "competition". And we would like to learn from mis-takes that Africans might make sometime in the future, wouldn't we?

# 4. The Fourth Implication

Would you allow me to be overcome with homesickness and to return to Asia? What I mention now will surely break the theme.

About a hundred and fifty years ago Japan decided to introduce modern social institutions that were already established in some parts of Europe and North Ame-rica. According to some statistics, the Japanese decision seems to have been suffi-ciently rewarded, and that is true. But on the other hand it is quite questionable whether Japanese culture has been connected happily with originally European and North American institutions, though officially the Japanese political leaders and diplomats would not be ready to recognise such doubts. This problem also seems to be closely related to the great recession that we are now suffering at home in the

Far East.

It's fairly hard for Japanese lawyers to think Western and to feel Japanese at the same time, to live with this ambivalence. However it has been fun and it has been even a privilege for Japanese to enjoy both East and West. Moreover, it would be highly interesting to compare how differently the Chinese, Koreans and Japanese have reacted to western influences, particularly since the nineteenth century. But it is already time to come to the next paragraph.

We Japanese ought to confirm fundamental conceptions based on human dignity, which are necessary for political, social and economic institutions, if we would like to become a country that is worthy of being called one of the leading countries in the world. The task confronting us, which includes the matter of competition law, has not been accomplished yet because Japan always hurried excessively on its way to catch up with European and North American countries and to be dominant in Asia. It would take much time to get our homework finished, and we need your help, friends! In this concern we expect that many young people will come to us from your countries in order to become good critics to us. As to the most important qualification for that, they should have sufficient ability in the Japanese language in order to get to know Japanese culture, how my country is and how it should be. Regarding this matter there is, very fortunately, an obviously positive tendency: Some faculties of law in Germany are planning to offer courses on Japanese law on a regular basis.

## 5. Ending Remarks with Respect to DIAC

Now I want to summarise what the above-mentioned implications tell us concerning the theme of the meeting: "the future of transnational antitrust — from comparative to common competition law":

The first implication is general and global necessity of competition law. This tends to speak for accelerating in the direction of common competition law. The second implication seems to be neutral. And the last two (third and fourth) will rather show yellow cards to a hurried rush toward common competition law: They seem to make us take into account "trans-cultural" cases.

With the DIAC of 1993 you did sufficiently take into account the standpoints presented above, because it is based on plurilaterality. If we go ahead with it rationally enough and patiently enough, we can surely be successful in realising the main conception of DIAC. There seem to be, however, at least two conditions for that: (1) Naturally we must be ready to accept new ideas in the future, maybe from African, Asian and deep Slavic areas and so on, if these ideas are persuasive. (2) Maybe we have to take into account that Asian understanding of time and Asian feeling of time are different from those of European and North American people. It might take a long time before the DIAC is realised.

# IV　環境問題と競争秩序

## 1.　はじめに

　20世紀の後半、環境問題は個別的、散発的な問題ではなく、社会の持続的発展を左右するきわめて切実な一般的課題であることが広く認識されるようになった。そのような認識にもとづいて環境政策上の対応が推進されるに伴い、環境政策の実現手段としての環境法制の顕著な展開がみられる。その結果、環境法が国内・国際の両分野において法秩序の新たな構成要素となりつつあり、また環境問題に対する法的対応をとおして既存の法制度が変化を迫られる場面も少なくない。そのようななか、環境問題に対する法的な施策が推進されるに伴い、検討を要する経済法上の論点も国の内外において生起するようになっている。

　本稿の目的は、環境問題と競争秩序に関する基礎的な問題点について検討を加え、個別具体的な諸問題に妥当な解決を与えるための準備作業を行うことにある。まず、競争秩序ないし独占禁止法制に関する論点を取り上げるに先立って、環境問題と法をめぐる全般的な考察を加える（後述2）。次に、本稿のテーマである環境問題と競争秩序をめぐる問題領域について、独占禁止法の歴史的基礎の検討（後述3(1)）を踏まえて、環境問題と独占禁止法に係る総説的な見方を提示し（3(2)）、そのうえで、テーマに関する主要な個別的領域について問題の整理を試みることとしたい（3(3)）。

## 2. 環境問題と現代法

### (1) 歴史的概観

　現在のように人間社会のグローバルな課題として環境問題がとらえられるに至ったのは、人類史全般の観点からみれば、ごく最近のことといってよい。人間社会が環境ないし環境問題とどのように関係してきたかという点を切り口として、大ざっぱに今日までの歴史的展開を概観することとしよう[1]。

### 1) 文明と環境

　広い意味における文明の成立は、人間が自己と対立する存在として自然という外界（＝環境）を認識することを前提とする。それ以前の段階において、人間は自然界内部の構成要素であるにすぎず、外部の自然全般を自己と対立的な「環境」として明確に意識することもない。この意味で、文明の成立は、人間が自然界から独立し、かつ自然と対立する存在となったことを、客観的な現実と人間の意識の両面について表現する指標であるといえよう。

　しかし、文明の成立以降、古代、中世までの段階において、人間社会と環境との対立は、次の2つの意味において限定的・個別的なものであった。第1に、自然界と対立する場合にも、その対象は環境全般ではなく、自己の生活に直接関係する限定的・個別的な範囲にすぎない。第2に、自然界と対立する人間社会の側の主体のあり方も、村落共同体を単位とするものであり、この点からも限定的・個別的な対立であったということができる。

---

1) 歴史的概観に関する以下の叙述には留保や注釈を要する点が少なくないが、経済法的観点からの検討に焦点を当てている本稿の性質上基本的に省略する。

30　　第一部　法における人間像と現代法

## 2） 近代市民社会の成立

共同体からの「個人」の解放を導いた近代市民社会の成立をとおして、環境に対する人間社会の働きかけは劇的に強まる。これには、環境への働きかけのあり方に係る個人化とグローバル化という2つの要素がある。

第1に、（村落）共同体から解放された諸個人が基本的な単位となって自然環境と向き合うこととなり、環境に働きかける主体が劇的に増加することとなった（個人化）。同時に第2に、このことと不可分の関連において、個人の解放を前提とした資本制経済社会の展開により、個々の市民社会がグローバルに結びつき、その結果、環境への働きかけの範囲と程度は劇的に強まることとなった（グローバル化）。今日における地球温暖化、大気汚染等の環境上の諸問題の直接的原因が、この時期に飛躍的に拡大した経済活動にあることは、広く承認されている。

## 3） 現代社会・現代法への変容

資本制経済社会の進展に伴って労働問題、貧困問題、独占問題等のいわゆる社会問題が発生し、この意味における社会問題の解決なしには社会の将来に向けての進展は期待できないという認識のもとで、近代市民法は重大な修正を加えられることとなった。このことをとおして、近代市民法の枠組みを基礎としながら現代法秩序への転換が推進された。

近代市民法から現代法秩序への変化の最大の指標となっているのは、今日の意味における労働法、社会保障法および経済法により構成される社会法分野の生成である[2]。現代法秩序の総説的な特質として、次の2つの点を指摘することができる。第1に、人を自由で平等な「人格」としていわば抽象的に把握する近代市民法の見方を踏まえながら、他方で、労働関係等の場合のようにそれが要請される場面では、人を社会的現実における具体的「人間」

---

2） わが国における古典的文献として橋本文雄『社会法と市民法』（岩波書店、1934年）参照。なお、江口公典『経済法研究序説』（有斐閣、2000年）286頁以下参照。

ととらえる視点が導入されることとなった。第2に、近代市民法において個人の背後に退いていた共同体（労働者団体等）が、社会法の諸制度をとおして（限定的な範囲においてではあれ）再発見されたということができる。

　このように、現代法秩序の成立は、近代市民法の枠組みの否定を意味しないとはいえ、それを大きく変化させる画期的な転換であったことは否定できない。しかし、現代法秩序を特徴づける社会法分野の諸制度は、人間社会内部の諸問題（労働問題、貧困問題、独占問題等）の解決に向けられたものであり、したがってそこでは、人間社会と、その外部にある自然環境との間の関連が、今日におけるように「環境問題」という形で社会全般の課題として取り上げられるには至らない。


### 4）　現代法を超えて

　「公害」問題に対する私法的・公法的手段を投入した取り組みが、今日の環境問題の前史となった。この段階では、しかし、取り上げられた問題の性質の点からも、損害賠償等の手段による事後的救済に主眼が置かれ、この意味で、人間社会内部の事象として処理されていたということになる。これに対し、温暖化問題を典型とする諸問題は、人間社会内部の事柄という枠を越え、文字どおり地球環境問題となる。

　法的課題としての地球環境問題が、前述したどの歴史的な段階におけるものとも異なる新たな挑戦であることは、疑いない。人間社会は、前述したように、文明の成立をとおして自然界と対立する存在となり、近代市民社会の展開を契機とする飛躍的な経済成長によって地球環境に対する働きかけを劇的に強化して、今日における環境問題を生じさせることとなった。19世紀から20世紀にかけての歴史的展開をとおして、社会問題に対応するために近代市民法には新たな法分野が導入され、現代法秩序へと変容している。しかし、20世紀末に至って明確に社会的・法的課題となった環境問題の場合には、人間社会内部の問題という枠を越え、地球環境と人間社会の関係ないし地球環境における人間社会のあり方が問われる。この意味において、環境問題は法

秩序を、現代法を超えた段階へと導く。


## (2) 環境問題と法学

　前世紀の最終盤以降、環境問題を包括的に検討対象とする環境法学が歩みを始め、確固とした地位を占めつつある。生成期における主要な問題点に触れておきたい。

　第1に、「地球環境変動の現象、影響などに関する自然科学的側面については、研究の進展とともに次第に理解が深められつつあるが、人文社会科学的視点からの地球環境問題への取り組みは、自然科学的視点からの取り組みと比較すると相対的に遅れている状況にある。したがって、現在では自然科学分野の研究者との協調のもとに、人文社会科学分野の研究者による地球環境研究及び問題解決への取り組みを推進することが必要な段階にある[3]」。「多量、集中、短期、単独、確実[4]」を特徴とするいわゆる公害被害に対し、その事後的・個別的対応の手段として法（学）が大きな役割を担ってきていることは否定できないけれども、「少量、広域、長期、複合、不確実[5]」を指標とする温暖化等の地球環境問題については、前述引用文の趣旨が妥当しよう。

　第2に、実現すべき理念の探求を伴わない法学は十分な役割を果たすことができない[6]。この点について、環境基本法からは、環境の恵沢の享受と継承（同法3条）、環境への負荷の少ない持続的発展が可能な社会の構築（同4条）および国際的協調による地球環境保全の積極的推進（同5条）という環境政策上の基本的要請が引き出される。しかし。環境法の理念は、政策という

---

3）　環境庁地球環境部「人間・社会的側面からみた地球環境問題——今後の研究のあり方に関する報告書」（1996年）。

4）　畠山武道＝大塚直＝北村喜宣『環境法入門』（日経文庫、2000年）15頁。

5）　畠山＝大塚＝北村・前掲注4）16頁。

6）　たとえば我妻栄『近代法における債権の優越的地位』（有斐閣、1953年）560頁参照。

範疇を超えた、さらに広い視野からとらえられるべきものであると考えられる。理念としては、環境基本法１条における法目的（「現在及び将来の国民の健康で文化的な生活の確保に寄与するとともに人類の福祉に貢献すること」）が１つの手掛かりとなる。この環境基本法１条の目的規定は日本国憲法25条の生存権規定になぞらえたものであると思われるが、このほか日本国憲法11条（基本的人権の享有と本質）、13条（個人の尊重、生命・自由・幸福追求の権利）も、環境問題に係る権利と直接関係しており、環境法の理念の構成要素となるものといえよう。この場合、しかし、法秩序の課題としての環境問題は、近代憲法ないし現代憲法の想定の範囲を越える要素を含み、基本的人権のカタログそのものの変更を迫る可能性があることに、留意すべきであろう。

　このようにみてくると、環境法の位相が次第に明らかになる。すなわち、人間社会内部の諸問題としての社会問題の解決を指向して推進された近代市民法から現代法への変容を踏まえて、環境法では、さらに広く地球環境における人間社会のあり方が問われることとなる。また、前述した環境問題と憲法上の基本権との関連にも示唆されているように、法的課題としての環境問題は、現代法、そしてその基盤を成す近代市民法の枠組み自体の、少なくとも部分的な検証を要求する側面を有していることは疑いない。

### 3.　環境問題と競争秩序

#### ⑴　独占禁止法の歴史的基礎

　近代市民社会の成立以降、一定の発展段階に至るまで、近代市民法は、私法秩序と公法秩序により二元的に構成され、しかもそこでは、私的自治原理に支えられて私人間の権利義務関係を規律する私法が第一義的な構成要素であり、公法的諸制度はその実効性を確保するという性格を有していたと見ることができる。このような法秩序の基本的なあり方は、確かに現代におけ法秩序においても（高々度からの鳥瞰図としてみれば）維持されていよう。しかし、

国家の私人に対する公法的な規律が、基本的には私的自治の領域の実効性を外から支えるという範囲を越えず、この意味において経済社会の自律を前提としていた点に、現代法と区別される近代市民法秩序の特徴的なあり方が見出される。「自由放任」は、このことの経済政策的表現であるといえよう。この段階では、したがって、国民経済のあり方が法的規律の対象とはなることはなく、（労働法的・社会保障法的諸制度の場合と同様に）経済法に属する法規は存在せず、ましてや競争秩序の確保を指向する独占禁止法制の成立はみられない。

　資本制経済社会の発達をとおして労働問題、貧困問題とともに広義の独占問題が発生し、法制度的解決の要請が広く認識されたときに、経済法が法秩序の構成要素となる。経済法的規律の具体的内容として、競争秩序の確保を規制原理とする独占禁止法制が主要な諸国において採用されるに至るまでにさらに数十年を要したことは、周知のとおりである[7]。

### (2)　環境問題と独占禁止法（総説）

　(a)　独占禁止法は、その生成と展開に着眼すれば、独占問題によって脅かされた自由主義的経済秩序の基盤を回復させるために制定され、したがって、経済社会の進展を支えてきた経済的自由主義を制度化したものであるといえよう。独占禁止法は、この意味で、環境問題の基点となった産業革命以降の経済活動を支えてきた法制度の系譜に属すると言ってよい。このことは、「公正且つ自由な競争を促進し、事業者の創意を発揮させ、事業活動を盛んにし、雇傭及び国民実所得の水準を高め」る独占禁止法の機能を強調する現行独占禁止法の目的規定からも、明白に読み取ることができる。

　(b)　他方で、しかし、独占禁止法の目的規定から、法的課題としての環境問題への取り組みのための糸口を見出せないわけではない。

---

7）アメリカ反トラスト法の生成と展開は例外的に早い。

Ⅳ　環境問題と競争秩序　　35

第1に、独占禁止法の目的として「一般消費者の利益」の確保および「国民経済の民主的で健全な発達」の促進が定められている。ここで「一般消費者」とは現代社会における人間の一般的属性を示していると考えられ、さらに「一般消費者の利益」には、環境問題に係る最大の政策目標としての持続的な発展が含まれると考えるべきであろう。同様のことは「国民経済の民主的で健全な発達」にも妥当する。環境問題に適切に対応することは、ことに国民経済の「健全な」発達の不可欠の構成要素であり、またはそのために必要な基盤を提供するものであるといえよう。資源の有効な利用の促進に関する法律の目的規定（1条）には、まさにこのような考え方が示されている。

　第2に、独占禁止法は環境問題の解決に資する事業活動について「公正かつ自由な競争を促進し、事業者の創意を発揮させ、事業活動を盛んに」することをとおして環境政策上の役割を果たす。環境関連のテクノロジーをめぐる競争が企業の業績を左右するほどの重要性を有することは疑いない。

　(c)　要するに独占禁止法は、社会問題という人間社会の内部的課題に属する独占問題を解決するために主として19世紀末から20世紀にかけて投入された制度であり、沿革的には基本的に環境問題が法秩序の課題として意識される以前の段階の法制度である[8]。このことから、環境問題に係る事項をそれ自体として目的とはせず、一般的には事業者の経済活動を「盛んにし」て間接的に環境問題の発生に寄与してきた。同時に、しかし、独占禁止法は、20世紀における最大の課題の1つであった社会問題の解決のための法制度であることのポジティヴな側面に着眼するならば、環境問題に係る課題を解決するための手掛かりを提供するパワー（潜在力）を具えている。

　このような、両者の間の必ずしも単純ではない相互関係は、環境と競争をめぐる具体的な問題領域においてどのような課題を提起するのか。次には、

---

8）もちろん、この趣旨が妥当しない諸国がある。この点について *United Nations, Model Law on Competition,* UNCTAD Series on Issues in Competition Law and Policy, 2000, pp. 9-10 のリスト参照。

この点について、妥当な解決の方向性を含めて検討する。


### (3)　環境と競争をめぐる主要な問題領域

#### 1)　環境対策における競争秩序の役割

　まず、競争秩序が環境政策および環境法の展開を推進する役割を果たすという点に留意すべきであろう。すでにわが国においても、公正取引委員会により廃棄物対策における競争原理の活用の重要性が指摘され、そのために第1に、システム間の競争、第2に、適切なインセンティヴ付与による競争原理の活用、第3に、競争の前提となる監視体制等の枠組みの整備という諸事項が示されている[9]。なお、リサイクル法制とその実現過程をめぐって競争制限防止法上の深刻な個別事案が生じたドイツでは、このような認識がさらに強い現実性・具体性を帯びている。環境政策における競争の役割に係るドイツ連邦経済省の総説的指摘のみを例示すれば、次のとおりである。「環境政策的目標も競争のなかで最も効率的かつ良好に達成されるということについては、連邦政府内部に基本的な一致がみられる。まさしく、多様な新市場が成立し、ダイナミックな発展の途上にあるこの新たな経済分野においては、ダイナミックな競争のシステムのなかでのみ最適な構造と費用効率を達成することができる[10]」。

---

9）公正取引委員会「廃棄物対策と競争政策上の対応について」（2000年6月23日）
　　2頁以下参照。

10）連邦経済省が1994年に公表した「回収・再利用義務の競争適合的履行の可能性
　　（判断基準カタログ）」（Bundesminister für Wirtschaft, Möglichkeiten der wett-
　　bewerbskonformen Erfüllung von Rücknahme- und Verwertungspflichten (Kri-
　　terienkatalog)）より引用。この文書の全般的な紹介は江口公典「ドイツにおける
　　環境問題と競争秩序」公正取引601号（2000年）27頁以下【本書**第一部Ⅴ**】参照。
　　　なお、ドイツ・ECにおける環境問題と競争秩序に係る諸問題については、沢
　　田克己教授の詳細な研究がある。沢田克己「ドイツ競争制限禁止法と環境保護カ

### 2) 「経済的手法」

前述の趣旨をさらに推し進めれば、環境対策の具体的手法として公法上の規制と競争原理とを組み合わせた、いわゆる経済的手法が有効であると評価され、制度的に採用される場合がある。炭素税のような環境税、排出権取引をめぐる議論はこの問題領域の典型例であり、このほかデポジット制にも同様の要素がある。この問題領域においては、個々の具体的な手法を採用するか否か、採用する場合の枠組みをどう構築し、個々のポイントについてどのような与件（数値）を設定するか等について、創造的な議論が求められる。

### 3) 環境対策に関する独占禁止法の適用・不適用

環境対策に関係した事業者（・事業者団体）の行為に係る独占禁止法の適用のあり方も、検討を要する問題領域である。この点については、問題となる事業者の行為と当該環境対策との関係の仕方に応じて、区別して考えるべきであろう。

第1に、たとえばダイオキシン類測定分析業務に係る談合事件のように[11]、事業者の競争制限的行為が、環境対策の実質的内容（測定分析業務）の範囲に属さない事項（業務の受注）に関するものである場合には、環境対策との関連をめぐる特有な論点は存在しない。したがって、通常の考え方に即して法適用が行われることとなろう。

第2に、これに対し、複数の事業者がリサイクルシステムの構築に共同し

---

ルテル」法政理論31巻2号（1998年）132頁以下、同「EC独占禁止法と環境保護カルテル」法政理論31巻3号（1999年）111頁以下、同「ドイツにおける廃棄物回収システムと競争制限禁止法」奥島孝康ほか編『独占禁止法と競争政策の理論と展開（正田彬教授古稀祝賀論文集）』（1999年）446頁以下、同「ECおよびドイツにおける社会的規制と独占禁止政策法」日本経済法学会年報21号（2000年）40頁以下、同「環境と競争への競争当局の対応」公正取引600号（2000年）44頁以下参照。

11）公正取引委員会平成11年5月25日勧告審決、公正取引委員会・前掲注9）4頁参照。

て取り組む場合のように、問題となる事業者の行為が環境対策そのものの内容となっている場合には、製品市場における競争やリサイクル市場における競争に関して判断するに際して、環境問題と競争秩序の相互関係をめぐる実質的な検討（すなわち両者をめぐる比較衡量）が要請されることとなる。公正取引委員会は、この点の必要性の認識を踏まえ、論点となる主な事項として「リサイクルしやすい部品の規格を統一化・共通化すること」、「廃品引取費用を共同で有料化すること」、「廃品の回収に係るデポジット制度を共同で導入すること」、「リサイクルの達成目標を共同で設定すること」、「マニフェスト（廃棄物処理が適切に行われたことを確認するための管理票）の様式を統一し、その使用を強制すること」を明らかにしており[12]、これを踏まえて検討が行われている段階にあるとみられる。

　資源の有効な利用の促進に関する法律では、「指定再資源化製品」の自主回収・再資源化に係る主務大臣の認定の基準として、複数の事業者による自主回収・再資源化の実施の場合に「他の事業者との間の適正な競争が確保されるものであること」という事項（同法27条1項4号イ）が含まれており、また認定の際に主務大臣が「公正取引委員会に意見を求めることができる」こととされている（同法30条）。これは、環境問題と競争秩序の相互関係をめぐる比較衡量の制度的枠組みであるといえよう。

### 4)　環境対策に関する独占禁止法の不適用の可能性

　前述した第2の点に関する比較衡量を踏まえた検討をとおして、環境対策との関連の故に事業者（・事業者団体）の競争制限的ないし競争阻害的行為に対し独占禁止法を適用しないという結論が引き出されることがある。そうだとすれば次に、そのような結論を、独占禁止法違反行為の成立要件との関係でどのような仕方で引き出すのか。従来の通説的解釈を維持することが問題

---

12）公正取引委員会・前掲注9）5頁以下参照。なお、経済調査研究会「経済の構造的変化と競争政策」（2000年6月）47頁参照。

Ⅳ　環境問題と競争秩序　　39

の妥当な解決を難しくする事態も想定しておく必要があるように思われる。

　具体的には、私的独占、不当な取引制限の定義における反公益性の文言の解釈について、また独占禁止法8条1号に反公益性の文言がないことの解釈について、さらには不公正な取引方法の各行為類型の規定における「不当に」および「正当な理由がないのに」の要件の解釈について、問題が提起されることになる。この場合には、本稿の意味における現代法を超えた法的課題として環境問題を把握し、前述のように独占禁止法の目的規定を理解することが、検討の手掛かりを提供するのではなかろうか。

　なお、環境対策との関連の故に事業者（・事業者団体）の競争制限的ないし競争阻害的行為に対し独占禁止法を適用しないという法政策上の要請が、違反行為の成立要件に係る解釈論によって達成されない場合には、適用除外規定を導入するか否か、導入する場合に適用除外の要件と効果をどう規定するか等をめぐって立法論上の諸問題が提起されることも、念頭に置くべきであろう。この問題について、ドイツでは、一定の解答が引き出されている[13]。

　最後に、環境対策に関する独占禁止法の不適用の可能性には前提条件があることを、強調しておきたい。すなわち、現代法を超えた法的課題としての環境問題に係る政策と法の一定の進展を前提として、環境と競争をめぐる実質的比較衡量が法政策上の現実的課題となると考えられる[14]。この点を検証するためには、しかし、環境法制全般についての検討と評価が必要となる。問題が現実的なものとなっているリサイクル分野の諸制度のほか、さらに広い視野に立てば、再生可能エネルギーの推進に係る市場形成の要請をめぐる

---

13）1998年競争制限防止法第6次改正により新設された「その他のカルテル」に係る適用除外規定（7条）に基づいて「商品の回収または処理を改善する」協定および決定については、一定の要件の下で同法1条（カルテル禁止）からの適用除外を受けることが可能となった。1997年に公表された環境法典委員会草案39条における適用除外規定について江口・前掲注10) 27頁における注(21)の①参照。

14）経済調査研究会・前掲注12) において環境問題との関連が「副次的なキーワード」として位置づけられていることは、このことと無関係ではないように思われる。

問題も、環境問題と競争秩序の相互関係が問われる重要なテーマであろう。本稿における考察を踏まえて具体的な検討を進めることを、今後の課題としたい。

# Ⅴ　ドイツにおける環境問題と競争秩序


## はじめに

　環境問題の解決を目的とする環境法制と競争秩序との関係は、多様な側面を有している。第1に、たとえば温室効果ガスに係る排出権取引制度等のいわゆる経済的手法は、環境リスクを内部化することにより競争秩序のダイナミズムをとおして問題の解決を図る試みである。第2に、たとえばリサイクル制度に係る複数の事業者の共同行為が競争制限的である場合には、独占禁止法の適用の問題が生じ、加えて循環型社会の形成という環境法制上の問題と独占禁止法制との間の制度上の調整が必要となることがあろう。

　本稿では、主に上の第2の側面を取り上げる。この点については、近時わが国においても、複数の事業者が共同して行う自主回収・再資源化について主務大臣が公正取引委員会に意見を求めることができる旨の規定を導入する法改正が行われた（資源の有効な利用の促進に関する法律30条）。

　この意味における環境問題と競争秩序の問題について、ドイツにおける展開では容器包装リサイクル制度に係る競争制限防止法の適用が議論の対象となり、加えて立法論上の具体的な課題も提起されていることから、とりわけ重要な比較検討の対象であるということができよう。以下では、容器包装リサイクル制度に係る競争制限防止法上の諸問題を中心に、ドイツにおける展開を概観する。

## 1. 容器包装リサイクル法制とデュアルシステム

### (1) 循環経済・廃棄物法と容器包装令

　ドイツの環境法制[1]においてリサイクルおよび廃棄物に係る基本的な枠組みを設定しているのは、循環経済・廃棄物法 (Kreislaufwirtschafts- und Abfallgesetz[2]) である。循環経済・廃棄物法は「天然資源の保護のために循環経済を促進することおよび廃棄物の環境適合的な除去を確保すること」（1条）を目的としたうえで、さらに「廃棄物は、第一義的に、とりわけその量および有害性を減少させることをとおして抑制されるべきものであり」「第二義的に、素材として再利用されまたはエネルギー獲得のために使用されるべきものである」（4条1項）という循環経済の原則を宣言している。次に、循環経済・廃棄物法では、「製品を開発し、製造し、加工しまたは販売する者は、循環経済の目的を達成するために製造物責任 (Produktverantwortung) を負う」（22条1項）ことを明らかにし、そのうえで、循環経済を製造物責任の考え方にもとづいて具体的に実施するために、連邦政府に政令を制定する権限を与えている（23条・24条）。

　このような制度上の枠組みに基づいて、容器包装に関する政令 (Verpackungsverordnung・容器包装令[3]) が定められている。容器包装令は、ドイツ

---

1）詳細な体系書として *Michael Klöpfer,* Unweltrecht, 2. Aufl., 1998 参照。
　　本稿のテーマに関する研究として沢田克己「ドイツ競争制限禁止法と環境保護カルテル」法政理論31巻2号（1998年）132頁以下、同「ドイツにおける廃棄物回収システムと競争制限禁止法」『独占禁止法と競争政策の理論と展開（正田彬教授古稀祝賀論文集）』（三省堂、1999年）446頁以下参照。
2）正式な名称は「循環経済の促進および環境適合的廃棄物処理のための法律」（Gesetz zur Förderung der Kreislaufwirtschaft und Sicherung der umweltverträglichen Beseitigung von Abfällen vom 27. September 1994）。
3）正式な名称は「容器包装廃棄物の抑制および再利用に関する政令」（Verordnung

V　ドイツにおける環境問題と競争秩序　　43

における廃棄物処理能力の逼迫に対応し、製造物責任の原則によって循環経済の実現を図る先駆的な制度として、バッテリー、廃油、廃棄自動車等に関する諸政令に先立ち1991年に制定された。1998年の改正を経た現行容器包装令では、容器包装を7類型（販売容器包装、追加容器包装、運搬容器包装、飲料容器包装、再使用容器包装、結合容器包装、長期使用容器包装）に区分し、これら7類型について回収義務、再利用義務、デポジット導入義務等の法的効果をそれぞれ規定している[4]。

### ⑵　容器包装令とDSD

⒜　競争制限防止法上の問題が主として提起されているのは、販売容器包装に係る容器包装令6条の規定との関連である。容器包装令6条は、販売容器包装のリサイクルについて、次のような2段階の規定を置く。

第1に、容器包装の製造業者[5]、容器包装に係る販売業者[6]は、原則的に無料の回収義務および再利用義務を負う（1-2項）。これにより、ドイツの廃棄物処理・リサイクル分野において、伝統的な地方自治体の公的な責任とならんで、製造物責任の考え方にもとづく私人による任務分担が初めて具体的に制度化されることとなった。この意味で、二元的システム（デュアルシステム・Duales System）という用語が定着している。

第2に他方で、個々の事業者の回収・再利用義務は、製造業者・販売業者が一定の要件を充足する回収・再利用システムに参加している場合には免除される（3項）。システムが充足すべき主要な要件は、①各州において地域横

---

über die Vermeidung und Verwertung von Verpackungsabfällen vom 27. August 1998）。

4）詳細については、*Fritz Flanderka,* Verpackungsverordnung (Kommentar), 1999参照。

5）容器包装の素材の製造業者を含む（容器包装令3条7項参照）。

6）容器包装の販売業者、容器包装の素材の販売業者および容器包装を伴って販売される商品の販売業者が含まれる（容器包装令3条8項参照）。

断的に使用済み容器包装の定期的な回収を最終消費者の住居またはその近隣の場所において確保すること、②自治体による既存の回収・再利用事業との間の調整が行われていること、③容器包装令の付則に定める一定の回収・再利用率[7]の達成が証明されていることである。システムの要件充足に係る認定は各州の環境担当行政庁が行う。

(b)　容器包装令6条3項における回収・再利用義務の免除に係るシステムの具体的構築を目的として、容器包装令の制定に先立つ1990年にデュアルシステム・ドイツ社（DSD[8]）が設立された。DSDの設立はドイツ産業連盟およびドイツ商工会議所の決議に基づくものであるとされ[9]、現在の株主は、合計約600社の流通業者、消費財メーカー、容器包装メーカー、容器包装素材メーカーとなっている。

販売容器包装の回収・再利用に係るDSDの事業活動は、容器包装の循環サイクルにおける各段階の関連事業者との間で締結される多様な契約をとおして行われる。それらは、①商標使用契約（財源）、②処理契約（回収・分別）および③引き取り・保証契約（再利用）の3段階に区分される（DSDの事業形態の概念図[10]を参照）。

---

7）1999年1月1日より、ガラス75パーセント、ブリキ70パーセント、アルミニウム60パーセント、紙70パーセント、混合素材60パーセント、合成物質60パーセント（付則〔Anhang〕I 12）。

8）有限会社として設立され、1997年より株式会社（Der Grüne Punkt, Duales System Deutschland Aktiengesellschaft）に組織変更された。2023年現在、Der Grüne Punkt-Duales System Deutschland GmbH となっている。

9）*Klöpfer*・前掲注1）1226頁参照。なお、容器包装令の制定とDSDの設立をめぐる経過について *Andreas Finckh,* Regulierte Selbstregulierung im Dualen System, 1998（とくに54頁以下）; *Rainer Velte,* Duale Abfallversorgung und Kartellverbot, 1999（とくに99頁以下）参照。

10）*Martin Selmayr,* Wettbewerbswidrige Praktiken bei der Entsorgung von Verkaufsverpackungen im Rahmen des „Dualen Systems", Umwelt- und Pla-

DSDの事業形態の概念図

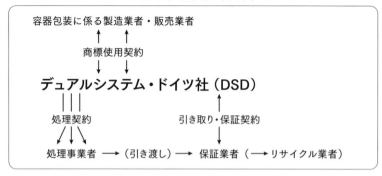

① 商標使用契約（財源）　商標使用契約により、容器包装に係る製造業者および販売業者は、DSDにライセンス料を支払い、容器包装に「グリーン・ポイント（Der Grüne Punkt）」マークを付す権利を得る。DSDは、このライセンス料収入をもって回収・再利用システムの構築と実施の財源とする。「グリーン・ポイント」マークは、マークの付された容器包装がDSDの責任によって回収・再利用されることを保証する。なお、マークは、包装や製品が特別に環境適合的であることを示す標識ではない。

② 処理契約（回収・分別）　DSDは、容器包装令6条3項の意味におけるシステムとして、販売容器包装処理の二元的システムにおける私経済的部分を構築し運営する役割を担い、回収・分別の具体的な実施のために、処理業者（自治体の処理事業部門および民間処理業者）と処理契約を締結する。処理業者は、処理契約に基づいて一定の地域内で使用済み容器包装を回収・分別し、次の再利用の段階に供する。この場合、再利用のため当初の契約では、分別された素材は処理業者によって無償で保証業者に引き渡されることとされていたが、その後、部分的に無償引き渡しが廃止され、処理業者は保証業者を経由せずリサイクリング事業者と直接取り引きすることが可能となっ

---

nungsrecht 1998/3 の図（100頁）を参考にして、加筆し作成した。

た。処理業者は、回収・分別業務につき重量、人口に基づいて算定された報酬を得る。

③　引き取り・保証契約（再利用）　回収・分別された容器包装の再利用のために、DSDはいわゆる保証業者（Garantiegeber）との間で引き取り・保証契約を締結する。保証業者の負う義務は、それぞれ自らの有価物部門につき分別された販売容器包装を引き取り、素材として再利用することである。引き取り・再利用につきDSDに対して保証するところから、保証業者と呼ばれる。保証業者となっているのは、個々の容器包装素材の業界により設立された事業者、またはデュアルシステム等から得られる二次原料の再利用のために特別に設立された事業者である。なお、再利用の具体的な業務は、通常、保証業者と取引関係にあるリサイクリング事業者が行う[11]。

## 2. デュアルシステムをめぐる競争制限防止法上の諸問題

### (1)　総　説

前述のとおり、ドイツ循環経済・廃棄物法では、廃棄物の抑制と再利用を図るために原因者が製造物責任を負うという考え方を明確にし、個々の分野ごとに政令によって具体的に民間事業者による回収・再利用義務を定めている。容器包装令では、容器包装に係る製造業者・販売業者の回収・再利用義務を規定し、その一方で、製造業者・販売業者が一定の要件を充足する回収・再利用システムに参加する場合には、個々の製造業者・販売業者の個別的義務は免除されるとする免責規定を置いている。このような法的枠組みの下において、DSDは、個別事業者の回収・再利用義務の免除を導く唯一のシステムを構築しており、このことをめぐって多岐にわたる競争制限防止法上

---

11) 以上①②③について *Velte*・前掲注9) 101頁以下、*Selmayr*・前掲注10) 100頁以下、Wirtschaft und Wettbewerb (WuW) 6/1997（504頁以下）参照。

Ⅴ　ドイツにおける環境問題と競争秩序　　47

の問題が提起されている。

　具体的には、DSDの設立当初から連邦カルテル庁、連邦経済省、EC委員会等がそれぞれ見解を表明しているほか、連邦カルテル庁による関連する禁止処分もみられ、さらにDSDによってEC競争法上のネガティヴ・クリアランスないし予備的に適用除外申請が提出されている。また、DSDをめぐる競争制限防止法上の諸問題については、環境法、競争法の両方の立場から多くの研究が公表され、複数の研究集会における議論の対象ともなっている。

　以下では、ドイツにおける展開の全体像を示すことを目的として、主要な論点について取り上げることとする。なお、連邦カルテル庁等による働きかけを契機として、DSDの事業活動を規定している、関連事業者との間の契約内容がしばしば変更されており、このことが問題の把握を複雑なものにしているという事情を指摘しておきたい。


## ⑵　連邦カルテル庁等による評価と取り扱い

### 1）　競争制限防止法1条

　まず問題視されたのは、競争制限防止法1条のカルテル禁止との関連である。この点について連邦カルテル庁は、第1に、容器包装に係る製造業者・販売業者が回収・分別事業に対して有する個別的需要をDSDが集中的に処理していること、第2に、容器包装に係る販売業者が「グリーン・ポイント」マークの付された商品のみを取り扱うように少なくとも事実上相互に拘束していることから、違法なカルテルの構成要件に該当するという立場に立つ。しかし、にもかかわらず連邦カルテル庁は競争制限防止法上の規制権限を行使しておらず、DSDの事業活動が容器包装令1条に規定する目的の達成に貢献し、システムが差別的に運用されない限りにおいて黙認する態度を示してきた。

　このことは、逆にいえば、黙認の条件に反して、容器包装令6条3項の意味におけるシステムの範囲を越えてDSDの事業分野が拡大されるときは、

48　　第一部　法における人間像と現代法

規制の対象となる。複数の事例がある。第1に、DSDが大規模事業所における販売容器包装の処理をも自らの業務範囲に取り込む方針を明らかにしたのに対し、連邦カルテル庁が非公式に警告を行い、DSDがこれに従って計画を取り下げた事例がある。第2に、DSDが子会社をとおして実質的に第1の事例の場合に類似した事業拡大を計画したことに対し、連邦カルテル庁は、競争制限防止法1条違反であるとして公式に禁止処分を行った。この事例における事業拡大計画の対象は、大規模事業所に係る処理業務であり、かつ運搬容器包装の処理を含んでいた。これらの業務は、いずれも容器包装令6条3項の意味におけるシステムの範囲に含まれない。なお、上述した第1の警告事例を契機として、容器包装令6条3項の意味におけるシステムは「私的最終消費者」を対象とすることが明示された。DSDの活動領域を限定する方向性が容器包装令の規定のうえで明らかになった[12]。

## 2) EC条約85条

次に、販売容器包装を回収・分別した処理業者から、再利用の責任を負う保証業者への引き渡しに関する契約条項が、ヨーロッパ共同体設立条約（EC条約）85条1項(a)[13]に該当するとされ、処理業者と保証業者の間の取引に係る契約が改定された事例がある。以下、要約する[14]。

回収・分別された容器包装素材から得られる個々の有価物の市場価格が変動ないし低落する状況においてもそれら有価物の再利用を確保する目的から、当初の契約では、処理業者は回収・分別した容器包装素材を無償で保証業者に引き渡すべきものとされていた。これに対しEC委員会は、無償引き渡し

---

12）*Flanderka*・前掲注4）7頁以下参照。このパラグラフ本文の第1の事例について *Flanderka*・前掲注4）7頁以下、同じく第2の事例について WuW 1/1994（63頁以下）参照。

13）条文は当時のものである。

14）*Flanderka*・前掲注4）9頁以下、*Selmayr*・前掲注10）101頁以下、*Finckh*・前掲注9）133頁、*Velte*・前掲注9）103頁以下参照。

V　ドイツにおける環境問題と競争秩序　　49

義務により、処理業者が容器包装素材を所有者として独自に経済的に利用することが妨げられ、また二次原料の市場の成立が阻害されることとなるとして、EC条約85条1項(a)（競争制限的協定等の禁止）に該当すると判断した。その後のEC委員会とDSDの間の意見交換をとおして、DSDは無償引き渡し義務を撤廃する契約改定を行っている。その結果、合成物質の場合を例外として、処理業者は、独自に（または保証業者と提携して）二次原料をリサイクル業者に販売することが可能となった。

### 3）　企業集中規制との関連

さらに、循環経済・廃棄物法に基づくリサイクル制度の枠組みが整備されるに伴い、関係する市場が劇的に成長していることと並行して、処理事業分野において企業集中の傾向が顕著になっている点に注意が向けられている。とりわけ、大規模処理事業者に係る企業集中について、連邦カルテル庁・連邦政府が問題点を指摘している[15]。問題の背景には、次のような大規模処理事業者に係る企業集中規制と関係した諸事情がある。

第1に、大規模処理事業者は自治体と私企業との提携により共同子会社として設立される場合が少なくない。加えて、その場合に自治体は、自治体を含む公的出資により担われているエネルギー供給企業を提携の相手方として選択することがある。この点について、循環経済・廃棄物法制が志向しているリサイクル分野の民営化のあり方として最善ではないとの評価が示されている。

第2に、このような事情からすでに処理事業分野に進出しているエネルギー供給企業が、比較的小規模な処理事業者と株式取得をとおして結合関係を形成する事例が増加していることについて、直ちに企業集中の禁止の要件は

---

15）Tätigkeitsbericht des Bundeskartellamtes 1993/94 (Bundestags-Drucksache 13/1660) 6頁以下・30頁以下・51頁参照。また、*Finckh*・前掲注9）132頁以下参照。

満たされていないものの、中小規模の処理事業者に不利に市場構造を変化させることにつながるとして憂慮が表明されている。次に、大規模処理事業者が関係している企業集中事案の経緯について示しておく。

　DSDとの直接の関連では、合成物質を二次原料として再利用する目的で特別に設立された保証業者であるドイツ合成物質リサイクリング社（DKR）に、処理業者25社が合計50パーセントの資本参加を行っていたことに対し、問題点が指摘され、処理業者の資本参加が解消された事例がある。処理業者は、保証業者たるDKRからリサイクル業務を受注するリサイクリング事業者の親会社である場合が多いという事情が背景にあることからDKRに対する処理業者の影響力をとおして、処理業者と結合関係にあるリサイクリング業者が継続期間10年の長期契約を獲得する等優遇され、その結果、DKRからリサイクリング業務を受注する取引分野の競争が制限されていると判断された。連邦カルテル庁は競争制限防止法１条違反として取り上げたが、問題の実体としては、デュアルシステムをめぐる市場構造のあり方が問われたものと見ることができよう。


## ⑶　デュアルシステムと競争秩序

　⒜　DSDに関するドイツ競争制限防止法上の取り扱いは、容器包装令６条３項の意味における「システム」として機能しているDSDに固有の競争制限についてはさしあたり黙認し、他方で、「システム」としての固有の範囲を越えた競争制限に対しては正面から競争制限防止法を適用するという考え方に立脚しているように思われる[16]。黙認については賛否両論がある[17]。しかし、DSDにより、固有の競争制限を含むDSD設立契約、商標使用契約、処理契約、引き取り・保証契約に係るネガティヴ・クリアランスないし予備的に適用除

---

16）WuW 1/1992, 33頁以下参照。

17）たとえば WuW 4/1994, 320頁以下（*Eike Sacksofsky* 執筆）参照。

Ⅴ　ドイツにおける環境問題と競争秩序　　51

外の申請がEC委員会に提出されており、連邦カルテル庁の黙認には、EC委員会の判断を先行させるという意味が含まれていることも否定できない[18]。

なお、1998年競争制限防止法第6次改正により新設された「その他のカルテル」に係る適用除外規定（7条）にもとづき、「商品の回収または処理を改善する」協定および決定について、一定の要件の下で同法1条のカルテル禁止からの適用除外を受けることが可能となった。競争制限防止法第6次改正に関する連邦政府の理由書[19]にも、「地域横断的な回収・処理システム」の適用除外の可能性が指摘されている。しかし、適用除外の主な要件として、改善が参加事業者により他の方法では実現できないこと、改善がそれと結びつく競争制限と適切な関係に立っていること、競争制限が市場支配的地位の成立または強化をもたらさないことが求められていることから、DSDに関する適用除外規定の具体的な運用は、すでに理由書においても示唆されていたように、相応の条件の付されたものとならざるをえないであろう[20]。場合によっては、今後DSDに関して何らかの形で構造的な措置の必要性が議論されるような事態も否定できないように思われる。

（b）　以上、ドイツ循環経済・廃棄物法に基づく容器包装令6条3項の意味における販売容器包装の回収・再利用システムとしてのDSDを取り上げ、競争制限防止法を中心に競争政策上の主な問題点について検討した。環境問題と競争秩序をめぐる問題については、さしあたり循環経済・廃棄物法制に限定するとしても、容器包装令における販売容器包装以外の運搬容器包装や飲料容器包装に関する諸問題、さらには容器包装令制定以降の循環経済・廃棄物法上の諸政令と競争秩序との関連等、多岐にわたり問題が提起され、制度上の展開がみられる[21]（さらに末尾の**資料**参照）。このようにさらに広い視

---

18）Wirtschaft und Wettbewerb (WuW) 6/1997, 504頁以下参照。

19）Bundestags-Drucksache 13/9720, 47頁以下参照。

20）Bundestags-Drucksache 13/9720, 48頁参照。

21）本文で十分に取り上げることができなかった2つの事項について、簡潔に触れておきたい。

野からの検討は今後の課題である。

　以上の検討から、ドイツにおいては先駆的な環境法制と厳格な競争制限防止法との間の調整という困難な課題が提起され、問題解決のために理論と実務の両面における展開がみられることが明らかとなった。リサイクル法制の

---

　①1992年連邦環境省によりに設置された「環境法典独立専門家委員会」が1997年に公表した環境法典委員会草案には、「私的環境保護契約、環境保護カルテル」のタイトルの下に競争制限防止法に係る適用除外規定（39条）が含まれている。内容的には、環境法典に基づいて制定された法令等における要請の充足に寄与する事業者（団体）の契約・決定について、第1に39条1－3項において、競争制限防止法7条の場合とほぼ同等の要件による適用除外を定めているほか、第2に39条4項では、第1の場合の要件に該当しない場合においても「全体経済を顧慮したうえで優越的な環境保護の根拠から競争の制限が例外的に必要であるときは」競争制限防止法8条類似の大臣許可カルテルとして適用除外とする旨規定している。本文で述べた競争制限防止法7条の場合と比較すれば、環境法典委員会草案39条の規定は、対象となる契約・決議の範囲の点および要件の点に関して適用除外の範囲が広い。しかし、環境法典の制定には、連邦と州の権限等についてなお多くの克服すべき問題点があり、また現実政治的にもデリケートな面があることから、さらに相当の時間を要するとの観測が強い。以上について詳細はBundesministerium für Umwelt, Naturschutz und Reaktorsicherheit (Hrsg.), Umweltgesetzbuch (UGB-KomE), 1998（122頁・513頁以下）参照。
　②連邦経済省が1994年に公表した「回収・再利用義務の競争適合的履行の可能性（判断基準カタログ）」（Bundesminister für Wirtschaft, Möglichkeiten der wettbewerbskonformen Erfüllung von Rücknahme- und Verwertungspflichten (Kriterienkatalog)）の主要部分を**資料**として末尾に掲載する。この文書は、容器包装令に係るDSDの競争制限防止法上の問題点が明らかになったことを踏まえて、また循環経済・廃棄物法に基づくその他の諸政令の制定や容器包装令の改正を視野に入れて作成された。本文において取り上げた連邦カルテル庁の実務を支える基本的な考え方が示されているにとどまらず、経済政策全般を担う連邦行政庁としての原則的な立場が明確に打ち出されており、本稿のテーマに関する経済政策・競争政策的視点からの有益な内容を含んでいる。

Ⅴ　ドイツにおける環境問題と競争秩序　　53

分野において進展の見られるわが国の現状からも、ドイツにおける展開には
今後とも注目すべきであると思われる。


〔資料〕
連邦経済省「回収・再利用義務の競争適合的履行の可能性（判断基準カタログ）」
（抜粋）

### はじめに

　連邦経済省は、民間事業者による自主的なリサイクリングシステムの実務にお
いて生じている諸問題を踏まえて「回収・再利用義務の競争適合的履行の可能
性」を示す判断基準のカタログを作成した。これにより、競争法上の視点から、
競争上の疑義なしにリサイクリングシステムを構築するための指針を事業者に
提供しようとしたものである。後述本文の記述は、回収・再利用システムに際し
て行われる、とりわけ事業者の共同行為がカルテル法上適法であるのか、または
適用除外の可能性があるのか、またどのような条件のもとで場合によってはカル
テル行政庁の裁量に基づく（本来違法な行為の）黙認の対象となりうるのかについ
て判断するための手掛かりを与えるものである。

　連邦政府は別途、とくに廃棄自動車、電気製品スクラップおよびバッテリーに
ついて民間事業者の製造物責任を明確にするために、循環経済法の施行規則の制
定を計画している。そこでは、民間事業者の自主的な義務づけが優先されること
とされている。このことは、このような自主的義務づけがカルテル法の諸規定に
適合する限りにおいて、連邦経済省が従来すでに採用してきた見解の線に沿うも
のである。

　この判断基準カタログは、連邦経済省の見解を表明したものであり、また連邦
カルテル庁との意見調整を経ている。


### 製造物責任の強化による循環経済

　循環経済の目標を追求することが、廃棄物経済の領域における連邦政府の環境
政策における本質的原理のひとつである。この目標は、原因者原則の適用をとお
して、すなわち製造物責任の強化をとおして達成されるべきものである。回収・
再利用義務の負担により、民間事業者は廃棄物の回避の要請に考慮を払うことと

54　　第一部　法における人間像と現代法

なる。容器包装令の制定後、回収・再利用義務を定めた他の一連の政令が議論されている。これら一連の政令の制定に消極的な立場から、経済界は自発的な意思に基づく自主的義務づけの枠組みのなかで特定製品の回収・再利用を確保するという提案を打ち出している。

　環境政策的目標も競争のなかで最も効率的かつ良好に達成されるということについては、連邦政府内部に基本的な一致がみられる。まさしく、多様な新市場が成立し、ダイナミックな発展の途上にあるこの新たな経済分野においては、ダイナミックな競争のシステムのなかでのみ最適な構造と費用効率を達成することができる。

### 計画されている共同行為の判断の手掛かり

　回収・再利用義務の競争適合的履行に関する特別の法的基準は存在しない。競争法的に明白に適法または明白に違法と評価される事案のほか、現在の知見からは一定の傾向を提示することしかできないような一連の事例がある。しかし、容器包装令およびその基礎のうえで成立した回収・再利用システム（DSD・DKR）に係る従来の経験から、計画されている共同行為を審査すべき最初の基準を引き出すことができ、それにより、計画されている共同行為がカルテル法上適法か否か、適用除外能力を有するか否か、またカルテル行政庁の立件裁量の範囲における黙認の対象となるか否かについて、以下のような手掛かりが得られる。

- 供給側・需要側における競争は、将来の市場参入に係る市場の開放性を含め、可能な限り維持されなければならない。需要の集中化ないし供給の集中化をとおして独占が形成されてはならない。たとえば、一般家庭向け販売容器包装に係る収集・分別・再利用業務に対する唯一の需要者となっているDSDの場合がそうであるように、ある製品についてのこれらの業務の需要のすべてが独占されるような解決方法をアプリオリに指向することは許されない。
- 事業者は、回収・再利用義務を履行する場合にその手段の選択において自由でなければならない。システムまたは自治体の施設を利用すべき義務が課されてはならない。
- 回収・再利用義務が共同行為によるシステムの枠組みによって履行される

V　ドイツにおける環境問題と競争秩序　　55

場合、個別的な費用負担を維持し、それにより追求される抑制圧力を無にしないようにするべきである。費用負担のための資金プールは、それが統一的な処理コストを共通に設定することにより製品価格のこの構成部分に関する価格競争を排除する場合には、許容されない。すべての共同行為参加者は、第三者との契約に際し価格・取引条件の設定について自由でなければならない。

- 非集中的・地域的手法および（個々の容器包装や製品のような）素材ごとのシステムの手法は、少なくとも諸市場をめぐる競争の余地を残すものであり、全素材を包括し地域横断的な手法に比べて優れている。たとえば、すべての販売容器包装を取り扱うDSDのように、全国で地域横断的に事業活動を展開しているシステムは、ほとんどの場合に強い競争制限と結びついている。これにより、とりわけ他の事業者ないしシステムに対する参入障壁が、過度に高くなる。

- 経済的な必要性もしくはエコロジーの観点からの必要性から、すべての義務負担者による共同の履行がなされる場合、このようなシステムは、市場経済過程の持続的な阻害を回避するために、以下に掲げるような一定の条件を遵守しなければならない。さらに、これらの条件は独占的性格を有する既存のシステムにも及ぶべきものであり、このことによってその独占的地位を解消する方向に作用するであろう。

  (1)競争による入札手続をとおして、すべての川下・川上の業務（回収、分別、再利用）について供給側の競争が確保されなければならない。地域協定ないし地域独占は回避されるべきである。排他条件付契約についても同様である。業務の発注に際しての競争的な手続を阻害するような人的結合は許容されない。

  (2)契約期間は、必要な設備投資の減価償却期間に左右されることなく必要不可欠な程度に限定されなければならない。こうすることによって、競争者や新規参入者が長期に市場から排除されること、および技術革新競争が消滅することの防止を図ることができる。

  (3)システムは、自らまたは子会社をとおして回収・分別・再利用の業務分野における事業活動を行ってはならず、またその分野で活動する事業者

に直接間接に企業組織上の参加をしてはならない。

## 処理事業分野における競争過程の促進

容器包装令の経験およびその他の回収諸政令をめぐる議論から、次のことが明らかになった。すなわち、立法者は、すでに法律の基本構造を構想するに際して本質的な諸原則に留意することにより、処理事業分野における競争過程を推進し、単に国家独占を私的独占で代替する結果に終わらないようにしなければならない。立法者は、法令を競争適合的に立案することに留意する必要がある。競争が機能している市場に対して規制により介入することは回避されるべきである。将来において法令を制定する場合および容器包装令を改正する場合の実質的な諸原則は、以下のとおりである。

第1に、個別的な手法を基本的に優先すべきである。法令に規定される個別事業者の義務は、その義務の負担者が適正な経済的負担によって履行しうるものでなければならない。

第2に、競争的な構造の成立が推進される必要がある。とりわけ中小規模の事業者が供給側として事業活動を展開しうるような、流動性を有する専門化の手法の余地を残すべきである。共同行為的なシステムの形成を促す事実上の強制が、法令における実体法上の諸要件をとおして生じることのないようにすべきである。共同行為的システムの形成につながるような事実上の強制が経済的な必要性またはエコロジー上の必要性によって不可避である場合には、そのことを当該法令そのものにおいて指摘しなければならない。

このことから、次のような結論が引き出される。

- ヨーロッパ共同体法上そのように規定されない限り、割当率の提示が行われてはならない。
- 競争を制限するような地域横断的システムの存在が要求されてはならない。
- システムまたは自治体の施設を利用すべき義務を課してはならない。民間事業者の活動は、処理義務を有する団体との意見調整の結果のいかんに左右されてはならない。
- 共同行為的システムの形成を事実上強制するような、過度に短い実施期限を定めてはならない。

Ⅴ　ドイツにおける環境問題と競争秩序　　57

- 特定の再利用工程の採用を規定することにより、技術的進歩を阻害することがあってはならない。再利用方式は循環経済法 6 条の規定による。この規定に従えば、技術的可能性および経済的妥当性の範囲内において、より環境適合的な再利用方式が優先されることになる。

　今後の法令制定に際して立法者がやむを得ない経済的・エコロジー的根拠から共同行為によるシステムの導入を検討の対象とする場合には、可能な限り競争が制限されないようにしなければならない。とりわけ業務の調達は競争入札によるべきである。とくに中小規模の事業者に対しても自由な市場参入が確保されなければならない。このほか、民間事業者の共同行為による手法に係る前述の諸基準と合致しない要件を、法令で定めてはならない。

　前述の法律上の与件によれば、加えて回収義務の可及的競争的な履行のための従来の経験に基づく諸基準によれば、あらゆる個々の製品およびその市場が個別的に評価の対象とされることになる。

　回収義務が法律上規定されておらず、環境適合的な回収・再利用のために事業者が自由意思による自主的な義務づけを基盤としたモデルを実施するような場合においても、前述の諸制限・諸条件は顧慮されるべきである。

　法的判断は、個々の事例において連邦カルテル庁が行う。

# VI　日本法のための覚書

(a)　本稿は、筆者が2002年1月25日にベルリン・フンボルト大学法学部博士課程講座（Graduiertenkolleg）において行った講演の内容を覚書として掲載し公表することを主たる目的としている。掲載に際して、原稿にごくわずかな字句の修正を加えた。なお、講演のタイトルは、講座の全体テーマ「ヨーロッパの私法・経済法」（Europäisches Privat- und Wirtschaftsrecht）に即して選択されたものである。講演の実質的な内容は、西ヨーロッパないし北アメリカに由来する近代・現代法秩序を移植してきたわが国法秩序の諸相について、いくつかの、優れて外在的なエピソードを契機として取り上げた前半部分（1～4）、筆者の専門分野である経済法（とりわけ独占禁止法）に係る日本法の展開と特質について論じた後半部分（5）から構成されている。本稿の覚書の背景には、日本法に関する筆者の次のような認識がある。

今日の日本法の基本的なあり方は、19世紀後半の大規模な社会改革（明治維新）、さらに20世紀中葉の第2次世界大戦敗戦に基づく戦後改革の枠組みのなかで、西ヨーロッパ・北アメリカ由来の近代法秩序と個別的法制度が導入されたことに基づいている。このような従来のあり方を前提として日本法の将来像を展望する場合、西ヨーロッパ・北アメリカ由来の法秩序やその個別的構成要素を単に導入し、その固有の秩序原理に即して展開するだけではなく、日本ないしアジアの立場から主体的に法のあり方を更新することが求められているのではないか。とりわけ20世紀後半から21世紀初頭にかけて明らかになってきている環境問題、経済危機等のグローバルな諸問題が西ヨーロッパ・北アメリカ由来の社会システムの限界と密接に関係していることに鑑みれば、日本ないしアジアが従来よりもポジティヴな仕方で問題解決に寄与することは、西ヨーロッパ・北アメリカを含むグローバル・コミュニティー

に対して負うべき責任でもあろう。その場合の最大のポイントは、外界（自然）との関係における人間のあり方および人間相互間の関係のあり方に係る理解にまで立ち返り、近・現代法秩序を支えている社会哲学や基本概念について検証することにあるように思われる。

　(b)　ベルリンにおける講演には、以上のような基本認識に至る初歩的な考察が含まれている[1]。講演内容の公表をとおして、従来の考察の道程を確認し、将来における研究の展望を切り開きたい。その場合には、第1に、前述したところにも示唆されているように、とりわけ（法秩序の基盤となる場合があるとはいえ）それ自体法秩序そのものとは別の（社会）哲学的考察が問題の構成要素となること、第2に、法学的営為との関係についてみても実定法を支える法政策のあり方が問題の中心に位置づけられること、第3に、第1・第2の点に関する十分な基礎付けが行われる場合にのみ立法論や解釈論に係る実用法学上の含意が有効に引き出されることに留意すべきであろう。

　講演を掲載するに際して、講演冒頭の緒言（Vorbemerkung）最終文におけ

---

1）それぞれ異なる観点からではあるが、本文の意味における初歩的な考察を含む筆者の論考として、以下のものがある。

　江口公典「環境問題と競争秩序」法律時報73巻8号（2001年）4頁以下【本書**第一部Ⅳ**】

　*K. Eguchi*, Wirtschaftsverfassung und Wirtschaftsrecht in Japan vor den Herausforderungen der Globalisierung und der WTO, *Rainer Pitschas／Shigeo Kisa* (Hrsg.), Internationalisierung von Staat und Verfassung im Spiegel des deutschen und japanischen Staats- und Verwaltungsrechts (Schriftenreihe der Hochschule Speyer; Band 153)（289頁以下）（2002年）【本書**第一部Ⅶ**】

　*K. Eguchi*, Cultural Implications in the Framework of Basic Issues of Competition Law, *Josef Drexl* (editor), The Future of Transnational Antitrust — From Comparative to Common Competition Law (Munich Series on European and International Antitrust Law, Volume (1)（3頁以下）（2003年）【本書**第一部Ⅲ**】

　江口公典「独占禁止法の基本問題に係る文化的含意」慶應法学9号（2008年）85頁以下【本書**第二部Ⅱ**】

る「このような認識ないし気分」に関して示唆に富む鈴木大拙の言葉[2]を引用しておきたい。

「今からほとんど百年前に、西洋の文化、西洋の思想が、洪水のように、わが国に流れこんできたとき、ネイチュアに対する適当な言葉がないので、やたらに古典をさがした結果『自然』を最もしかるべしとして、採用したのである。これがわれらをして、東洋的思想の中で最も大切で根本的なものを忘れ去らしめた事由となったのである」。

# Kleine Versuche zur Überbrückung der Unterschiede des japanischen und europäischen Privat- und Wirtschaftsrechts

## 1. Vorbemerkung

So praxisorientiert sind die deutschen Akademiker in ihrer Geschichte noch nie gewesen. Diesen Eindruck habe ich immer, wenn ich mal einige Liste betrachte, in denen die Titel der rechtswissenschaftlichen Bücher bzw. Doktorarbeiten gezeigt werden. Natürlich ist es uns allen wohl bekannt, daß im Hintergrund der eben genannten Erscheinungen eine ganze Menge Philosophien stehen. Meiner Einschätzung nach befindet man sich andererseits bei uns in Japan in dem Zeitalter, in dem man noch richtig etwas zu philosophieren hat. Basierend auf dieser Erkenntnis bzw. auf dieser Stimmung möchte ich auf das genannte Thema eingehen.

---

2）鈴木大拙（上田閑照編）『新編　東洋的な見方』218頁（岩波書店、1997年4月）（引用文の初出は1962年10月）。

Ⅵ　日本法のための覚書　　61

## 2. Über die (unvollständige) Grundlage des japanischen Privat(- und Wirtschafts)rechts

Zu uns Juristen kommen grundlegende Thesen manchmal von außerhalb der Dimensionen, innerhalb deren wir immer mühsam herumlaufen. Ein Beispiel: Ein sehr intelligenter, aber (seltsamerweise) auch sehr beliebter japanischer Schriftsteller hat einmal im Report seiner Koreareise eine überzeugende These zur Modernisierung Japans gestellt, und zwar im Vergleich zu Korea und China. Seine These klingt ziemlich schlicht und einfach: Bis zur Öffnung des Landes in der letzten Hälfte des 19. Jahrhunderts war es in Japan mehr als fünf hundert Jahre lang so richtig feudalistisch, wie es in den meisten west- und mitteleuropäischen Ländern auch der Fall war. Und seiner Meinung nach hat diese Tradition des Feudalismus im west- und mitteleuropäischen Sinne eine entscheidende Rolle gespielt, und zwar als Wiege und dann als Sprungbrett für den Aufschwung modernen Japans. Dieser Aufschwung ist innerhalb Asiens lange bis vor kurzem im Alleingang vorangegangen. Korea und China fehlte die Tradition des Feudalismus im oben genannten Sinne.

Das, was jetzt gesagt wurde, bedeutet nicht, daß in Japan frühzeitig die Grundlage der modernen Rechtsordnung, vor allem des Privat- und Wirtschaftsrechts, existiert hat. Es zeigt sich eher das Gegenteil. Das heißt: Das Kulturelle, auch Rechtskulturelle, was von der feudalistischen Rahmenbedingung in Japan bis ins moderne Zeitalter getragen worden ist, sieht anders aus als in Europa. Trotzdem hat man bei uns in Japan das europäische Rechtssystem eingeführt, um unbedingt und so schnell wie möglich modern zu werden. Tiefe Klüfte haben wir noch zwischen dem aus Europa eingeführten Rechtssystem einerseits und der allgemeinen Vorstellung der Menschen in Japan andererseits, was mich dann jetzt, wie oben angedeutet, zum Philosophieren führt.

## 3. Eine Bemerkung zum Vorfeld des japanisch-europäischen Wirtschaftsrechts; oder ein kleiner Tränenpalast in Arizona, USA

Zu uns Juristen kommen entscheidende Erkenntnisse, wie gesagt, manchmal von außerhalb der uns üblichen Dimensionen. Ein weiteres Beispiel: NHK, öffentlich-rechtliche

Rundfunk- und Fernsehanstalt in Japan, hat vor ungefähr zehn Jahren ein Dokumentar-
film gesendet, in dem gezeigt wurde, wie vor dreißig Jahren japanische, damals noch jun-
ge Geschäftsleute in einer mittelgroßen Stadt in Arizona gearbeitet und gelebt haben: Da-
bei handelt es sich um die Geschäftsleute, welche die Elektrogeräte- und Computerfirma
Sharp in die USA geschickt hat, um dort den ersten Stützpunkt errichten zu lassen. Einer
der damaligen, jungen Geschäftsleute, jetzt schon Vorstandsmitglied der Firma, hat ruhig
und leicht lächelnd, also standesgemäß, das Büro gezeigt, in dem er früher tätig war. Etwa
dreißig Sekunden nach dem Beginn seiner Führung vibrierte plötzlich seine Stimme und
dann weint er ganz richtig, er, das Vorstandsmitglied des sehr erfolgreichen Großunter-
nehmens. Die Kamera lief weiter und das ganze Fernsehteam wartete und wartete, bis er
wieder so aussah, wie es bei einem Vorstandsmitglied mormalerweise der Fall ist.

Soll ich Ihnen noch erklären, warum er vor der Fernsehkamera geweint hat? Im klei-
nen und schlicht gestatteten Büroraum sah er in jenem Moment plötzlich, wie es ihm alles
damals so hart, so einsam und so peinlich war, ihm, der sprachlich gar nicht genug vorbe-
reitet war, ihm, der trotzdem in den hoffnungslos großen USA herumfahren musste, um
seinen Vorgesetzten in Osaka sowieso gute Nachricht zu schicken.

Nun meine Bemerkung zum Vorfeld des japanisch-europäischen Wirtschaftsrechts:
Die Tür zum japanischen Markt sollten Sie, meine sehr geehrten Europäer, selbst öffnen,
wenn Sie es wollten.

Ich möchte hier einen der vielen Beispiele für eine sehr erfolgreiche Öffnung unse-
res japanischen Marktes zeigen, und zwar einen Beispiel von meinen deutschen Freunden
aus Stuttgart. Die Firma Daimler-Benz, hier nenne ich sie mit der schönen alten Namen,
ist so erfolgreich in Japan, daß Ihr Marktanteil in meinen Augen zumindest im Zentrum
von Tokio ziemlich so ähnlich erscheint, wie in einer mittelgroßen Stadt in Deutschland,
wozu ich auch ein bißchen mit meiner C-Klasse, einem fast drei Jahre alt gewesenen Ge-
brauchtwagen, beigetragen habe. Wirklich überall in dem Wagen kann man erkennen, wie
hart man in Stuttgart gearbeitet hat, um auch im fernen Osten so erfolgreich zu sein.

# 4. Sternstunde oder ein Debakel in der japanischen Geschichte? (Episoden zur Einführung des Privat(- und Wirtschafts)rechts)

Schon hier möchte ich Ihnen meinen Standpunkt zur eben gestellten Frage klar machen:

Ⅵ　日本法のための覚書　　63

Trotz alledem war es die Sternstunde im Sinne von Stefan Zweig. Aber worum geht es?

Einige Jahre nach dem politischen Machtwechsel, den die Öffnung des Landes bald herbeigeführt hatte, schickte die damalige japanische Regierung im November 1871 eine diplomatische Mission nach Europa und in die USA. Dabei handelte es sich um eine ungewöhnliche diplomatische Mission: Deutlich mehr als die Hälfte der wichtigsten Spitzenpolitiker waren bei der Weltreise dabei, obwohl es noch damals politisch recht kritische Situationen gab, und zwar nicht zuletzt wegen der Unruhe seitens der ehemaligen Ritterschaft, also der ehemaligen Samurais. Die politische Lage war so kritisch, daß es in der Tat einige, teilweise sehr große Aufstände gab. Das war wirklich knapp, also.

Das Ziel der Mission war klar: Man wollte alle wichtige Informationen nach Hause mitbringen, mit denen man so modern werden kann wie die Europäer. Es ging zum Beispiel um Eisenbahn- und Postwesen, Industrie, Krankenhaus (Ärzte und Kankenschwester), Militär, Schulwesen und nicht zuletzt auch um das Rechtssystem. Übrigens: Sie waren fast zwei Jahre lang unterwegs, vor allem in England, Frankreich und im ganz frisch entstandenen zweiten deutschen Reich. Sicherlich standen die Japaner auch hier nebenan auf dem Berliner Bebelplatz und dachten, "Oh! Das ist ja eine echte europäische Universität. Wir wollen auch zu Hause bald so was haben, wa?"

Dann zur Sache: Nach der Sternstunde ist dann aber der Gesetzgebungsprozess nur mühsam vorangegangen, zumal man von Null an (oder von Minus an) anfangen musste. Offenbar gab es dabei zwei Fronten, zwischen denen heftig gekämpft wurde. Auf der einen Seite stand man vor der Frage, welches Rechtssystem als Vorbild für uns am besten passen würde, das britische, das französische oder doch das preußisch-deutsche. Bei der zweiten Front ging es darum, wie wir bei der Gesetzgebung die oben genannten tiefen Klüfte zwischen den Vorstellungen des europäischen Rechtssystems und den asiatisch-japanischen Traditionen hätten erledigen sollen, was in der Tat eine fast unlösbare Hausaufgabe darstellte. Aber die damaligen Japaner waren ziemlich tüchtig. Hier nur ein kurzer Überblick über das Ergebnis, das unsere teilweise braven, aber teilweise auch schlauen Schüler in der japanischen Geschichte hinterlassen haben:

Hier sehen wir vielleicht eine Grenzlinie zwischen dem öffentlichen Recht und Privatrecht. Ein Beispiel für öffentliches Recht: In Bezug auf die erste japanische Verfassung mit dem Kaiser (=Ten-no) an der Spitze hat das deutsche Recht eine entscheidende Rolle gespielt. Denn in den Augen der damaligen japanischen Machthaber erschienen die Briten und die Franzosen damals zu fortschrittlich, zu demokratisch. Im Bereich des Privatrechts sieht es anders aus: Das britische Common Law war begreiflicherweise nicht angemessen, weil man damals in Japan nicht so viel Zeit hatte, wie einige hundert Jahre. Also: Die japanischen privatrechtlichen Gesetze, vor allem das Bürgerliche Gesetzbuch und das Handelsgesetzbuch zeigen einerseits deutsche und andererseits französische Züge, was noch heute nicht selten zu heftigen Kontroversen zwischen den japanischen Zivilrechtlern führt.

# 5. Über die Entwicklung des japanischen Wirtschaftsrechts nach dem Zweiten Weltkrieg

## (1) Die Entscheidung für eine demokratische Wirtschaftsverfassung und Charakter des ersten japanischen Antimonopolgesetzes von 1947

Das Ende des Zweiten Weltkriegs bedeutete für Japan eine zum Teil revolutionsartige Veränderung der politischen und gesellschaftlichen Institute. In diesem Zusammenhang gingen die Besatzungsmächte, vor allem die Amerikaner, ganz entschieden und sehr rasch vor: Der Druck zur Demokratisierung der Wirtschaftsverfassung war so groß, daß noch in Trümmern das erste Antimonopolgesetz im Jahr 1947 entstand. Dadurch ist die Entscheidung für eine freie und demokratische Wirtschaftsverfassung getroffen worden, und zwar mit Recht.

Der Wesensgehalt des Antimonopolgesetzes bestand (und besteht immer noch im wesentlichen) aus den Vorschriften, die den Kernvorschriften der amerikanischen Antitrustgesetze entsprechen; das Verbot der privaten Monopolisierung und Kartelle, das Verbot der unlauteren Geschäftsmethoden und die Fusionskontrolle. Weil aber das Antimonopolgesetz, anders als deutsches Kartellgesetz, schon am Anfang der Besatzungszeit entstanden ist und weil es also in direkter Verbindung mit besonderen Maßnahmen zur Demokratisierung der japanischen Wirtschaft, vor allem in Verbindung mit der Auflösung von Zaibatsu (=vertikal strukturierte Unternehmenszusammenballung mit der gigantischen Wirtschaftsmacht) zur Welt gekommen ist, hat das Gesetz außergewöhnlichen Charakter gehabt: im ersten Antimonopolgesetz fanden sich nicht nur der oben genannte Wesensgehalt, sondern auch gleichzeitig außergewöhnlich strikte Vorschriften, z. B. ein grundsätzliches Verbot der Holdingsgesellschaften und des Anteilserwerbs der Unternehmen. Noch bemerkenswerter als diese Tatsache selbst ist es, daß es damals in Japan keine wesentliche Tradition für das Rechtssystem der demokratischen Wirtschaftsverfassung gab, und zwar ziemlich anders als in Deutschland: Symbolisch gesagt, hier hat man Franz Böhm gehabt, dort in Japan aber keinen. Das Antimonopolgesetz musste ohne reale inländische Unterstützung seine ersten Schritte machen.

In der Besatzungszeit bis 1952 hat man etwaige Erfolge durch die Anwendungspraxis der japanischen Fair Trade Commission gehabt. Nach der Weichenstellung der US-amerikanischen Weltpolitik und insbesondere nach der Unabhängigkeit Japans von 1952, hat aber das Umfeld des Wirtschaftsrechts anders ausgesehen: man wollte nun wieder eine gestärkte Wirtschaft Japans gegen den Ostblock, und zwar sowohl aus inländischer Sicht als auch auf amerikanischer Seite.

## (2) Das Antimonopolgesetz unter dem Druck der Industriepolitik

Im Zeitraum von der Unabhängigkeit Japans im Jahr 1952 bis zum Anfang der sechziger Jahren haben das Antimonopolgesetz und die Wettbewerbspolitik auf grund massiven Drucks seitens der Industriepolitik der damaligen Regierung negative Entwicklung gezeigt. Dabei steht die Novellierung von 1953 im Mittelpunkt:

Durch diese Gesetzesnovelle sind erstens die oben genannte außergewöhnlich strikten Vorschriften gestrichen worden, was aber eher positiv anzusehen ist, weil damit das japanische Antimonopolgesetz insoweit dem damaligen Weltstandard entsprochen hat. Zweitens hat die Novelle auf der anderen Seite sehr umfangreiche Freistellungsmöglichkeiten vom Kartellverbot eröffnet. Dies hat die Wirkung des Gesetzes langfristig gelähmt: Man kann vom Stillstand der Funktion des Antimonopolgesetzes sprechen, der gut zehn Jahre lang gedauert hat. Die japanische FTC war nämlich damals von drei Seiten fest gefesselt; von der Wirtschaft, der Regierungsparteien und dem nun schon weltbekannten MITI (= Ministry of International Trade and Industry).

## (3) Wesentlicher Start der japanischen Wettbewerbspolitik durch Orientierung am Verbraucherinteresse

Man hat also damals vor der Aufgabe gestanden, aus dem Papiertiger ein funktionsfähiges Grundgesetz für eine freie und demokratische Wirtschaftsverfassung zu machen. Der Lösungsansatz kam Anfang der sechziger Jahre von tief unten aus der Wirtschaftsstruktur, was auch dem Wesen der Demokratie recht genau entspricht:

Es war inzwischen notwendig geworden, die auf die Verbraucherinteressen bezoge-

66    第一部　法における人間像と現代法

nen sozialen Probleme zu lösen, die sich aus dem raschen Wirtschaftswachstum ergaben. Und als einer der Versuche, dieser Situation Herr zu werden, wurde von der japanischen Regierung das Antimonopolgesetz eingesetzt. Dabei gibt es zwei Problembereiche; erstens das Kartellverbot und das Verbot der vertikalen Preisbindung als Mittel gegen unerhoffte Preiserhöhungen und zweitens das Verbot der unlauteren Geschäftsmethoden als Mittel gegen die überzogene Zugabenstrategie und gegen die irreführenden Angaben für Waren und Dienstleistungen.

Es ist bemerkenswert, daß die Entwicklung des japanischen Antimonopolrechts daraufhin von einer starken Orientierung an den Verbraucherinteressen geprägt ist. Während hier in Deutschland die Mittelstandsverbände bei Gesetzgebungsverfahren zum Kartellrecht eine wichtige Rolle spielen, ist dort in Japan der Beitrag der Verbraucherverbände zur Entwicklung des japanischen kartellrechts beachtlich.

In dieser Weise hat man nun erst auch im Inselland im fernen Osten die gesellschaftliche Bedeutung des Kartellrechts richtig erkannt. Damit sind jedoch die schon genannten negativen Entwicklungen des Kartellrechts nicht plötzlich verschwunden. Begonnen hat dann die Zeit der Machtkämpfe zwischen der Industriepolitik vor allem vom MITI einerseits und der Wettbewerbspolitik der FTC andererseits.

### (4) Die letzten Entwicklungen des Antimonopolgesetzes und ihre Hintergründe

Seit den sechziger Jahren hat sich die Wettbewerbspolitik zwar langsam, aber immer erfolgreicher durchgesetzt. Dies kann man im übrigen auch daran klar erkennen, daß die einmal im Jahr veröffentlichte Entscheidungssammlung der FTC immer dicker und schwerer geworden ist und daß das Antimonopolgesetz im Jahr 1977 eine große Novelle für die verstärkte Kontrolle erfahren hat. Und außerdem hat es in den neunziger Jahren eine Serie von Novellierungen des Antimonopolgesetzes gegeben, die besonders auf eine Stärkung der Sanktinonen gegen die Wettbewerbsbeschränkungen, auf eine Verbesserung der Rahmenbedingungen der Fusionskontrolle und auf eine umfangreiche Abschaffung der Freistellungen vom Kartellverbot abgestellt haben.

Zum Schluß sind auf die Hintergründe der eben erwähnten letzten positiven Entwicklungen hinzuweisen, zumal sie für das Thema als entscheidend wichtig anzusehen sind. Das heißt: In Bezug auf die Novellierungen des Antimonopolgesetzes in den neunziger Jahren muß man annehmen, daß sie zum großen Teil erst mit Hilfe des ausländischen diplomatischen Drucks verwirklicht worden sind. Der Druck ist vor allem aus Washington gekommen, aber auch aus der europäischen Hauptstadt, Brüssel. Das Hauptziel des Drucks ist die Öffnung des japanischen Marktes, einer der wesentlichsten Bestandteile der Herausforderung der Globalisierung.

Mein Vortrag ist jetzt fast zum Ende gekommen. Habe ich richtig philosophiert? Nein. Hat es mir beim Versuch zur Überbrückung der Unterschiede des japanischen und europäischen Privat- und Wirtschaftsrechts gelungen? Nein, auch nicht. Ich hoffe nur, mein Vortrag hat dazu geführt, daß Sie, die jungen deutschen Juristen, jetzt mehr Lust dazu haben, wenn auch nebenan, japanisches Recht zu machen. In den nächten Semestern haben Sie einige Lehrveranstaltungen für japanisches Recht hier an der juristischen Fakultät. Mit dem Vortrag habe ich ziemlich unerwartet eine Werbung für die juristische Fakultät der Humboldt-Universität zu Berlin gemacht. Aber das ist ja sehr gerne geschehen. Denn es ist wirklich schön, ein Berliner zu sein, und zwar insbesondere ein Humboldtianer zu sein.

# VII Wirtschaftsverfassung und Wirtschaftsrecht in Japan vor den Herausforderungen der Globalisierung und der WTO

## Vorbemerkung

Das Thema, Wirtschaftsverfassung und Wirschaftsrecht in Japan vor den Herausforderungen der Globalisierung und der WTO, führt zur Frage, wie sich japanisches Wirtschaftsrecht nach dem Zweiten Weltkrieg entwickelt hat, wie es nun zur Zeit aussieht und wie es in der Zukunft aussehen wird. Daher wird sich in diesem Referat insbesondere damit befaßt, die Entwicklung des japanischen Wirtschaftsrechts schwerpunktmäßig zu zeigen und seine wichtigsten Problemen und Aufgaben zu erörtern. Dabei steht im Mittelpunkt die Frage, wie japanisches Kartellrecht, also das Antimonopolgesetz entstand und wie es sich danach entwickelt hat. Auf dieser Grundlage sind dann im Zusammenhang mit der Deregulierungswelle in Japan die wirtschaftsverwaltungsrechtlichen Aspekte zu behandeln.

## 1. Die Entwicklung des japanischen Wirtschaftsrechts nach dem Zweiten Weltkrieg

### (1) Die Entscheidung für demokratische Wirtschaftsverfassung und der Charakter des ersten japanischen Antimonopolgesetzes von 1947

Das Ende des Zweiten Weltkriegs bedeutete für Japan eine zum Teil revolutionsartige Veränderung der politischen und gesellschaftlichen Institute. In Bezug auf das Thema gingen die Besatzungsmächte, vor allem die Amerikaner, ganz entschieden und sehr rasch vor: Der Druck zur Demokratisierung der Wirtschaftsverfassung war so groß, daß noch in Trümmern das erste Antimonopolgesetz im Jahr 1947 entstand. Dadurch ist die Entscheidung für freie und demokratische Wirtschaftsverfassung getroffen, und zwar mit Recht.

Das Wesensgehalt des Antimonopolgesetzes bestand (und besteht immer noch im wesentlichen) aus den Vorschriften, die den Kernvorschriften der amerikanischen Antitrustgesetze entsprechen; das Verbot der privaten Monopolisierung und Kartelle, das Verbot der unlauteren Geschäftsmethoden und die Fusionskontrolle. Weil aber das Antimonopolgesetz, anders als deutsches Kartellgesetz, schon am Anfang der Besatzungszeit entstanden ist und weil es also in direkter Verbindung mit besonderen Maßnahmen zur Demokratisierung der japanischen Wirtschaft, vor allem in Verbindung mit der Auflösung von *Zaibatsu* (= diktatorisch strukturierte gigantische Zusammenballungen der Wirtschaftsmächte) zur Welt gekommen ist, hat das Gesetz außergewöhnlichen Charakter gehabt: Im ersten Antimonopolgesetz fanden sich nicht nur das oben genannte Wesensgehalt, sondern auch gleichzeitig außergewöhnlich strikte Vorschriften, z. B. grundsätzlicher Verbot der Holdingsgesellschaften und des Anteilserwerbs der Unternehmen. Noch bemerkenswerter als diese Tatsache selbst ist es, daß es damals in Japan keine wesentliche Tradition für das Rechtssystem der demokratischen Wirtschaftsverfassung gab, und zwar ziemlich anders als in Deutschland: Symbolisch gesagt, hier hat man Franz Böhm gehabt, dort in Japan aber keinen. Das Antimonopolgesetz musste ohne reale inländische Unterstützung seine ersten Schritte machen.

In der Besatzungszeit bis 1952 hat man etwaige Erfolge durch die Anwendungspraxis der japanischen Fair Trade Commission gehabt. Nach der Weichenstellung der us-amerikanischen Weltpolitik und insbesondere nach der Unabhängigkeit Japans von 1952, hat aber der Umfeld des Wirtschaftsrechts anders ausgesehen: man wollte nun wieder gestärkte Wirtschaft Japans gegen die Ostblock, und zwar sowohl aus inländischer Sicht als auch auf amerikanischer Seite.

## (2) Das Antimonopolgesetz unter dem Druck der Industriepolitik

Im Zeitraum von der Unabhängigkeit Japans im Jahr 1952 bis zum Anfang sechziger Jahren haben das Antimonopolgesetz und die Wettbewerbspolitik unter dem Druck seitens der Industriepolitik negative Entwicklung gezeigt. Dabei steht die Novellierung von 1953 im Mittelpunkt:

Durch diese Gesetzesnovelle sind erstens die oben genannten außergewöhnlich strikten Vorschriften gestrichen, was aber eher positiv anzusehen ist, weil damit das japanische Antimonopolgesetz insoweit dem damaligen Weltstandard entsprochen hat. Zweitens hat die Novelle auf der anderen Seite sehr umfangreiche Freistellungsmöglichkeiten vom Kartellverbot eröffnet. Dies hat die Wirkung des Gesetzes langfristig gelähmt: Man kann vom Stillstand der Funktion des Antimonopolgesetzes sprechen, der gut zehn Jahre lang gedauert hat. Die kleine japanische FTC war nämlich damals von der Machtkombination der Wirtschaft, Regierungsparteien und nun schon weltbekannten MITI (= Ministry of International Trade and Industry) recht fest gefesselt.

### (3) Wesentlicher Start der japanischen Wettbewerbspolitik durch Orientierung an der Verbraucherinteresse

Man stand also damals vor der Aufgabe, aus dem Papiertiger ein funktionsfähiges Grundgesetz für freie und demokratische Wirtschaftsverfassung zu machen. Lösungsansatz kam am Anfang der sechziger Jahre von tief unten in der Wirtschaftsstruktur, was auch dem Wesen der Demokratie recht genau entspricht:

Es ist inzwischen notwendig geworden, die auf die Verbraucherinteresse bezogenen sozialen Probleme zu lösen, die sich aus dem raschen Wirtschaftswachstum ergeben haben. Und als einer der Versuche, dieser Situation Herr zu werden, wurde von der japanischen Regierung das Antimonopolgesetz eingesetzt. Dabei gibt es zwei Problembereiche; erstens das Kartellverbot und Verbot der vertikalen Preisbindung als Mittel gegen unerhoffte Preiserhöhungen und zweitens das Verbot der unlauteren Geschäftsmethoden als Mittel gegen die überzogene Zugabestrategie und gegen die irreführenden Angaben für die Waren und Dienstleistungen.

Es ist bemerkenswert, daß die Entwicklung des japanischen Antimonopolrechts daraufhin von ihrer starken Orientierung an der Verbraucherinteresse geprägt worden ist. Während also hier in Deutschland die Mittelstandsverbände bei Gesetzgebungsverfahren zum Kartellrecht wichtige Rolle spielen, ist dort der Beitrag der Verbraucherverbände zur Entwicklung des japanischen kartellrechts beachtlich.

In dieser Weise hat man nun erst auch im Inselland im fernen Osten die gesellschaftliche Bedeutung des Kartellrechts richtig erkannt. Damit sind jedoch die schon genannten negativen Entwicklungen des Kartellrechts gar nicht plötzlich verschwunden. Begonnen hat dann die Zeit der Machtkämpfe zwischen der Industriepolitik vor allem vom MITI einerseits und der Wettbewerbspolitik der FTC andererseits.

### (4) Die letzten Entwicklungen des Antimonopolgesetzes und ihre Hintergründe

Seit sechziger Jahren hat sich die Wettbewerbspolitik zwar langsam, aber immer erfolgreicher durchgesetzt. Dies kann man im übrigen auch darin klar erkennen, daß die einmal im Jahr veröffentlichten Entscheidungssammlungen der FTC immer dicker und schwerer geworden sind und daß das Antimonopolgesetz im Jahr 1977 große Novelle für die verstärkte Kontrolle erfahren hat. Und außerdem hat es in neunziger Jahren eine Serie der Novellierungen des Antimonopolgesetzes gegeben, die besonders auf Stärkung der Sanktionen gegen die Wettbewerbsbeschränkungen, auf Rationalisierung der Rahmenbedingung der Fusionskontrolle und auf umfangreiche Abschaffung der Freistellungen vom Kartellverbot abgestellt sind.

Zum Schluß der Untersuchung über die Entwicklung des japanischen Wirtschaftsrechts nach dem Zweiten Weltkrieg sind die Hintergründe der eben erwähnten letzten positiven Entwicklungen zu behandeln, zumal sie für das Thema entscheidend wichtig anzusehen sind. Das heißt: In Bezug auf die Novellierungen des Antimonopolgesetzes in neunziger Jahren muß man annehmen, daß sie zum großen Teil erst mit Hilfe des ausländischen diplomatischen Drucks verwirklicht worden sind. Der Druck ist vor allem aus Washington gekommen, aber auch aus der europäischen Hauptstadt, Brüssel. Das Hauptziel des Drucks ist Öffnung des japanischen Marktes, einer der wesentlichsten Bestandteile der Herausforderung der Globalisierung.

# 2. Aufgaben der japanischen Wirtschaftsverfassung und Wirschaftsrecht vor den Herausforderungen der Globalisierung und der WTO

### (1) Japanisches Wirtschaftsrecht und die Aufgabe der Globalisierung (allgemeine Bemerkungen)

Wie es sich aus dem schon Erwähnten ergibt, beruhen die gleich nach dem Kriegsende neu bestimmte japanische Wirtschaftsverfassung und das Antimonopolgesetz als Grundgesetz der Wirtschaftsverfassung auf der Globalisierungsforderung im heutigen Sinne, die aus dem deutschen Land, also aus Potsdam am 26. Juli 1945 abgegeben wurde. Sie ist aber die nicht erste, sondern zweite große Globalisierungsforderung für Japan. Japan als modernes Land ist in der letzten Hälfte des 19. Jahrhunderts als schmerzvolle Antwort zur damaligen Globalisierungsforderung der Europäer und Amerikaner entstanden. Übrigens, spricht man in diesem Zusammenhang innerhalb des fast alltäglichen japanischen Vokabulars von Landeseröffnung. Außerdem spricht man in der japanischen Presse nicht selten von der ersten Landeseröffnung im 19. Jahrhundert, von der zweiten gleich nach dem Zweiten Weltkrieg und nun von der dritten seit letzten etwa zwanzig Jahren. Die dritte Landeseröffnung ist gerade zur Zeit im Gange, und zwar in den Augen der zuständigen Beamten im vollen Gange.

Zusammengefaßt könnte man sagen, Japan ist mehr als hundert Jahre lang immer der Herausforderung der Globalisierung ausgesetzt worden. Und zumal der wesentliche Gehalt dieser Herausforderung im Grunde genommen europäischer und us-amerikanischer Herkunft ist, steht man oft vor höchst schwieriger Frage: Wo muß der Weltstandard als heiliges Gebot berücksichtigt werden, wo die Identität beziehungsweise eigene Kultur, auch Rechtskultur, vorzuziehen sind und schließlich wo und wie beide Standpunkte integriert werden könnten? Auf vielen Sachgebieten hat man in Japan zwar sehr gut gemacht, aber auf vielen anderen Gebieten bleiben noch sehr viel zu tun.

Im folgenden sind die einzelnen Problembereichen behandelt zu werden. Dabei wird nun hauptsächlich der gegenwärtige Gesichtspunkt zugrundegelegt.

## (2) Einsatz der wirksamen Wettbewerbspolitik auf möglichst umfassenden Wirtschaftsbereichen

Vor allem angesichts der eigentlich welthandelspolitisch begründeten Washingtoner und Brüsseler Forderungen, die aber auch auf die wirksameren Wettbewerbspolitik in Japan abgestellt werden, wurden jene langen Machtkämpfe zwischen der Industriepolitik und Wettbewerbspolitik für die letztere entschieden, weil es für Japan fatal wäre, im Welthandel entfremdet zu werden: Japanische Wettbewerbspolitik hat so ihre machtstarke Anhänger nun wieder im Ausland. Wichtige Aufgabe ist es, effektive Wettbewerbspolitik in der japanischen Gesellschaft fest zu verankern.

In diesem Zusammenhang findet sich, wie oben angedeutet, positive Entwicklung: Erstens sind die indusriepolitisch begründeten umfangreichen Freistellungsmöglichkeiten vom Kartellverbot zuerst allmählich, dann in diesem Jahr drastisch gekürzt. Zweitens wird die Anwendungspraxis der japanischen FTC sowohl quantitativ als auch qualitativ verbessert worden. Gewünscht ist übrigens, daß junge europäische Kartellrechtler nach Japan kommen, um diese Spektakel vor Ort zu betrachten: Dazu muß man jedoch die hohe Sprachbarriere bewältigen.

Es stellt einen der bedeutendsten Bestandteile solcher positiven Entwicklung dar, daß der Wettbewerbsgedanke auch in den vorher mehr oder weniger öffentlich verwalteten Wirtschaftsbereichen immer mehr berücksichtigt wird. Besonders seit etwa zwanzig Jahren wird mit großer Energie untersucht und diskutiert, ob und inwieweit sich die bestehenden Rechtsinstitute für die öffentliche Wirtschaftsverwaltung wirtschaftsverfassungsrechtlich, also nicht zuletzt aus dem Gesichtspunkt des Wettbewerbsprinzips begründen lassen. Dies ist eben juristischer Ausdruck für die Deregulierung.

## (3) Die Entwicklung der Deregulierung in Japan

In der Deregulierung, also in einem sich in vielen Teilen der Erdkugel am Ende des zweiten Jahrtausend stattfindenden politisch-ökonomischen Phänomen, sind umfangreiche verschiedene Elemente zu beobachten. Mit dem Begriff der Deregulierung, wenn man ihn einmal in seinem höchst radikalsten Gehalt erfassen würde, könnte so weit gemeint sein, daß man nur minimale Exintenzbegründung der öffentlichen Verwaltung im Bereich der Wirtschaft feststellte. Mindestens auf jeden Fall, wie schon gezeigt, davon auszugehen, das Ob und Wie in Bezug auf die öffentlichen Regulierungen gründlich zu überprüfen. Es ist in diesem Zusammenhang nun darauf einzugehen, was bisher geschehen ist, zur Zeit geschieht und künftig geschehen wird, und zwar natürlich nur beispielsweise:

In der Finanzbranche, in der der Liberalisierungsdruck am stärksten gewesen ist, ist die bestehende Rahmenbedingung weit und tief umgestaltet worden: Es ist versucht worden, die Kontrollbefugnis zuerst zu minimalisieren, dann vom Finanzministerium abzutrennen und sie schließlich der selbständigen Verwaltungsorgan zu überlassen. Gar nicht einfach ist es jedoch, die bisherigen Ergebnisse objektiv zu schätzen, weil zur Zeit die japanischen Finanzinstitute, nicht zuletzt früher auf der Weltebene hochgeschätzte Großbanken unter den enormen Verlusten leiden, die aus dem grundlosen Boom des Immobilienhandels notwendigerweise erwirtschaftet wurden. Eigentlich würden sich also die Branche fast in Trümmern finden. Sehr auffallender Unterschied zur Nachkriegszeit ist, daß die eigentlich Betroffenen, vor allem Bankenchefs, (noch) schön bekleidet sind: Und die braven japanischen Steuerzahler müssen sich opfern, und das genau so wie jene Trümmerdamen in den damaligen deutschen Großstädten. So muß ein neutraler Beobachter leider gestehen, daß die Aussicht in diesem Problembereich ziemlich getrübt ist.

Andererseits kann man wahrscheinlich annehmen, daß die Telekommunikation einer der bravsten, erfolgsreichsten Schüler in der Deregulierungsschule. Auf die einzelnen Punkte braucht deswegen nicht eingegangen werden, weil die Entwicklung hier und dort in Japan im großen und ganzen sehr ähnlich aussieht. In den beiden Ländern gelten die Stichwörter, nämlich erst Privatisierung und dann Liberalisierung durch Senkung der Marktzutrittsschranken für new comers. Natürlich aber gibt es viele schwierige Probleme, auch oft rechtliche, die aus der letzten drastischen Entwicklung der Telekommunikationstechnologie ergeben: In diesem Zusammenhang wird in Japan diskutiert, wie die Verbindung zwischen mehreren Networks mit angemessener Berücksichtigung auf jede betreffenden Interessen erreichen kann, wessen Entsprechung in §19 Abs. 4 Nr. 4 des 1998 novellierten deutschen kartellgestzes zu sehen ist. Die Tatsache, daß es in diesem Bereich, anders als im oben erwähnten, ohne große negative Zwischenfälle vorgeht, kann darauf zurückgeführt werden, daß die Telekommunikation einen schlichten technischen Bestandteil der Infrastruktur darstellt. Auf der anderen Seite stellt die Kredit, zusammen mit der Finanz, den Gegenteil des Schlichtseins dar, eben das, was viel zu viel menschlich und kompliziert ist, um nur juristisch gelöst zu werden.

Dann nur ganz kurz zum Rundfunk: Die wesentliche Erscheinung in diesem Sektor an sich ist hier und dort in Japan nicht anders, sondern eher ähnlich anzusehen. Jedoch zeigt die juristische Entwicklung im Rundfunk der beiden Länder in einem Punkt ganz andere Züge: In Deutschland gibt es mehr als zehn Rechtsordnungen des Rundfunks und in Japan aber nur eine einzige. Der Grund dafür ist einfach: Deutschland ist eine Bundesrepublik, die mehrere Länder mit Kulturhoheit, darunter auch (vielleicht) zwei Freistaaten, in sich hat, während Japan kulturpolitisch hochzentralisiert ist, und zwar insbesondere nach der oben erwähnten ersten Landeseröffnung im 19. Jahrhundert. Es ist bemerkenswert, daß es davor im feudalen Japan die starke Kulturhoheit der Teilgebieten bewahrt worden war: Japaner haben also etwas möglicherweise Wertvolles weggeworfen, um modern zu werden. Zurück zur Sache: Der Deregulierungsvorgang im Rundfunk schreitet insoweit langsamer als in der Telekommunikation voran, zumal er menschlich-kulturelle Größe darstellt.

Mit Lebensmitteln geht es am schwierigsten, weil von ihr menschliche Exintenz perfekt abhängig ist, und das ist bei den anderen Sektoren nicht der Fall. Aufgabe nicht zuletzt für WTO ist es, annehmbare Kriterien herauszuarbeiten, mit denen man zwischen den beiden Sachverhalten unterscheiden kann, erstens den Sachverhalten, bei denen die

Lebensmittel als normale Waren völlig dem freien Handel zu überlassen sind und zweitens den Sachverhalten, bei denen die Lebensmittel in irgendeiner Weise außerhalb des freien Handels bleiben sollen.

## Schlußbemerkung

Japanisches Wirtschaftsrecht, nein, schon moderne japanische Rechtsordnung ist immer den Herausforderungen der Globalisierung ausgesetzt und wird weiter so bleiben. Dabei handelt es sich darum, ob die rechtliche Rahmenbedingung für genug starke demokratische Gesellschaftsstruktur rechtzeitig erreicht werden kann. Daß dafür der Gedanke der Wettbewerbsordnung von zentraler Bedeutung ist, ist wesentliche Botschaft dieses Referats.

## VIII フーゴー・ジンツハイマー 「法律家の世界像における変遷」*

### 1.

　法律家の世界像の基礎には人間の概念がある[1]。

　伝統的な世界像において人間は<u>人格</u>として現れる。人格として人間は一定の能力と一定の地位を有している。法がすべての人間に認める能力は権利能力、すなわち権利を持つ能力である。権利能力は抽象的な能力であり、人間の具体的な権利の領域について何らの表明をすることもない。それが示すのは、法が権利の取得のために設けている一般的な諸条件が充足された場合に、すべての人間は自身の権利の領域を持つことができるということだけである。人間の人格性は「権利の潜在[2]」にほかならない。この権利の理解における人間の地位は、孤立した個体の地位である。国家、家庭、団体を別にすれば、人格としての人間は、他の個人と並んで孤立的存在であるという特徴を持つ。人格としての人間が他者と取り結ぶ関係は、自由な決定に根拠を持つ意思の関係である。このような関係の外側に結びつきは存在しない。人格の個別的行為は私的な行為であり、それは人格それ自身とだけ関係している。人格の上に、人格の作用の目的となる全体や人格のなかで作用する全体は存在しな

---

* *Hugo Sinzheimer,* Der Wandel im Weltbild des Juristen, Zeitschrift für Soziales Recht [1928] 2-6頁の日本語訳

1）このことについて，とりわけラートブルフ「法における人間」（*Radbruch,* Der Mensch im Recht, 1927年）

2）*Puchta, G,* Cursus der Institutionen（第1巻第8版〔1875年〕50頁）

い。人格は、その目的をそれ自身のなかにのみ有する自己実在であるということになる。

　このような人格理論に重要で持続的な意義があることは、疑いない。というのは、大多数の人々が多様な形の不自由のなかで従わされていた物権的秩序から人格的存在へと人間を引き上げ、人権を創造したのは、人格理論なのである。「あらゆる被造物のうち、人の所有の対象となるものすべて、および人がそれについて何らか働きかけを為しうるものすべては、単なる手段として用いることができる。ただし、人間、すなわち理性的存在のみが目的それ自体である」（カント）。

　しかし、人間を単に一般的・抽象的に把握するだけでは、現実の人間が法において妥当することにはならないことも、また疑いない。そして社会運動が起こり、生身の人間が、法によって作り上げられた人間の観念に対して反抗する。このように、社会運動は法律家の伝統的な世界像を揺り動かすこととなった。人間は人格であるだけではなく、<u>社会的実在</u>である。人間の社会的実在をとおして人間は初めて現実の人間となる。人間の社会的存在の諸要素を人間の概念から除外することはできない。人間の概念は、それが実在に即したものとなり、虚構ではなく真実のものとなれば、人格概念におけるよりも多様な構成要素を有するものとなるであろう。より多様な構成要素とは、人間の現実の存在と行動を規定する社会的な諸関係である。このようにして人間の本質のとらえ方に変化が起こる。

　すべての人に権利能力があることは、個々の人々に生活能力があることを意味しない。人の生活能力は権利能力の有無によるのではなく、経済力の有無による。権利能力を持つことで人間は確かに人格として物とは区別されるが、そのことによって、人格のなかにある人間の実在としての側面が法の世界で妥当することはない。本来「権利の潜在」だけではなく、人間の<u>実在</u>が問題とされるべきであろう。そして人間の実在は抽象的能力によって形成されるわけではない。そうではなく、人間が自らの生活を規定する財貨と諸力に対して持つ具体的な影響力が人間の生存を形成している。

78　第一部　法における人間像と現代法

個々の人間の生存は、個人が単独で生存するということ以上のことである。人間は互いを拠り所としており、その間には1人の生活が他の1人のそれに依存するという作用がみられる。このような作用に眼を向ければ、社会生活は諸個人が組み込まれている結合関係の網の目として立ち現れてくる。これを全体として観察するならば、生活のための生産が諸個人の協同をとおして行われる巨大な社会的営為ということになる。このダイナミズムを媒介として、個人は個別的な意思を実現すると同時に、社会的意思をも実現する。競争でさえ、社会的経済という形の協働にほかならない。「社会的経済は、それぞれの個別経済の立場からは競争であり、全体の立場からは協働となる[3]」。個別的諸形態の背後に社会的全体の無名の力が作用していて、個別的諸形態に方向と内容を与えている。したがって、個人は単に孤立した存在ではない。同時に、個人は<u>社会的諸力の担い手</u>となる。個人のそれぞれの存在とともに全体の存在が構築される。そしてこのことは、それが認識され意欲されているかを問わないし、全体が独自の組織を有しているか、または単に「強力な自然法則として個人の意思に対峙している[4]」かを問わない。人間が「目的それ自体」であることは確かであろう。しかし、人間の権利は、個々の人間による目的追求の場であり、その手段でもある人間生活の舞台に拘束されている。

## 2.

　人間の新しい概念は新しい法に通じる。新しい法は社会法である。<u>社会法</u>は人間を人格としてとらえるのではなく、社会的実在としてとらえる。
　(1)「権利の潜在」だけではなく社会的実在が人間の本質と結び付いている

---

3) *Franz Oppenheimer,* Grundriß der theoretischen Ökonomik（第1巻〔1926年〕64頁）

4) *Karl Marx,* Das Kapital（第3巻第2部〔1840年〕418頁）

のをみれば、人間の本質は新たな<u>存在形態</u>として表現されることにならざるをえない。伝統的な法は、人間の社会的存在状況に基づく新たな存在形態を知らない。伝統的な法の場合には、人間がそれらを保有すれば自らの生存を確保できるような一定の権利が付与されるのみである。所有権がこのような権利の中心にある。19世紀の最も偉大な民法学者であるサヴィニー（*Friedrich Carl von Savigny*）に即して所有権の理論を紐解いてみるならば、伝統的な法と人間の生存の必要性の間の矛盾が明白に現れる論点に出会うことになる。

　サヴィニーは次のように述べている。「意思は、第1にその者自身の人格に対して、第2に外部（外界と呼ばれるもの）に対して効果を及ぼすことができる。この第1の場合と第2の場合は、意思が効果を及ぼしうる対象における最も一般的な対比を示している[5]」。意思は効果を及ぼすことが「できる」！　この「できる」のなかに人間の生存問題が潜んでいる。人間は効果を及ぼすことことが「できる」。ということは、法によって人間は外界に影響を及ぼす権限を付与されているということになる。しかし、この権限は現実に実在しているのではなく、単に頭の中にある権限として存在している。そしてこの権限は、権利が現実に成立するための諸条件が充足される場合に初めて具体的な権利となる。「人には自由な自然を支配する使命がある」といわれるのは、このためである。このような「使命」によって人は生きてはいけない。使命を現実に行使できるかどうかが問題である。使命を行使できるか否かは、その人間に社会的実力が備わっているかどうかによって定まる。その人間に実力がなければ、権利能力があるにもかかわらず生活能力はないということになる。

　伝統的な法は、人の生存を支える社会的な前提を予定しているが、その前提の有無について配慮することはない。この意味における社会的なるものは、人間の生存能力の前提であるにもかかわらず、法律的には重要な意味を持た

---

5）System des heutigen Römischen Rechts（第1巻〔1840年〕、§34、334頁）

ない「事実上の」事柄にすぎない。次のようなカール・マルクスのことばに思い至る。「その考え方（すなわち伝統的な法が拠って立つ考え方）は、その考え方の存立の基礎や自明の前提条件、すなわち物的な基礎に親近性を有しているというよりも、むしろ市民的社会（すなわち欲望・労働・私益・私権の世界）に親近性を有している[6]」。サヴィニー[7]は、所有権によって所有権者の力が物質的限界以上に拡大すると述べ、また「自然の創造物たるわれわれに人為的に追加された新しい器官[8]」であると所有権を性格づけているが、彼はこのような「人為的拡大」や「新しい器官」が人間に与えられているのではなく、所有権者に与えられていることを見落としている。

　所有権者でない者はどうなるというのか。生きるのに必要な外部の自然にどのようにして支配を及ぼせばいいのか。このような疑問に対し伝統的な法が答えを与えることはない。この点に、新旧の法を分ける断絶がある。

　このような断絶による空白を埋めるのが新しい法である。法における新たな展開の真骨頂は、この空白を埋める試みのなかにある。そして新たに展開する法は、人間の権利能力だけと関係するのではなく、人間の生活能力と結び付く。所有権がなくとも生活能力の確保を図るのが新しい法である。新しい法原理を体現する社会保険制度をみるがよい。社会保険制度は、人間の財産とではなく人格たる人間と直接に関連付けることによって、一定の条件のもとで一定の人的集団について社会的生活領域を保障する[9]。この生活領域

---

6）「ユダヤ人問題によせて」・フランツ＝メーリング編「カール＝マルクス、フリードリヒ＝エンゲルス、フェルディナント＝ラッサールの文献遺稿から」（*Mehring, Franz*〔Hrsg.〕, Aus dem literarischen Nachlass von Karl Marx, Friedrich Engels und Ferdinand Lassalle）第1巻、399頁以下、423頁

7）前掲書（注5）339頁

8）前掲書（注5）336頁

9）*Rosin*, Das Recht der Arbeiterversicherung（第1巻、434 - 435頁）.「保険加入の義務付けは（……）義務でも権利でもなく、一定の者の法的な資格であり、それによって権利取得が可能となる。」

がその人間に帰属するのは、所有権者であるからではなく、人間であるからである。こうして新しい分配秩序の萌芽が法に組み込まれたことになる。従来、財貨の分配はもっぱら所有の原理によって行われた。そこでは、所有権者のみが財貨の世界における取り分を主張する権限を持っていた。サヴィニーはいう。「このような広く支配的となっている形態は、われわれが私法において関わる唯一の形態である[10]」。上述のことのなかに所有権の概念の実体があり、これを全面的に認めるならば、そこには富裕と貧困の際限のない可能性が待ち受けている。新しい法は、所有者であることではなく人間であることに依拠する持分権を承認することによって、配分の秩序に変更を迫っている。

　新しい法原理を人間の原理と呼ぶこととしよう。この新しい法原理は、所有の原理としての所有権と対等な地位を主張する。人間の原理は人間の存在形態であり、所有権に束縛されることはない。それは人間の新たな基本権となる。伝統的な法の基本権の場合には、個人の物理的・精神的存在を結節点としており、人間の自然的な生存領域に対するあらゆる侵害を防ぐことによって人間の生存を偶然の結果という脅威から守ろうとしてきた。他方で、新しい基本権は人間の社会的存在と結び付いており、一定の社会的要件のもとで個人に不可侵の社会的生存領域を付与することによって人間の社会的生存を「諸力の恣意」から防衛するのである。このような人間のあり方に思いを致すとき、自然法の永遠の響きが聞こえる。その響きのなかで「生まれながらの権利」という考え方が新たな勝利を祝う。もっとも、ここでの「自然」は啓蒙期のそれとは異なっている。ここでの「自然」は抽象的人間の自然ではない。道を切り開いているのは、現実の人間の自然である。

　（2）人間の本質と結び付いているのは孤立的存在だけではなく、社会的全体も人間の本質と結び付いていることをみれば、この全体は個人に対して法的にも影響を及ぼすことにならざるをえない。伝統的・支配的な法において

---

10）前掲書（注5）369頁

人間の孤立的存在に対応するのは、もっぱら個別利益による人間の意思力である。ルドルフ・フォン・イェーリングは、次のように述べている。「意思力は私法的理解のプリズムであり、私法理論全体の使命は、ただ生活関係における自由の要素と力の要素を明らかにし決定することにある[11]」。このような法にとって、人間の個人的な法的関係が社会的な機能を持つこともあるという考えはまったく異質のものである。社会的なものはここでも「事実上のもの」の領域へ追いやられ、それについて法律家が意を用いてはならない。「(個人の)力の観点に反応しないものは、すべて非法律的である[12]」。

　これに対して新しい法的展開のなかでは、新たな人間理解の影響のもとで個々の権利を非人格化する動きが進んでいる。その動きはまず意思の集団化として現れてきている。まずすべての人にとって重要な生活関係の内容を形成する権限が個人から集団的意思の担い手へ移管され、諸個人の活動の枠組みは集団的意思に基づいて統一的観点のもとで決定される。集団的な法のひとつの表現が労働協約法であろう。意思の客観化をとおして、さらに非人格化が進行している。従来の支配的な考え方によれば、権利の客体が独自の法的生命体となることはなく、権利の客体についてはもっぱら個人が決定することになる。権利の客体は意思の客体であり、社会的な客体(社会的要請が具体化されるような客体)ではない。新たな法、新たな企業法理論に眼を向けよう。そこでは、企業のあり方を企業家の人格としての意思だけで決定させず、企業家の意思にかかわらず企業所有者にとっては所与のものとしての客観的な法律関係と企業のあり方を結び付ける傾向がますます顕著になっている。新たな法の場合には、「物による人格の表現[13]」を修正するこのような傾向が、たとえば事業所閉鎖制限法理という形で現れてきている。裁判所の判決が、

---

11) *Rudolf von Jhering,* Geist des römischen Rechts (「ローマ法の精神」第 2 部第 1 章第 5 版、292頁以下、294頁)

12) イェーリング・前掲書 (注11) 295頁

13) *Otto von Gierke,* Das deutsche Genossenschaftsrecht (第 2 巻、67頁)

被用者の一定の権利を個別労働契約と結び付けずに、事業所への帰属と結び付ける強い傾向を示していることも、同様の一連の動きの一部であるといえよう。経済運営は従来、自分自身についてのみ責任を負う個人の事柄であった。今日では、一般的利益の担い手も経済運営に参加している。この一般利益の担い手は公的権力であり、それは、個人相互間の経済取引の諸形態を定めることにとどまることなく、さらに規制的に上から経済過程に介入するようになる。さらなる担い手は事業者そのものの集団であり、これは事業者と並んでカルテル等において個別の経済運営に対する規定要因となる。さらに最後の担い手として労働者集団があり、「共同決定権」を主張して個別意思の主権を脅かしている。

　非人格化の動きは、人格が共同体的基礎付けを獲得しつつあることと対応している。非人格化の進行とともに人間の新たな共同法が生まれつつある。共同法のなかでは新たな共同意思が具体化しており、個人の地位を変化させている。個人の意思力に与えられていた地位の一部は、新たな意思の中枢へと移行している。そしてそれは独自の権限の担い手として個人の上位にある（経済評議会、カルテル、〔政治〕連合）。この新たな意思の中枢は１つの源泉から発しているということができる。その源泉は、今日まだ可視化されてはいないけれども、その作用を認識することができる。それは、すなわち社会的全体であり、次第に独自の存在として形を成しつつある。

　新たな社会的意思の領域に根拠を置いているすべての概念は、注意深く観察して進展の意味をよく理解するならば、確実な展開をみせている新たな共同意思の宣言にほかならない。新たな共同意思は、従来は私的なものであった生活領域を共同の生活領域に転換する。個人が共同意思の影響下に入ると、その個人はもはや単に個別意思の担い手ではなく、共同意思をも担うこととなる。その個人は単なる個体としての個人ではなく、全体の構成要素となる。

　このような新しい基本法、共同法の両者に眼を向ければ、それらの間に密接な内的関連がみられる。新しい共同法は、それが人間の社会的存在を高め、そして拡大する場合にのみ有意義なものとなる。新しい共同法が社会的経済

過程を構築し、それによって基本権の生成を促進する場合にのみ、人間の新たな基本権が現実のものとなるであろう。新たな共同法を肯定することなしに、新しい人間のあり方を構想することはできない。7月5・6日ロイド・ジョージ氏はヨーロッパの民主主義諸政党の国際会議でリベラリズムの課題について、次のように発言した。「リベラリズムは大胆に経済的解放の領域に向かって前進しなければならない。人々に、その力と生活の喜びを破壊するような条件のもとにおける労働と生活を強いるような社会的・経済的状況は、そして人々を健康と福祉を害する境遇における生活を余儀なくするような社会的・経済的状況は、圧政にほかならない。リベラリズムの課題はこのような状況を解消することである」。この発言は適切である。というのは、そこには社会的精神が息づいているからである。しかし、彼がこの目的をリベラリズムを手段として達成できると考えているとすれば、それは誤っている。さらなる人間解放の道は1つしかない。それは社会的生活過程を自覚的に構築することであり、これは法的リベラリズムが今日まで否定してきたものである。

### 3.

社会法は法の新しい内容を生み出すだけにとどまらず、法的思考の新しいあり方をもたらす。

従来の法の場合にはおおむね静態的思考であり、また法律家にとって社会は個人の世界であった。そこでは、社会は個人によって「作られている」。すなわち、個人は自律的存在であり、「社会は個人から派生した現象として存在する[14]」。社会的関係は、個人が作り出すものとしてとらえられる。「人格と人格の間[15]」の関係としての権利関係が、法の主たる対象となる。個人にと

---

14) *Theodor Litt,* Individuum und Gemeinschaft（第3版、223頁）

15) サヴィニー・前掲書（注5）333頁

ってその意思を規定し権利関係の内容を決める客観的・外的存在は、国家の
ほかには存在しない。社会は自由な個別行為の集合体ということになる。個
別行為がどう遂行され、集合体として個人にどういう影響を与えるか、法は
関知しない。法は、個別行為によって権利と権利関係がどうなるのかを記録
するのみである。これは、従来の法を支配してきた意思ドグマにまさに一致
している。個人の「意思能力」は権利を左右する能力であり、意思内容の保
護が法の静態学の課題となる。

　社会法は動態的（ダイナミック）である。社会は個々人の世界ではなく、一定
の運動形態をとおして展開する社会的生活過程であり、そこでは個人にそれ
ぞれその役割が与えられる。個人の生活の生産は、それぞれ個人に与えられ
た生産関係において遂行される。この生活過程は、個人の意思にかかわらず
自律的法則性をもって貫徹する客観的な存在として個人と向き合う。「人間
は自らの生活の社会的生産において、そのために必要な、意思とは独立した
一定の関係を取り結ぶ。そしてその関係は、それぞれの物質的生産力の特定
の段階に対応した生産関係である。このような生産関係の全体が社会の経済
構造を形成する。これが基礎構造である[16]」。このような社会把握は法のあ
り方を変化させることに繋がる。その変化とは、法が静態的な存在であるこ
とから脱却すること、そして全体の動向と個人の運命を規定する動態的過程
の方向に向けて法の課題を設定することである。このように変化する法にと
って、単に「人格と人格」の関係に眼を向け、個人がそのような関係を作り出
したときにはそれを法的なものとして記録するだけでは十分ではない。むし
ろ法は、人格間の関係が成立・消滅する運動の源泉そのものをとらえる必要
がある。社会法は個人の権利関係の規律に方向づけられるのではなく、個人
をめぐる状況の決定要因に向けられているのである。支配的な法は個人の
「意思内容」の保護に満足する。社会法は、個人意思の社会的拘束を把握しよ

---

16）*Karl Marx,* Zur Kritik der politischen Ökonomie（カール゠カウツキー［Karl
　　Kautsky］編第 2 版LV、1907年）

うとする。支配的な法のモットーは「自己決定」であり、他方で新たな法の課題は社会的決定である。この課題は、進展する動きのなかでますます高度で広範な形態において解決されることになろう。

　法律家の世界像の変遷の背後には世界観の変遷がある。社会の古いとらえ方にとって社会は「自然」であり、その法則は「自然法則」であった。ということは、それに人が介入することはできず、またそうすべきものでもなかった。他方で、社会法において現れる新たな社会のとらえ方の場合、社会は人間が形成する客体となる。個人は、自然法則に従う場合のように社会法則に従うのではない。むしろ、社会的生活過程は人間の力によって形成することができるし、したがってまたそうすべきである。

〔訳者追記〕

　叙述の内容について訳者が述べるべきことはほとんどない。時間的・空間的に遠く離れたワイマール・ドイツの法思潮を反映しているこの論文の日本語訳を今の時点で公表するに至った経緯について、簡潔に記しておきたい。

　大学院に入りたての1976年夏休みに、筆者(訳者)はジンツハイマーのこの論文の日本語訳の作業を試みた。法学研究科「社会法学」専攻であったから、この分野の古典的文献である橋本文雄『社会法と市民法』(岩波書店、1934年)と並行して、その源泉ともいうべきドイツ法にも眼を向けたのであろう(江口公典『経済法研究序説』〔有斐閣、2000年〕286頁以下参照)。脚注を除く論文本文の訳を記した手書きの原稿用紙は、その数年後から勤務した３つの大学の研究室の本棚を経て、今も手元にある。

　経済法に関する実用法学的考察を研究の主眼としたことから、前述の日本語訳はむしろ教育の方面で慶應義塾大学法科大学院の授業科目「ドイツ法Ⅰ」の教材のひとつとして利用されることとなり、したがってこの科目の受講者が長らく主な読者であった。数十年前の習作を全面的に見直して新たな日本語訳を作成し、ここに公表する直接の契機は、現代日本法に係る基本問題の検討なしには、筆者の実用法学的経済法研究が立ち行かなくなったことと関係している(江口公典「環境問題と競争秩序」法律時報73巻８号４頁以下〔2001年７月〕、同「法における人間像の更新」

NUMMER 1-4　　　　　　　　　　1. JAHRGANG

ZEITSCHRIFT FÜR

# SOZIALES RECHT

*Herausgegeben von der*
KAMMER FÜR ARBEITER UND
✦ ANGESTELLTE IN WIEN ✦

*Unter Mitwirkung von*
*Stefan Bauer, Basel; Siegmund*
*Grünberg, Wien; Hans Kelsen,*
*Wien; Karl Pribram, Frankfurt;*
*Gustav Radbruch, Heidelberg; Hugo*
*Sinzheimer, Frankfurt.*

✦　*Redaktion:*　✦
DR. HERMANN HEINDL

VERLAG VON JULIUS SPRINGER IN WIEN

『現代企業法学の理論と動態（奥島孝康先生古稀記念論文集第1巻「下篇」）』〔2011年〕867頁以下【本書**第一部Ⅰ**】参照）。およそ100年前の法律家の仕事から汲みとるべきことは少なくない。光と影の両面について。

ここに日本語訳を試みた論文は、オーストリア・ウィーンで発行された "Zeitschrift für soziales Recht"（社会法雑誌）創刊号の巻頭論文である。ハンス・ケルゼン、グスタフ・ラートブルフ等が雑誌の発行協力者であった（前掲表紙参照）。

原文において強調されている文字を、この翻訳では下線によって示している。

# IX　スマートフォンの社会的(悪)影響と法

## 1.　はじめに

(a)　現代法の課題について考察する場合に、第1に人間とその外界との関係における局面について、第2に人間相互間の関係における局面について把握するという検討の枠組みは、筆者がしばしば取り上げてきたところである[1]。このような枠組みに即して新たな具体的検討を進めること、これが本稿の役割となる。

人間と外界との関係について焦眉の課題となっているのは、環境問題であろう[2]。この点については、すでに進展がみられる[3]。

他方、前述の意味における人間相互間の関係のあり方については、さしあたり固有の公法的分野を度外視するとしても、民事法・経済法を含む広範な領域が対象となる。たとえば民法上の契約法のあり方、そして経済法との関連ではデジタル・情報通信をめぐる諸問題を指摘できよう。本稿では、後者の問題群のうち、スマートフォンの社会的影響、とりわけスマートフォンの社会的悪影響について考察する。

---

1)　江口公典「法における人間像の更新」『現代企業法学の理論と動態(奥島孝康先生古稀記念論文集 第1巻下篇)』(成文堂、2011年)867頁以下【本書**第一部 I**】等参照。

2)　江口公典「環境問題と競争秩序」法律時報73巻8号(2001年)4頁以下【本書**第一部 IV**】参照。

3)　六車明『環境法の考えかた I ——「人」という視点から』、同『環境法の考えかた II —— 企業と人とのあいだから』(慶應義塾大学出版会、2017年)参照。

(b)　情報通信分野の進展は、多様な仕方で人間社会を大きく変革しつつある。スマートフォンをめぐる問題はこの大きな流れの比較的小さな構成要素であるという見方もありえよう。しかし他方で、流れの最末端で人間と文字どおり密着していることから、その影響は大きく、場合によっては社会のあり方を左右する。このような認識に基づいて考察を始めることとしよう。

なお、テーマに関係する動きとして「モバイル・エコシステムに関する競争評価最終報告」（デジタル市場競争会議・2023年6月16日）の公表がある。この点については後に触れる。

(c)　本稿では、主に「ネット依存」・「スマホ依存」の問題を取り上げる。まず、テーマに関する事実について述べ（2.）、次に、法と法学の観点から考察を試みたい（3.）。


## 2．スマートフォンの社会的（悪）影響

(a)　香川県ネット・ゲーム依存症対策条例損害賠償請求事件判決（令和4年8月30日高松地方裁判所、判タ1513号192頁）は、当該条例（2020年制定）が、憲法13条、14条1項、21条1項、22条、26条等に違反するにもかかわらず、県議会が条例を制定した違法および条例の改廃等の立法措置を講じなかった違法により精神的苦痛を被ったとして、原告（2名）が被告に対し国家賠償法1条1項に基づいてそれぞれ慰謝料80万円を求めた事案である。焦点となったのは「保護者は、子どもにスマートフォン等を使用させるに当たっては、子どもの年齢、各家庭の実情等を考慮の上、その使用に伴う危険性及び過度の使用による弊害等について、子どもと話し合い、使用に関するルールづくり及びその見直しを行うものとする」と定める条例18条1項の規定、「保護者は、前項の場合においては、子どもが睡眠時間を確保し、規則正しい生活習慣を身に付けられるよう、子どものネット・ゲーム依存症につながるようなコンピュータゲームの利用に当たっては、1日当たりの利用時間が60分まで（学校等の休業日にあっては、90分まで）の時間を上限とすること及びスマートフォン等の

使用（家族との連絡及び学習に必要な検索等を除く。）に当たっては、義務教育修了前の子どもについては午後9時までに、それ以外の子どもについては午後10時までに使用をやめることを目安とするとともに、前項のルールを遵守させるよう努めなければならない」と定める条例18条2項の規定である。判決は、これらは憲法13条等に違反しないとして、請求を棄却している。その理由として判決では、条例は「1日当たりの利用時間の上限の目安を示し、目安を参考に自ら話し合いの上で定めたルールを遵守させるよう努めるという努力を求めるものにすぎず、もとより時間制限というものではないと解される」こと、そして「本件条例によるスマートフォン等の利用制限は、そもそも努力目標に過ぎず、罰則もなく、原告らの表現自体を規制するものではないため、原告らの表現の自由に対して何らかの制約を課すものではない」ことが指摘されている。

　本稿の関心からは、このような判断の前提として、インターネット依存・ゲーム依存に係る「医学的知見ないし諸見解等」の詳細な事実認定が行われている点に留意したい。その場合に、世界保健機関（WHO）等における取り組みを取り上げている点を含めて、国際的な視点を重視する姿勢が顕著である。なお本件は、2022年5月6日に至って原告が本件訴えを全部取下げる旨の取下書を提出し、これに対し被告が取下げに同意しない旨の意見書を提出するという経過を経て、弁論終結・判決言い渡しに至った。

　憲法論を含めた本件の判断には（本稿の関心から見る限りにおいて）法律論として取り立てて取り上げるべき問題点はない。むしろ、この判決の重要性は、関連する事実の社会的側面にあるように思われる。

　(b)　独立行政法人国立病院機構・久里浜医療センターでは、2011年にネット依存に関する専門診療が開始され、同センターの樋口進医師を中心として広範な研究・啓発活動が行われている（久里浜医療センターインターネット依存治療研究部門）。同センターの活動については、世界保健機関（WHO）がインターネットゲーム依存に公式に疾病という位置づけを与えたことに寄与したとされている[4]。また同センターでは、関連するテーマに係る研究論文等

が公表され、加えて「ネット依存・ゲーム依存」「ゲーム・スマホ依存」の予防、治療等に向けた啓蒙活動が行われている[5]。スマートフォンに検討の重点を置く立場からは、樋口医師等の関心と検討の焦点がネット依存・ゲーム依存に置かれていた段階から、これに「スマホ依存」という新たなキーワードが加えられていることに留意したい[6]。

　(c)　2010年に、ネット依存の現状について5万人を超える規模の調査が、橋元良明教授（東京大学大学院情報学環）を中心とする研究グループによって行われた[7]。「ネット依存」か否かは、いわゆるヤングの8項目基準に依っている。この基準では、特定の8項目（①もともと予定していたより長時間ネットを利用してしまう・②ネットを利用していない時もネットのことを考えてしまう・③ネットを利用していないと、落ち着かなくなったり、憂うつになったり、落ち込んだり、いらいらしたりする・④ネットの利用時間を減らそうとしても、失敗してしまう・⑤ますます長時間ネットを利用していないと満足できなくなっている・⑥落ち込んだり不安やストレスを感じたとき、逃避や気晴らしにネットを利用している・⑦ネットの利用が原因で家族や友人との関係が悪化している・⑧ネットを利用している時間や熱中している度合いについて、ごまかしたりウソをついたことがある）のうち5項目以上に該当する者を依存的であると判断する。調査結果の概要として、全体でネット依存者は11.0％である。男女別では男性が8.1

──────────────────────────────

4）「世界保健機関（WHO）との共同研究・事業」https://kurihama.hosp.go.jp/hospital/section/internet/who.html

5）啓蒙書として樋口進『ゲーム・スマホ依存から子どもを守る本』（法研、2020年）。

6）三原聡子＝樋口進「医学から見たネット（スマホ）依存の危険性」教育と医学63巻1号（2015年）76頁以下、北湯口孝＝樋口進「子どものスマホ・ゲーム依存」小児保健研究79巻1号（2020年）20頁以下、樋口・前掲注5）8－9頁参照。

7）橋元良明「ネット依存の現状と課題──SNS依存を中心として」ストレス科学研究33巻（2018年）10頁以下、橋元良明＝小室広佐子＝小笠原盛浩＝大野志郎＝天野美穂子＝河井大介＝堀川裕介「平成22年度共同研究報告書・インターネット利用と依存に関する研究」参照（最終有効回答は56,272票）。

％・女性が12.3％である。また年齢的には若年層（10歳代で14.3％）、職業別では「学生（13.2％）」や「主婦・主夫（11.9％）」に依存者が多い。

さらに、国立病院機構久里浜医療センターによる調査では「中学・高校生のネット依存が疑われる者の割合の変化」が示されている（「依存」の基準は前述・東京大学調査と同様にヤングの 8 項目基準が採用されている）[8]。それによれば、2012年調査では52万人であった依存者の数が、2017年調査では93万人に増加している（いずれも推計値）。これを中高生全体に占める割合で示せば、7.9％から14.2％に増加したことになる[9]。

(d)　西日本旅客鉄道株式会社（JR西日本）の安全研究所では「駅構内における歩きスマホの低減に向けた研究」・「駅利用者の歩きスマホの低減に向けた研究」を行っている[10]。また同研究所に勤務する研究員を主たる共著者とする研究論文（「駅構内で歩きスマホをしている最中の人・していない人への調査に基づく行動形態の比較」）が学術雑誌に公表されている[11]。そして「歩きスマホの防止策考案に向けて」という副題の付されたこの研究論文の記述においてとくに重要であると思われるのは、その結論部分において「アンケート調査で多く見られた、必要性が低いにもかかわらず歩きスマホをしている人や無意識に歩きスマホをしている人」に特別の注意が向けられている点であろう（論文117頁参照）。

多くの深刻な事案に示されているように、この研究調査で取り上げられている「歩きスマホ」（道路上等の公共空間で歩きながらスマートフォンを使用・操

---

8）（独）国立病院機構久里浜医療センター依存症対策全国センター＝樋口進「ゲーム障害について」（2020年）https://www.mhlw.go.jp/content/12205250/000759309.pdf

9）このパラグラフについて、併せて総務省情報通信政策研究所「中学生のインターネットの利用状況と依存傾向に関する調査」（2016年）参照。

10）「あんけん──研究成果レポート」vol. 12（2019年）16頁以下・vol. 14（2021年）18頁以下。

11）人間工学56巻 3 号（2020年）108頁以下。

作する行為）、さらには自転車・自動車等の運転時のスマートフォンの使用・操作が重大な問題であることは疑いない。しかし、これら「歩きスマホ」等の現象は、道路交通等において従来からみられる脇見運転と類似の問題行動類型に属しているという側面もある。他方この点と比較するならば、むしろ本稿における検討の焦点は、人に、公共空間で歩きながらスマートフォンの使用・操作を行わせるような、さらには人に、自転車・自動車等の運転時にスマートフォンの使用・操作を行わせるような、ソフトウェア面を含めたスマートフォンの側の性質、とりわけそれが人間に対して与える影響の点にあるということになろう。

　(e)　川島隆太東北大学教授（加齢医学研究所所長）のインタヴューには、次のような発言の記録がある[12]。

- 「スマホが原因で、結果的に学力が低下していた」・「スマホを始めると成績が下がり、スマホを手放すと成績が上がる」
- 「スマホの長時間使用が長いこと続くと、『大脳灰白質』（＝大脳皮質）と『大脳白質』（皮質の内側に白く見える部分で神経線維の層）の両方が、かなり広範にわたって発達に遅れが生じている」・「ほぼ毎日インターネットを使う子どもたちは、大脳灰白質の増加の平均値がゼロに近く、ほとんど成長が止まっていたこと。それは、スマホでインターネットを使いすぎたため、脳の発達そのものに障害が起きた可能性があると思われること。スマホを高頻度で使えば、３年間で大脳の発達がほぼ止まってしまうこと」
- 「スマホを頻繁に使う人ほど、自尊心が低かったり、不安や抑うつ傾向が高かったり、共感性や情動制御能力が下がったりという状態が観察された」・「『スマホ依存』、『ゲーム依存』といった過剰な使い方をする人の脳

---

12）共同通信社運営のニュースサイト（2023年１月21日）（https://ovo.kyodo.co.jp/news/culture/a-1836071）による。

の反応は、アルコール、カフェイン、覚醒剤、シンナー、鎮痛剤、睡眠薬、コカイン、タバコなどへの依存や中毒と診断された人の脳の反応に似ている」[13]

(f) 関連する2つの論点について、取り上げよう。

第1に、外形的に「歩きスマホ」等の問題行動に該当しても、スマートフォンの使用が社会的に相当であると判断され、社会的悪影響を有するとはいえない場合がある。たとえば火事や急病等の緊急時がこれに該当すると考えられる。このような場合には、むしろ社会的に推奨される行為である場合も少なくない。もっとも、限定列挙は難しいであろう。

第2に、スマートフォンの社会的悪影響と関係して、NTTドコモをはじめとする電気通信事業者やその他の関連事業者等はどう対応してきたのか、またどう対応するのか。この点について具体的には、電気通信事業者協会とその構成事業者であるNTTドコモ、KDDI、ソフトバンク、楽天モバイル[14]が、2022年11月1日から全国の鉄道事業者やその事業者団体と共同して「やめましょう、歩きスマホ。」キャンペーンを実施している[15],[16]。次に、このような末端の現象としての「歩きスマホ」等の問題行動の基盤となり、より根源

---

13) インタヴューの内容については川島隆太『オンライン脳』(アスコム、2022年)にも記述がある。

14) 事業者の名称について、本稿では定着した通称を用いる場合がある。

15) https://www.tca.or.jp/mobile/stop-arukisumaho.html。また、https://www.docomo.ne.jp/info/news_release/2013/12/03_00.html

16) 「歩きながらのスマートフォンの使用はやめましょう」・「スマートフォンや携帯電話の画面を見つめながらの歩行は大変危険です。視野が極端に狭くなり、自分自身だけでなく、周囲の方も巻き込む事故につながることもあります」・「スマートフォンを使用する際は、安全な場所で立ち止まって使用するようにしてください」。https://www.docomo.ne.jp/binary/pdf/support/manual/SO-54C_J_syousai_12.pdf

に近い位置にあると思われる問題、すなわち「ネット依存」・「スマホ依存」の問題について、電気通信事業者や製造業者その他のスマートフォン関連事業者等はどのように対応しているであろうか。

　この点について、KDDI株式会社およびグループ企業等は脳神経科学とAIを活用した「スマホ依存」に関する共同研究を開始しており、研究の成果に基づいて2024年度中に問題の改善・予防のためにスマートフォンアプリを実用化することを目標としている。この共同研究の出発点において「スマートフォンの使い過ぎなどの『スマホ依存』」について「疾病ではないが、スマートフォンの過剰な利用により、体力低下、成績が著しく下がるなど、普段の日常生活に支障をきたしているにも関わらず、使用がやめられず、スマホを使用していないと、イライラし落ち着きがなくなってしまう状態のことを指す」とされ、実態の調査も進められている[17]。

## 3.　スマートフォンと人間、そして法

　(a)　多くの便益をもたらすと同時に、スマートフォンが人間と人間社会に対してネガティヴな効果を及ぼしていることは、前述のとおり、広く知られている。スマートフォンをめぐる現象は、情報通信技術の飛躍的進展の巨大な全体像における1つの構成要素にすぎないが、市民の日常に対するインパクトは、劇的であると言ってよい。

　スマートフォンは電話機である。ただし、音声通話以外に、インターネット接続、デジタルカメラによる撮影、動画や音楽の再生、ゲーム、スケジュール管理等ができる超高機能携帯電話である。スマートフォンがたとえば電話機としてまたは写真撮影のために機能する限りにおいて、今日の情報通信技術の飛躍的進展による大きな社会的インパクトにつながることはない。それがインターネット接続等をとおして、驚異的に多様な機能を果たすことによ

---

17）https://news.kddi.com/kddi/corporate/newsrelease/2020/07/10/4544.html

り、この小論の検討の対象となる存在となった。

　これに先行して高度情報化社会の進展を先導してきたのは、インターネットと結び付いたパーソナルコンピューターであろう。スマートフォンの機能や役割の多くは、パーソナルコンピューター・インターネットの機能・役割と同一ないし類似のものであり、重なる部分が多い。他方で、文字どおり持ち運ぶことに特化したハンディな高機能端末として、スマートフォンには相対的に独自な機能と性質がみられることも明らかであろう。このことを踏まえて、次には、スマートフォンが人間と社会に与える影響について法と法学の観点から検討する。

　(b)　巨視的・長期的視点から事態を眺めてみよう。

　冒頭で述べたように、環境問題と情報通信技術の進展に伴うリスクは、現代社会のメガ・リスクであり、前者を人間と外界との関係における問題として、後者を人間相互間の関係における問題としてとらえることができる。加えて、第1の環境問題だけではなく、第2の情報通信技術の進展に伴うリスクもいわば人類史的重要性を有しており、しかもその重要性は、ドイツの法哲学者ラートブルフが「法における人間」の考察において印象的に描写した封建から近代に至る法秩序の大きな変化（およびその後の市民法から社会法への部分的変化）を上回るほどのスケールのものであるようにも思われる[18]。

　他方でミクロの場面では、テーマに関する具体的法律問題としてすでにいくつかのものが現れている。将来における再検討の準備作業の意味を含め、以下、問題の整理を行う。

　(c)　香川県ネット・ゲーム依存症対策条例をめぐる紛争事例と判決の概要については前述した。また、スマートフォン使用が原因となって引き起こさ

---

18）*Gustav Radbruch,* Der Mensch im Recht (Vandenhoeck & Ruprecht 1957) および Gustav Radbruch Gesamtausgabe, Band 2 (C. F. Müller 1993) に収録されている。日本語訳は『ラートブルフ著作集第5巻・法における人間』（東京大学出版会、1962年）1頁以下参照。

れた（交通）事故に係る民事事件・刑事事件の事案も少なからず報告されている。これらは、テーマに関する問題について既存の法制度の伝統的なスキームによる対応が行われたものと言うことができよう[19]。

　次に、現状では直接に対応する法制度がなく、したがって将来において立法等の法制度上の手当てを行うか否か（そしてその場合にどのような内容、方法等によるのか）が問われる場合がある。条例、民事事件・刑事事件等の背景にある、いわば非法制度的な事実を法的な場に引き出すか否か、そして引き出す場合にどう引き出すかの問題である。この点について外国に眼を向ければ[20]、青少年のゲーム依存を防止する目的から、韓国では青少年保護法によるいわゆるゲームシャットダウン制の導入（2011年）と廃止（2022年）の動向がみられるほか、アメリカ合衆国、中国では情報通信事業者側の自主規制という手法による対応が進行していることが報告されている。これに対して、わが国における対応の現状は、香川県ネット・ゲーム依存症対策条例損害賠償請求事件判決が条例について指摘するとおり「条例によるスマートフォン等の利用制限は、そもそも努力目標に過ぎず、罰則もなく、原告の表現自体を規制するものではない」という控えめで抑制的な対応が特徴となっていると言えよう[21]。

　以上の検討において取り上げたのは、主として医学的観点からのアプローチの対象となっているゲーム依存・ネット依存（・スマートフォン依存）に関

---

19）運転中の携帯電話使用等に関する警察庁の取組等に関して「やめよう！ 運転中のスマートフォン・携帯電話等使用」が公表されている。もっとも、法的に実体を有する動向は道路交通法上の罰則等の強化である。

20）日本経済新聞2022年8月30日朝刊（「スマホ依存防げ、自主対策広がる各国の規制議論に対応」「インスタ、保護者が利用管理TikTokは休憩促し表示制限」）、NIKKEI STYLE（2013年8月16日）「子どもの『ネット依存』対策の先進国『韓国』に学ぶ大人にも忍び寄る『ネット依存』傾向と対策 (1)」https://www.nikkei.com/nstyle-article/DGXNASFK0100W_R00C13A8000000/ 等参照。

21）KDDI等による共同研究については前述した（2.(f)参照）。

する経緯であった。そこでは、とりわけ主な依存者である子どもないし青少年の保護に重点が置かれていた。他方で「歩きスマホ」防止に関する諸条例は、広い意味では共通の背景を有しながらも、前述の香川県条例の場合のように「依存」という限定はなく、また「損害」の発生をめぐる民事事件等の場合とも異なる。具体的には「歩きスマホ」を端的に禁止している条例（神奈川県大和市「大和市歩きスマホの防止に関する条例」、東京都足立区「足立区ながらスマホの防止に関する条例」、東京都荒川区「荒川区スマートフォン等の使用による安全を阻害する行為の防止に関する条例」、大阪府池田市「池田市ながらスマホの防止に関する条例」、愛知県江南市「江南市歩きスマホの防止に関する条例」）が制定されているほか、より間接的な内容の条例が見られる[22]。もっとも、このような少数の地方公共団体の条例については、公共の場所において歩きスマホをすること等の禁止があるのみであり、条例による規制に罰則はないことから、実効性に問題があることも否定できないであろう[23]。

(d) 事実としては以上の問題群と密接に関係していながら、法ないし法学と結び付けることが容易ではない領域があるように思われる。それは、全般的なデジタル化の進展のなかでスマートフォンが人間と社会に対して及ぼしている影響それ自体をめぐる問題であり、典型的には「バカになっていく子供たち」・「スマホは私たちの最新のドラッグである」という指摘[24]、また「『オンライン』と『スマホ』で、脳への複合的リスクがいっそう高まる」という指摘[25]と関係する問題である。

---

22）地方自治研究機構「歩きスマホ防止に関する条例」（2023年）参照。
23）道路交通法71条1項6号・東京都道路交通規則8条4号には「自転車を運転するときは、携帯電話用装置を手で保持して通話し、又は画像表示用装置に表示された画像を注視しないこと」の義務付けが定められ、違反行為は罰則の対象となる（道路交通法120条1項10号）。しかし、これは自転車を軽車両として位置づけることに基づいている。
24）アンデシュ・ハンセン（久山葉子訳）『スマホ脳』（新潮社、2020年）。
25）川島・前掲注13）。

これら両方の指摘が医学の分野からの発信であることに注目すべきであろう。もっとも、医学者でない一般の現代人がこれらの指摘と同様または類似の印象を持つことも稀ではないのではないか。このこととの関連では、（横断歩道上を含む）路上、電車内、駅のホーム等における現象が顕著であるようにみえる。この場合に、路上等の現象がそれ自体として問題となることは言うまでもないが、直ちには目に見えないスマートフォン使用者の住居等における事象を含めて、スマートフォンの影響を総合的にとらえる視点が求められているように思われる[26]。

## 結語

　(a)　とりわけ実定法を前提とする限り、スマートフォンの社会的（悪）影響と法に関する考察はここで限界に近づく。限界の外では法がそれ自体として作用するのではなく、道徳、見識の世界になるのであろう。デジタル市場競争会議「モバイル・エコシステムに関する競争評価最終報告」（2023年6月16日）も、スマートフォンの社会的悪影響に係る論点に直接的に触れることはなかった。

　(b)　「モバイル・エコシステムに関する競争評価最終報告」（以下「最終報告」という）には、次のような記述がある。①「モバイル・エコシステムは」「社会的厚生、利便性の増大や我が国経済の成長のエンジンとなることが期待される」（27頁）。②「デジタル市場における競争がグローバルに展開され、そこでの課題の多くがグローバルに共通なものとなっている」（2頁）。③「最終報

---

26）松﨑尊信＝樋口進「スマホ使用の影響」精神科39巻6号（2021年）参照。憲法学からの示唆に富む研究として山本龍彦「思想の自由市場の落日——アテンション・エコノミー×AI」Nextcom 44号（2020年）4頁以下、鳥海不二夫＝山本龍彦『デジタル空間とどう向き合うか——情報的健康の実現をめざして』（日本経済新聞出版、2022年）、山本龍彦「アテンション・エコノミー、競争法、憲法」日本経済法学会年報（2022年）72頁以下参照。

告は」「ユーザーがそれによって生まれる多様なサービスを選択でき、その恩恵を受けることを目指す」（2頁）。④「今後は、本最終報告を踏まえ」「モバイル・エコシステムにおける公平、公正な競争環境の確保のために必要な法制度の検討を行っていくこととなる」（190頁）。また最終報告は、（目次や見出しを除けば）「スマートフォン」ということばで書き始められている（1頁）。

これらの点との関連において、最終報告のテーマについてはさらに検討するべき点があるのではないか。以下、要点を述べる。

キーワードは、とりわけネット依存、スマートフォン依存である。これらについては、従来から主に医学者によって取り上げられ、多くの研究が公表されている。このような研究の問題領域は確かに「モバイル」に限定されないとはいえ、スマートフォンの人と社会に対する影響の問題性が考察の焦点となってきていることに、異論はなかろう。

従来の研究として、たとえば独立行政法人国立病院機構・久里浜医療センターを中心とする研究[27]がある。さらに、関連するテーマについて脳画像研究からの知見も報告されており、重要であり、かつ興味深い[28]。わが国政府機関においても、若干の取り組みがみられる（厚生労働省・ゲーム依存症対策関係者会議等）。

これらの研究や事態の進展等を踏まえて考えれば、スマートフォンの人と社会に対する悪影響の側面、いいかえればスマートフォンの社会的費用が相当に大きなリスクとなっていること、またそのリスクが将来において増大すると見込まれることは否定できない。最終報告がモバイル・エコシステムに関する「競争評価」にほかならないとしても、この意味におけるリスクが競争のあり方を左右するものとみられることから、スマートフォンが人と社会に及ぼす（悪）影響の評価にも注意を向けることが要請されているように思

---

27）松﨑＝樋口・前掲注26）。
28）藤原広臨＝鶴身孝介＝高橋英彦「ネット依存の依存メカニズムおよび健康障害
　　――脳画像研究から」精神医学59巻1号（2017年）23–30頁。

われる。

　もちろん、最終報告における競争評価が有意義であることは疑いない。

　(c)　自然科学的・医学的・心理学的知見がさらに蓄積されることが重要であろう。加えて、本稿のテーマとの関係においては、学術の分野以外に文芸、芸術そして哲学等の果たす役割は小さくないものと思われる。

　人間の営みのなかでも法はおおむね事後的なものであり、また学術の諸分野のなかで法学はおおむね後衛の学問である[29]。このことは、公害問題から環境問題への動きにおいても明瞭に示されていたように思われる。環境問題について示されてきている（グローバルな場におけるものを含めた）創造的な立法論等から学ぶことが求められよう。

---

29）前衛ではなく、という意味において。

# X 「ドイツ法」の教育

## 1. 解　説

　経済法・独占禁止法研究の枠組みのなかで生み出されたドイツ法に関する論文、研究報告等は、前著『経済法研究序説』や本書の重要な構成要素となっている。このこととは別に、第1部の補遺として取り上げるこの小論は、法科大学院の授業科目として「ドイツ法」を担当し、研究の場合とは異なる立場から10年余りの期間にわたりドイツ法に取り組むこととなったという経緯に基づいている。ここでは教育面の、次の2つの事項について取り上げることとしたい。

　まず、筆者の行った授業の内容を記録するという意味で、教材、ねらい等を中心に要約して示すこととしたい。担当した期間が10年を超えており、授業内容にもある程度の変化があるが、最後に担当した2023年度の授業を到達点と考えて、これを中心に概要を述べることとしよう。

　次に、このようなドイツ法の教育活動との関係のなかで、ドイツ法の、いわば周辺を取り扱うエッセイが生み出された。あえて本書に収録する。ドイツやドイツ法が筆者の研究や職業生活のなかでどのような意味を持ってきたかを示すものであるように思う。

## 2. 授業（概要）

### (1) 総　説

　担当した授業は「ドイツ法Ⅰ」であり、ほかに「ドイツ法Ⅱ」の授業科目が同年度に開講された。前者では主として私法・経済法に、後者では公法・刑事法に重点を置くとされていた。もっとも、この点は厳格な区分というよりも、文字どおり重点の違いとして理解されていた。1回90分、合計15回の選択科目として行われている。

　教科書は用いていない。後述するように、ドイツ法に関する数個（おおむね5～6個）のテーマを取り上げ、それぞれ資料を準備した。ということは、現代ドイツ法を体系的に論じていくやり方は採用していない。

　そしてテーマの選択に際して重視した点は、社会における法の役割や機能が日本とドイツにおいてどのように類似し、どのように異なっているかについて考えるための適性である。また、現代法の歴史的背景にも注意を向けることに留意した。

　ドイツ語の法律条文、判決例、論文、新聞記事等をそのまま講読するか、それともドイツ語の講義資料を日本語訳したものを受講生に提供するかという選択肢がある。実務法曹を志望する受講生が対象であることから、後者を選択した。その場合にも、ドイツ語の原資料を併せて配布した。（初期の、法科大学院開設後の数年間においては部分的にドイツ語の素材に基づいて進めた時期があった。その後2010年以降は現実性、効率性を考慮して、上述のとおり基本的に日本語の資料を提供した。）

### (2)　テーマ

　授業内容、授業の進め方等について説明する導入部を踏まえて、以下のよ

うなテーマを取り上げた。

### 1) 連邦最高裁判所民事判決を読む

比較的短く、法科大学院生が予備知識を有していると思われるドイツ連邦最高裁判所の民事判決を講読する。多くの年度において、ドイツ民法典の「消費財売買」に関して契約による品質保証責任の排除をめぐる問題を主たる争点とする判例を取り上げている。その場合に、事案の民事法的実体を検討するとともに、判決文の形式的部分や〈Tatbestand＝事実〉、〈„Begründung"＝理由〉等の用語法に注意を喚起して、日本近代法の歴史的起源への理解を促す。

### 2) フーゴー・ジンツハイマー「法律家の世界像における変遷」（*Hugo Sinzheimer,* Der Wandel im Weltbild des Juristen, Zeitschrift für Soziales Recht [1928]）

現在では日本、ドイツはもちろん多くの法秩序の重要な構成要素となっている社会法の法制度（労働法、社会保障法、経済法等）の草創期に、とりわけ労働法の基礎理論としてわが国でもよく読まれたジンツハイマーによる本論文を講読し、現代法への歴史的展開の背景と基盤を学ぶ。この論文全文の日本語訳を資料として配布し、質疑応答を含む検討を行う。なお、この日本語訳は2022年に法律雑誌に掲載されている（慶應法学48号【本書**第1部Ⅷ**】）。

### 3) ラートブルフの定式

ここでは、わたしたちに法哲学・基礎法学的考察を要求するテーマを検討対象とする。いわゆるラートブルフの定式（Radbruchsche Formel）とは、次のような内容のものである[1]：

---

1) *Gustav Radbruch,* Gesetzliches Unrecht und übergesetzliches Recht, Süddeutsche Juristenzeitung, 1946, S. 105-108.

確かに、法律（実定法）が拘束力をもつことは大原則である。しかし、実定法と正義の間の矛盾が許容できないほど大きく、法律が〈不法〉となり、正義に道を譲らざるをないところで、その原則は限界を迎える。

また、次のように表現されることもある：

　法律と権力によって担保された実定法は、それが内容的に正義に反し、合目的的でもない場合であっても、原則として優位性をもつ。（ただし、実定法と正義との矛盾が許容できない程度に達しており、そのため〈不法〉としての実定法が正義に道を譲らざるをえないような場合には、その限りではない。）

　このような考え方は、第2次世界大戦後まもなくナチスに影響を受けた法律家（主に裁判官）の責任をめぐる議論のなかで大いに注目され、支持を受けた。さらに興味深いのは、1990年東西ドイツ統一直後に深刻な法的問題を提起した東ドイツ国境警備兵狙撃事件との関連において再び注目を浴びたことである。なお、このテーマは、ドイツにおける高級週刊新聞（DIE ZEIT N° 46/2009）における若手法律家の署名記事（*Benjamin Lahusen,* „Gustav Radbruch: Aus Juristen Demokraten machen"）に接したことを契機として、この授業に取り入れたものである。

### 4) 私法上の平等取扱（差別禁止）原則

　憲法・公法上の基本原則としての平等取扱（差別禁止）の要請を私法上の一般原則として実現しようとする立法は、EU（欧州連合）法の枠組みのなかでドイツ等の構成諸国の法制度として実現している。具体的にドイツの場合には、2006年に一般平等取扱法（Allgemeines Gleichbehandlungsgesetz）が制定されている。一般平等取扱法は、たとえばわが国の対応する法的状況との比較においては先進的なものとして高く評価できることは否定できないとはいえ、他方で契約自由の原則を重視する立場からは厳しい批判に晒されている。こ

の法律の日本語訳（齋藤純子「ドイツにおけるEU平等待遇指令の国内法化と一般平等待遇法の制定」外国の立法230号、2006年）を基礎的教材として用い、ドイツの関連文献に示されている具体的事例を踏まえながら、私法上の平等取扱（差別禁止）原則の必要性と困難さの両面から検討を加えた。

### 5) 経済法・独占禁止法の現代的課題

筆者が専門分野としている経済法・独占禁止法について、グローバルな共通の課題となっている2つの問題群を取り上げる。第1に、環境問題（・消費者問題）の観点から、第2に、高度情報化社会の光と影の認識を踏まえて、日・独（欧）・米の法制度の展開を比較検討する。同時に、ドイツの環境法制とその社会的背景に論及する。

### 6) 小　括

1) 〜 5) のテーマのほか「スイスの法と社会」を予備的なテーマとする。とくにスイスの成立と成長および「永世中立」の歴史的背景と限界の理解に重点を置く。なお、質疑応答の行方、受講生の希望等に即して、小テーマを設け、資料を配布する。また、授業全般について、ドイツの制定法を単に表面的に概説するということではなく、歴史的経緯や社会的背景との関連から考察することとし、それをとおして究極的には、外国法研究・比較法研究の意義を理解することが授業の目的であるいえよう。

## 3. ドイツ法とその周辺（その1）——再統一をめぐる人々のこと

専門とする法分野についてドイツ法を研究対象の一部としてきたこととは別に、数年来ドイツ法とのもう1つの関わりが生じている。法科大学院において「ドイツ法I」の授業を担当しているからである（Iは私法・経済法、IIは公法・刑事法を主に取り扱う）。しかし、通常の法律科目だけでも新たな授業方法等のために大いに負担となっていたから、開始当初はプラスアルファと

してのドイツ法の授業に、十分な喜び、やりがいを感じられる状況になかったことを、遺憾ながら認めないわけにはいかない。しかし、十年一昔とでもいうのか大きな変化がみられ、ドイツ法の授業が面白い。受講生の反応も悪くない（と思う）。知的好奇心を刺激するテーマ設定に、ある程度成功したのかもしれない。

　考えられるトピックのうち、四半世紀前のベルリンの壁崩壊、東西ドイツ統一が20世紀後半のドイツの法と歴史をめぐる最大の出来事であることに、異論はなかろう。筆者自身は、ベルリンの壁が崩壊した1989年11月の2か月前に当時の西ドイツにおける2年間の客員研究員としての留学生活を終え帰国していた。歴史的出来事を身近に体験できず残念であった反面、滞在中にドイツ民主共和国（東ドイツ）等「東側」諸国を実感できたことは、今となってみれば歴史的体験であった。ドイツ統一をめぐる動きは多面的であり、それを考察し検討する場合のテーマや切り口も際限がないほど多様である。ここでは、読書や資料の購読を含む体験から、大いに興味を引かれた人々のことについて述べよう[2]。

　2002年初頭ユーロ導入時に3か月間足らずのドイツ滞在中であった筆者は、ベルリン・フリードリヒ・シュトラーセ駅構内の小さな書店で、名前しか知らなかった19世紀後半の大作家テオドーア・フォンターネ（*Theodor Fontane*）の名著「Wanderungen durch die Mark Brandenburg」（マルク・ブランデンブルク周遊記）の1冊を手に取った。それが始まりだった。その後いくつかの偶然をとおして、フォンターネの研究家でもある現代作家ギュンター・ドゥ・ブロィン（*Günter de Bruyn*）を知ることとなる。しばらくの間フォンターネ、ドゥ・ブロィンを並行して読んでいたように思う。フォンターネも

---

2) *Hans-Hermann Hertle,* Chronik des Mauerfalls: Die dramatischen Ereignisse um den 9. November 1989 および Die Zeit、Süddeutsche Zeitung、Der Spiegel 等の関連記事を主として参照した。

　ポーランド連帯（Solidarność）、プラハの春も重要であり、興味深い。

1871年のドイツ統一を経験した人物ではあるが、本稿における「統一」は、もちろん1989〜90年のそれであり、（東）ベルリン出身のドゥ・ブロィンが旅の最初の道連れとなる。まずは自己紹介をしていただこう。──

　「愛の原因を明らかにしようとする試みはことごとく、解明できない部分が残るという認識で終わるだろう。これは、原因が愛されている客体のなかにだけ求められていること、しかし愛の原因は愛している側の衝動と欲求のなかにもあることから来るように思われる。愛している者はその衝動と欲求の存在をなかなか認めたがらない。人は、愛される者の魅力が愛を生み出すものであると考え、自分の愛する気持ちこそが相手の魅力を魅力たらしめたものであることに眼を向けない。愛によって初めて、愛されるものはその愛に値するものとなる。
　風景への愛も、それがどのような風景かということだけから説明されるのではない。というのは、同じ風景であっても見る者の心の持ち方によっては異なったものに映るからだ。むしろしばしば、愛する者自身の側から説明することができる。ある地域の風景の魅力を受け入れる用意があって初めて、その風景を他の地域の風景より高く評価し、他の人にとっては欠点に見えるものの中に逆に良さを見出すことができる。平地を好む人は、山によってそれが狭められないことを良いことだと思う。他方、山地の愛好者は、山がないことを空虚だと思う。海辺を好む者には、海辺に吹き荒れる嵐でさえも好ましいものとなる。」

　印象的な引用文は2006年刊行のドゥ・ブロィン著「Abseits: Liebeserklärung an eine Landschaft」の冒頭である。書名の日本語訳を示さなければならないが、簡単ではない。後半の、いわば副題は「ある風景への愛の告白」ということになろう。主題のAbseitsは「隠遁」に近い意味合いである。これよりもう少し軽いニュアンスの日本語はないものか。最善の日本語訳はともかくとして、この書名は作品についてだけではなく、著者についても多くを

X 「ドイツ法」の教育　　109

語ってくれる。

　1926年ベルリン生まれの氏は、第2次世界大戦従軍後に帰還し、図書館司書として勤務した後1961年から今日まで著述に専念している。氏は東ドイツ成立から東西ドイツ統一まで東ドイツ国民として生きた。書名は、当局の検閲等によって自由な作家活動が阻害されることも多く、氏がベルリン郊外の辺鄙な村に「隠遁」したことによる。作品で、その地方の風景、風土、歴史、人物等が優しい絵のように描写される。もっとも、20世紀後半を含むドイツの「風景」であるから、東からなだれ込む赤軍と首都を守る独軍の間の凄惨な戦闘と無関係で済むはずもない。いずれにせよこの本から、彼の居住地についての情報が得られる。

　ドゥ・ブロィンのことを知って以来、多くの著作を読み、惹きつけられてきた。単著だけでも約40冊を数え、テーマは多岐にわたる。そのうち、たとえば浅田次郎の著作における「蒼穹の昴」等中国史シリーズのように圧倒的存在感を示しているのは、ナポレオン戦争時代プロイセンの作家と周辺の文化人群像を絹のタッチで描いた大著「Als Poesie gut: Schicksale aus Berlins Kunstepoche 1786 bis 1807」(詩ならばよかろう：1786年〜1807年ベルリンにおける芸術の担い手とその運命)、その続編「Die Zeit der schweren Not: Schicksale aus dem Kulturleben Berlins 1807 bis 1815」(重い苦難の時：1807年〜1815年ベルリンの文化の担い手とその運命) であろう。ともに数十年の蓄積に基づく渾身の作品である。他方で、これらの優れて文芸的な作品群とは別に、複数の自伝的作品、「Zwischenbilanz」(中間報告)、「Vierzig Jahre」(40年) があり、広く読まれている。取り上げた彼の著作はすべて統一後に刊行されたものであり、東ドイツ独裁政権下でも自由人として筋を曲げなかった生き方が、統一後とりわけ尊敬を集めている。授与された文学賞等は20件に達する。

　たまたま数年前ベルリンに数日間滞在する機会があり、翌日帰国という日の午後の半日自由時間が転がり込む。ドゥ・ブロィン氏が長く住まいを構え、東ドイツ体制崩壊後も「隠遁」している郊外の村へ出かけるため、ホテルを出た。地図を手許において「Abseits」を熟読していたから目的地 (Görsdorf bei Beeskow）、鉄道路線は頭に入っている。最後の乗換駅（Königs Wuster-hausen）で、世界都市ベルリンの近郊とはとても思えない超ローカル線に乗り、田園風景を楽しみながら、降車すべき駅はもうすぐのはずだと少し緊張し始めていた。列車が地図に名前のない無人駅に停車した。その駅から乗車してきた男性が筆者の至近距離に立ち、車内改札機を使っていた。こちらは座っているから、直ちには彼の顔は見えない。しかし次の瞬間に何気なく見上げると、本のカヴァーの折り返し部分の著者近影で見慣れた顔がそこにあった。瞬間的に決然とした気持ちになった。「お席にご一緒していいでしょうか。わたしは日本の法学の教授で、エグチと申します。あなたのご本のファンになり、今日はたまたまお住まいの村を見て帰ろうと出かけてきました。」「何ということでしょう。驚くべき出会いですね。」「もちろん村へは行かず、このまま列車でしばらくご一緒したいと思いますが、構いませんか。」「ええ結構ですよ、喜んで。自分の本の朗読会があって、終点のオーダー河畔のフランクフルトへ出かけるところです。ところで、法学の教授であるあなたがどうして私の書いたものに興味をもたれるのですか。」「子供のころからドイツの歴史や地理に興味がありまして。」——列車内で、そしてフランクフルトのカフェで幸福な２時間余りを過ごし、夕食の約束をしていたベルリンの都心へ戻って、翌朝そそくさと日本へと旅立った。

　「愛の原因」に係る一節は、自由の制限された東ドイツ旧体制下で人々が何を頼りに生きたかを示しているように思われ、あえて長く引用した。そのため、当初予定していたトピックの一部を見送らざるをえない。それは「ベルリンの壁を崩壊させた３人の男達」とでもいうべきテーマであり、具体的には、ギュンター・シャボウスキ（Günter Schabowski）、ハラルト・イェーガー（Harald Jäger）、ゲアハルト・ラウター（Gerhard Lauter）という東ドイツの体制側に身を置き、しかしそれぞれ異なる仕方で壁崩壊の引き金を引いた３人の人物のことである。もちろん、東の体制崩壊とドイツの再統一が多くの有名無名の人々や多様な諸要因によってもたらされたことは疑いない。「英雄都市」ライプツィヒ市民、ハンガリー政府、ドレスデン市民、ゴルバチョフ、

X「ドイツ法」の教育　　111

東ドイツの驚異的債務超過、等々。このことを踏まえてもなお、シャボウスキ、イェーガー、ラウターの３人は特筆に値しよう。そう遠くないうちに、小文の続編として話題提供する機会があれば幸いである。

　最後に、この楽しい仕事のきっかけになった「Law Books」のために付け加えれば、ドイツ近代私法の大家サヴィニー（*Friedrich Carl von Savigny*）は、ロマン派文学者と密接な交流があり、苦難の時にベルリンの文化を担った人物として前述「Die Zeit der schweren Not」に登場する。こうしてドイツ法の周辺と中心が出会う。

＊　　　＊　　　＊

　先に予告した「ベルリンの壁を崩壊させた３人の男達」に関する新資料を読みながら、このテーマを取り上げるならばその数か月前のハンガリーをめぐる出来事に触れないわけにはいかないことに思い至った。そうすることで、1989年秋のドイツの事件が地理的にも時間的にも格段に拡がりを見せる。この文章を書いているのは奇しくも第１次世界大戦開戦100周年の年であり、すでにマスコミでは多くの特集が組まれている。これが一段落すれば、11月９日にベルリンの壁崩壊25周年を迎える。

　壁崩壊に関与した最も有名な人物は、ギュンター・シャボウスキであろう。彼は東ドイツの事実上の独裁政党ドイツ社会主義統一党の最高幹部（政治局員）であり、同時に政府スポークスマンの地位にあった。1989年11月９日午後６時定刻に彼の記者会見が始まる。党中央委員会総会、新選挙法等に関して淡々と報告が行われ、終了予定の午後７時が近づいていた。その時ひとりのイタリア人記者が、下手なドイツ語で、会見場の停滞した空気を一変させる質問を発する。──「先日公表された新旅行法案は大きな間違いだったのでありませんか。」

　自由を求める多くの市民がすでにハンガリー経由で西へ逃れ、この時期プラハのドイツ連邦共和国（西ドイツ）大使館の敷地内には西ドイツへの出国を

要求する東ドイツ市民数千人が塀を乗り越えてなだれ込んでおり、西ドイツ、チェコスロヴァキアを巻き込む深刻な国際問題となっていたから、旅行法の大幅な緩和は必至の情勢にあった。しかし、ベルリンの壁によって国民を西側から隔離することは、東ドイツ存続の条件、いわば国是であり、相反するこの2つの要請の間で解決を見出せるか、イタリア人記者は旅行法案のあり方を批判することで、この大問題に切り込んでいく。

シャボウスキは「いいえ、間違いだったとは思いません」と回答を始め、まず政府公式見解の一般論を述べた後、「本日ひとつの決定がなされました」と数時間前に中央委員会で採択されたばかりの旅行法改正について触れる。後日「シャボウスキのメモ」と呼ばれることとなる改正概要のメモを、記者会見の直前に党中央委員会総書記エゴン・クレンツから直接手渡されていたのである。

　「本日の決定は、すべての国民が国境検問所から出国することを可能にするものです。」
　「いつから効力を発するのですか。」「すぐに？」この質問に答えず、シャボウスキはメモを頼りに概要を読み上げる。再び「いつから効力を発するのですか」と声が上がる。
　「私の知る限り、即刻、遅滞なく、ということです。」
　「ベルリンの壁を通過できるということですか。」「ええ、再入国を放棄して出国する者は、西ベルリンを含めた両ドイツ間の国境検問所を通過することができると記されています。」

終了を待たず会見場は混乱に陥り、記者たちが会場を走り出る。このとき、予定どおり午後7時。その日のうちにベルリンの壁は崩壊し、世界の政治地図が書き換えられることなる。会見における彼の発言には、2つの決定的なミスがあった。第1に、改正概要では旅行や出国の要件が格段に緩和されているとはいえ事前許可手続が不要になったわけではないにもかかわらず、西

X　「ドイツ法」の教育　　113

側への旅行・出国が事実上自由になったという印象を与えたことである。第2に、改正概要の公表時期が翌日の10日であると明記されている点を見落とし、「即刻、遅滞なく」効力を発すると述べた。

東ドイツ国営テレビは記者会見を実況放送しており、さらに、東ドイツ市民が日常的に見ている西ドイツ第1テレビ（ARD）の定時ニュースでは会見終了1時間後に「東ドイツが国境を開放」と報じられた。多くの市民が、パスポートを持って検問所へ行けばすぐに西へ出国できるのではないかという希望的観測から、動き出す。他方、会見後シャボウスキは帰宅し、自身が歴史を動かしたことをその日のうちに知ることはない。

眠りについた男から運命のバトンを受け取ったのは国家保安省の将校ハラルト・イェーガーである。彼は東西ベルリン間の最も重要な検問所のひとつボルンホルマー通り検問所の担当責任者として、その日、11月9日に任務に就いていた。イェーガーは夕食時に放映されていた記者会見に驚き、状況確認のために連絡を取った上官もシャボウスキ発言に困惑するだけだった（「まずは静観するんだ。集まってきた者たちはそのまま帰す」）。会見終了から約30分後のその時すでに、検問所前には20人ほどの市民が集まり「西に出られるのか？」と係官に尋ねている。さらに1時間が経過した午後8時30分には数百人に膨れ上がり、時とともに増え続ける。その声は、午後9時ごろにはもはや「出られるのか」という質問ではなく「出国させろ」「門を開けろ」という要求に変わる。ガス抜きのための対応策として午後9時30分前後、押し寄せた市民のうち「挑発的分子」だけを（再入国の権利なく）出国させる措置がとられた。これは上官の示唆によるものであったが、高まる圧力に対し何ら危機回避の効果をもたらさない。ベルリンの検問所で起こっている事実とその根拠について、東ドイツ政府関係者は誰も正確な情報を得ていないのであるから、適切な指揮命令は望むべくもなかった。群衆の圧力によって検問所の鉄条網が破壊され、市民、警備兵の双方に生命の危険が迫るという危機に直面して、イェーガーは決断し、ボルンホルマー通り検問所の門を開放する。11時30分、多くの東西国境の中で最も早かった。市民は自由に西ベルリンへ

入り、また自由に東へ戻った。

　突如として数千人、数万人の群衆が集結したのであるから、警備側と市民側の間の力関係が逆転し、体制側が受けた脅威は想像を超えたものであったろう。それにもかかわらず（だからこそというべきか）、この夜、国境をめぐって一発の銃弾も発射されなかった。市民の要求に沿って、超法規的に検問が放棄された。平和な革命を実現させた原動力は何か。日付が10日に変わった直後に、現場を視察した国家保安省高官と内務省高官の間で交わされた「厳しい状況だな」「社会主義の敗北だよ、どこにも支持者がいないのだから」という会話がヒントになろう。2人が体制の中枢に身を置く人物であることを考えれば、イェーガーの決断と同じく、この会話も冷静で理性的である。

　半日ほど時計を戻せば、内務省出入国管理部長ゲアハルト・ラウターが9日午前中に庁舎内で国家保安省高官を含む3名の担当者と議論していた。彼らは、前述した意味におけるチェコ問題を解決するため新旅行規則案を作成するよう命令を受けていた。前述したように、西側への旅行の自由の問題は東ドイツの存立に係わる問題であり、国内的にも対外的にも緊張が極限に達していた。会合では、ラウターの主導により自由度を最大限に高めた規則案が策定され、党（政治局、中央委員会）と政府（大臣会議）に提出された。この旅行規則案が基本的にそのまま党の決定を経て、記者会見場へ向かうシャボウスキの手に渡り、数時間後には壁を崩壊させ、さらに翌年には1つの国を公式に消滅させることになる。

　ラウターらの提案の特筆すべき点は、第1に、旅行の制限を可能な限り撤廃する進歩的なものであったこと、第2に、上層部からの命令が永久出国の規則案の作成を求めていたのに対し、提案は外国旅行（帰国することを前提とした出国）を含めた包括的な内容であり、まさに東ドイツ国民の要求に対応していたことである。体制崩壊直後のある時期、新規則案の実質的策定者ラウターには革命の意図があったのではないか、すなわち東ドイツ国家の転覆の意図があったのではないかといわれた。それほど大胆な内容であった。ドイツのマスコミは、言葉の真の意味で歴史を〈書いた〉男という称号をラウ

X　「ドイツ法」の教育　　115

ターに与えている。能力を評価されたのであろう、統一後ドイツ政府機関の
ポストのオファーを受けたが、職務上仮想敵としてきたドイツ連邦共和国政
府職員となることの違和感から、これを辞退している。

インパクトの点でベルリンの壁の崩壊の影に隠れているが、その80日前に
鉄のカーテンに最初の穴を開けたハンガリーの功績を否定する者はいない。
チェコスロヴァキアと同様ハンガリーにも西への出国を望む多くの東ドイツ
市民が滞在し、緊張が頂点に達していた1989年8月19日、ハンガリー、オー
ストリアの連携により東ドイツ市民数百人を西側へ脱出させることに成功し
た。ハンガリー国務大臣イムレ・ボシュガイ、オーストリアのヨーロッパ議
会議員オットー・フォン・ハプスブルクが主催者となり、小都市ショプロン
近郊の国境に面した草原への「汎ヨーロッパ・ピクニック」を開催して、出
国を希望する東ドイツ市民に参加を呼び掛け、国境を開いたのである（ドイ
ツ語のビラが配布された）。開放は3時間、約600人が出国した。多くはない。
しかし、ハンガリー政府が事実上公認して鉄のカーテンを無力化したことの
意味は、きわめて重い。

1848年フランクフルト国民議会から1871年ドイツ統一への展開の中で「ド
イツ」から切り離されたオーストリア＝ハンガリーが、20世紀の負の歴史を
背負って苦悩する東西ドイツに手を差し伸べたようにも思える。ハンガリー
政府とともに、オーストリア側から「ピクニック」を支えた汎ヨーロッパ運
動の創始者リヒャルト・クーデンホーフ＝カレルギー（1972年没）の母は、東
京・牛込の出で、オーストリア＝ハンガリー帝国の貴族に嫁いだクーデンホ
ーフ＝カレルギー・光子（青山みつ）である。

統一後のドイツは、たとえば2013年連邦議会選挙結果や2014年サッカーワ
ールドカップドイツ代表チームの顔ぶれにも表れているように、文化的・社
会的・政治的に多様で豊かになっている。東ドイツだけではなく、西ドイツ
も過去のものとなった。

## 4. ドイツ法とその周辺（その2）──スイス、内と外

　東西に分断されていたドイツを再統一に導いた大きな変化が表面化する直前の1989年夏の終りにミュンヘン大学における2年間の在外研究を終え、わたしは本務校岡山大学における勤務を再開した。その数か月前、春から初夏にかけて2度スイスを訪問した。ミュンヘン滞在中、比較的近いスイスにはそれ以前にも数回出かけていたが、スイス南東部グラウビュンデン州エンガディン（Engadin）への2度の旅は特別のものとなり、およそ30年が経過した現在でも色褪せることがない。

　もともとは地理、言語、歴史そしてドイツをごちゃまぜにしたような事柄に興味を持つ高校生であったわたしは、しかし法学部へ進み、大学院を経て法学部助教授となっていた。ドイツ語、フランス語、イタリア語という大言語と並ぶスイス第4言語であるレト・ロマン語が話されている山岳地域エンガディンへの小さな旅は、今思えば18歳の時に置き忘れた夢への旅でもあったように思う。目前の山脈の南麓にはミラノを擁するロンバルディア平原が広がり、北へ向かえばオーストリア・チロルそして南ドイツに達するのに100キロ足らずにすぎない。スイスにおけるレト・ロマン語は、多く見積もって20数万人、基本的に日常それのみで生活している人々に限定するならば5〜6万人によって使用されているにすぎない少数言語である。とはいえ、古代ラテン語の特徴を備えており、もしシーザーが現代に蘇ってくるとするならば、地球上でレト・ロマン語住民とのみ会話を交わすことができるであろうと考える専門家もいるという。徹底した下からの民主制を採用するスイスでは、レト・ロマン語の保護保存に努めている（たとえば公共放送における独自のチャンネルの付与）。このことは、しかし、レト・ロマン語住民も自らの有利な就職や事業活動のためにはドイツ語に依存せざるをえないという事情等のために、圧倒的少数言語として存立の危機に晒されていることと表裏の関係にある。

X 「ドイツ法」の教育　　117

スイス中央部ウーリ、シュヴィーツ、オプヴァルデン、ウンターヴァルデンの住民が自らの自治をめぐって大オーストリアに対抗して締結した誓約同盟（Eidgenossenschaft・1291年）がスイス建国の起源とされ、また直接民主制の要素と強い自治に基づくスイスの政治社会構造の源でもある。これに、14世紀以降チューリヒ、ベルン、バーゼル等の大都市が同盟に加入し、誓約同盟は国家としての実質を具えていく。近代の歴史については「中立」との関連で後述する。

　今日のスイスの政治社会構造の特徴を端的に示すものとして、連邦レヴェル、州レヴェル等で行われる国民投票の役割の大きさがある。最近のさまざまな国民投票の事例のうち、目下の関心の対象である言語問題と関わる「ジュラ（Jura）」事案を紹介しよう。

　ドイツ語住民を多数派とするベルン州からフランス語地域のジュラ地方が国民投票により1979年に新州として独立したことを前提として、その時点ではベルン州に残留することに決したフランス語系市町村が、とりわけ2010年以降ベルン州からの分離とジュラ州への編入を求めて再び強力な運動を展開し、国民投票が行われた。開票の結果、およそ50の行政単位の大多数はベルン残留案を大差で支持したが、人口7000人余りの町ムーティェ（Moutier）のみがベルン州離脱・ジュラ州編入の結論を下した。しかし、この投票結果はのちに不正投票を理由として取り消され、事案は連邦裁判所に継続している。

　国民投票は実際にどのような事項について行われるのか、2016年以降の連邦レヴェルのものの中から例示しよう。無条件最低所得制度の導入（否決）。石油税の道路交通目的税化案（否決）。難民法改正（可決）。第3世代外国人帰化条件の緩和（可決）。放送受信料廃止案（否決）。自転車（・歩行者）専用道路整備促進案（可決）。環境・公正貿易適合的な食品製造促進提案（否決）。家畜の尊厳確保、具体的には牛・山羊の角を切り落さない飼育の促進の提案（否決〔ただし賛成票45％〕）。

　以上、スイスの「内」について。

　次に、この国に係る「外」（対外関係）をめぐるテーマとして「中立」性が最

118　第一部　法における人間像と現代法

もふさわしいという点については、賛成していただけると思う。個々の外交問題について中立政策をとることはどの国にもある。他方で、スイスの中立は、一般的・継続的なものとして自覚的に選択されたものであり、それが脅威にさらされる場合には軍事的手段により防衛すべきものとされる。憲法上、中立性は、独立と安全保障、国民統合の目的を確保するための手段として位置づけられる。そしてスイスの中立について考える場合にとくに重要なのは、それが強固な歴史的背景に支えられていることであり、他に類を見ないといってよい。中立スイスが複雑に交錯した国際関係のなかから徐々に形を成してきた経緯は、およそ以下のとおりである[3]。

　すなわちスイスの中立は、いわゆる30年戦争の終着点としてのウェストファリア条約によりスイスの主権が承認されたことを踏まえ、17世紀後半に公式に宣言されるに至った。カトリック・プロテスタントの宗教的対立、独・仏・伊系住民の言語・文化・政治的多様性を顕著な特徴とするスイスにとって、中立性が国民統合のために果たす役割は果てしなく大きい。その後フランス革命の激震によりスイスはフランスの軍門に下り、従来の誓約同盟はいったん消滅する（1798年）。独立スイスの復活はウィーン会議を踏まえた1815年パリ条約の成立を俟たなければならない。この条約によってスイスは領土の不可侵、永続的中立を認められる。「永世」中立国という呼び名はこれに根拠がある。他方でスイス政府は、継続的なものとして「自ら選択したもの」であるという自己認識を強調する意味からも、あえて「永世中立」という見方を避けている[4]。

　19世紀後半以降さらに普仏戦争（1870・71年）、第1次・第2次世界大戦という試練を克服し、中立スイスは今日に至っている。

---

3) Neutralität, Historisches Lexikon der Schweiz, https://hls-dhs-dss.ch/de/articles/016572/2010-11-09/ 参照。

4) スイス政府の見解について Der Bundesrat, Klarheit und Orientierung in der Neutralitätspolitik（Bericht des Bundesrates in Erfüllung des Postulates 22.3385, Aussenpolitische Kommission SR, 11.04.2022）（2022年10月26日）参照。

テーマに関する以上の管見の補足として、個人的なエピソードに触れておきたい。慶應義塾大学大学院法務研究科にLL.M.が新設され、多くの外国人学生が学ぶようになったが、スイス人学生の比率は他のヨーロッパ諸国と比較しても相当高い。とくに中立政策に関するスイス知識階層の見方の実例に接すべく、このうち数名にインタヴューを行った。その際「第2次世界大戦によるスイスの死者は、連合国爆撃機によるドイツ国境の町シャフハウゼン（Schaffhausen）への誤爆による40名弱を含めて合計約200人であるとされています。これは第2次大戦による死者数、たとえばソヴィエト連邦の推定2000万人以上、ドイツの推定600万人以上、日本の推定300万人以上という数字と比べれば、およそ比較にならないほど極端に少ないというべきでしょう。このように国民の生命を守り通したことはあなたの母国スイスの中立政策の賜物だと思われます。あなたはスイスの中立をどう評価していますか」と問いかけた。反応は実にクールなもので「スイスの『中立』の内実はそれほど良いことばかりではありません。第2次世界大戦時の国や銀行の行動には多くの問題点があり、今も厳しい議論が行われています」。確かに、政府関係の検証報告書や新聞等メディアの報道によれば、ドイツへの武器輸出、ドイツ軍占領地における収奪資産の取引、ユダヤ人移民希望者の取り扱いについてとくに大きく取り上げられている。

　前述「ドイツ法とその周辺（その1）——再統一をめぐる人々のこと」では、歴史地図を見れば明らかなように、ドイツ語圏の東北端旧ブランデンブルク辺境領（Mark Brandenburg）における現代史が素材となっていた。今度のスイスは、逆にアレマン人（Alamannen）の進出した西南の辺境にある。辺境には何かがあるのかもしれない。

　そういえば、故郷九州で憲法を教えてくれた有名教授は「西南学派」を気取っていたように思う。悪口ではない。むしろ、悪戯っぽい笑顔と十二分な準備に裏付けられた素晴らしい授業であり、誇り高い辺境伯であった。ほかに幾人もの辺境伯や辺境王に囲まれて贅沢な日々であったことに、やっと思い至るようになった。

第二部

# 独占禁止法の諸問題

# I　独占禁止法上の競争の実質的制限に関する覚書

## 1.　問題状況と課題

### ⑴　はじめに

　独占禁止法上の競争の実質的制限（「一定の取引分野における競争を実質的に制限すること」）をどう理解し解釈するかについて、最近に至るまで主な裁判例や主要学説の間にはおおむね共通する考え方が形成されていた。本稿では、この意味における通説的見解を批判的に検討し、その見直しを展望する。

　本稿の検討には2つの手がかりがある。第1に、入札談合事件に係る多摩談合事件最高裁第1小法廷判決（平成24年2月20日）（多摩談合事件最高裁判決）には競争の実質的制限の理解に関して重要な説示がみられ、それは従来の通説的見解に変更を促す内容を含んでいる。

　第2に、筆者は通説的見解について批判的な考察を加えたことがある。本稿では、従来の自らの研究を今日の視点から更新したい。

### ⑵　問題状況

　テーマに関する問題状況を要約しておこう。

　多摩談合事件最高裁判決が現われる以前の、競争の実質的制限に関する通説的見解は、東宝・スバル事件東京高裁判決（昭和26年9月19日）（①）および東宝・新東宝事件東京高裁判決（昭和28年12年9日）（②）を基礎として成立し、形成されていた。それぞれの該当部分（脚注参照[1]）から明らかになるのは、

競争の実質的制限が2つの構成要素の総合として理解されていることである。すなわち、第1に、価格等に対する影響力（「その意思で、ある程度自由に、価格、品質、数量、その他各般の条件を左右すること」）であり、そして第2に、そのことによって惹起される市場支配の蓋然性（「市場を支配することができる形態が現われているか、または少くとも現われようとする程度に至つている状態」〔①判決〕・「市場を支配することができる状態をもたらすこと」〔②判決〕）である。

　主要学説も、前述東宝・新東宝事件判決（②判決）の特別の問題点[2]を度外視すれば、以上の解釈に基本的に依拠しているものとみられる。脚注を参照されたい[3]。

----

1) 「競争自体が減少して、特定の事業者または事業者集団が、その意思で、ある程度自由に、価格、品質、数量、その他各般の条件を左右することによつて、市場を支配することができる形態が現われているか、または少くとも現われようとする程度に至つている状態をいう」〔①〕・「競争自体が減少して、特定の事業者又は事業者集団がその意思で、ある程度自由に、価格、品質、数量、その他各般の条件を左右することによつて、市場を支配することができる状態をもたらすことをいう」〔②〕）。

2) 的確な観察を示す根岸哲＝舟田正之『独占禁止法概説（第5版）』（有斐閣、2015年）43頁以下参照。

3) 今村成和説（『独占禁止法（新版）』（有斐閣、1978年）58頁以下）では、競争の実質的制限とは市場における競争機能の発揮を妨げることであるという基本的理解が示される。その上でさらに、有効な競争を期待することがほとんど不可能な状態というとらえ方を採用し、これは「いいかえれば市場支配の状態をもたらすこと」とされる。

　　正田彬説（『独占禁止法（全訂版）Ⅰ』（日本評論社、1980年）207頁以下）でも前述の基本的理解が共有されている。異なるのは市場支配「力」の形成というとらえ方が鮮明になっていることである（「競争を有効に機能せしめない力が形成される」・「その力は、市場を支配しうる力として評価される」・「競争の『実質的制限』は、市場支配力の形成としてとらえられる」）。並行して「一定の行為による力の形成と、その力に従わざるをえない当該取引分野の他の構成員という関係が

このような従来の状況をどのように評価するか[4]。おおむね次のように考えられる。第1に、上述の2判決（・主要学説）における競争の実質的制限の構成要素のうち、価格等に対する影響力の点は競争への悪影響の標準的なとらえ方として受け入れることができる。他方で、第2に「市場を支配すること」（市場支配）について、それが競争の実質的制限の要件の成立のために必要であると位置づけている前述判旨後半部分には、検討すべき問題点がある。

## ⑶ 課　題

この覚書の最初の課題は、通説的見解において競争の実質的制限の解釈と市場支配概念が不可分の関係にある点について批判的に考察することである。このような考察を進めるについては、冒頭にも示唆したとおり、最高裁多摩談合事件判決が決定的に重要な視点を提供している（後述2.）。

また、ドイツ競争制限防止法（Gesetz gegen Wettbewerbsbeschränkungen）における競争の実質的制限と市場支配との関連について比較検討することが有益であると考えられることから、適宜この点に関する筆者の研究にも留意する（後述3.）。

---

成立する」というとらえ方が示されている点にも留意したい。

　根岸・舟田説（前掲注2）42頁以下）は、解釈論をポジティヴに展開することが相対的に少ない。あえて前述の両学説との関連で位置づけるとすれば、「市場支配力の形成」というとらえ方の点では正田説に近く、しかし競争の実質的制限の解釈の内容的な側面では今村説に親近性がみられる。

　以上の主要学説は市場支配ないし市場支配力の形成として競争の実質的制限をとらえており、東京高裁東宝・スバル事件判決、公取委企業結合ガイドライン（第3・1⑴イ）に示されている考え方と親近性を有している。

4)「原始独禁法制定当時の議論」等について示唆に富む林秀弥『企業結合規制』（商事法務、2011年）568頁以下参照。

以上は、独占禁止法の規制対象となる各行為類型の構成要件における競争の実質的制限それ自体の内容をどのように解するかを焦点とする問題であり、本稿はこれを主たる検討対象とする。これと不可分に結び付きながら、しかし別の問題領域がある。それは、私的独占等の各行為類型の構成要件において競争の実質的制限はどのように機能するか、競争の実質的制限は行為類型ごとに異なる内容を有するものとしてとらえられることになるのかという問題である。この問題は、談合や価格協定等の事案における場合と、いわゆる非ハードコアカルテルや企業結合事案等の場合とでは、同じ競争制限行為であってもその様相や性質が異なっていることと関係している。本稿では、この点についても序論的な考察を行う（後述4.）。

## 2．多摩談合事件最高裁判決の意義

### (1) 判示の内容

テーマに関係する最高裁判所の判断は、以下のとおりである。

　法が、公正かつ自由な競争を促進することなどにより、一般消費者の利益を確保するとともに、国民経済の民主的で健全な発達を促進することを目的としていること（1条）等に鑑みると、法2条6項にいう「一定の取引分野における競争を実質的に制限する」とは、当該取引に係る市場が有する競争機能を損なうことをいい、本件基本合意のような一定の入札市場における受注調整の基本的な方法や手順等を取り決める行為によって競争制限が行われる場合には、当該取決めによって、その当事者である事業者らがその意思で当該入札市場における落札者及び落札価格をある程度自由に左右することができる状態をもたらすことをいうものと解される。

## (2) 要 点

次の2つの点が顕著である。

第1に、競争の実質的制限の一般的な解釈として「当該取引に係る市場が有する競争機能を損なうこと」という説明がなされている。かつ、競争の実質的制限の一般的な解釈として、これ以上の内容は示されていない。

次に第2に、このような一般的な解釈を具体的に展開する形で、本件における基本合意のような入札談合行為の場合の競争の実質的制限について「当事者である事業者らがその意思で当該入札市場における落札者及び落札価格をある程度自由に左右することができる状態をもたらすこと」というとらえ方が示されている。

## (3) 検 討

次の点が明らかになる。第1に、多摩談合事件最高裁判決による競争の実質的制限の解釈において、市場支配概念は何らの役割も果たしておらず、そもそも言及されていない。加えて第2に、一般的解釈を入札談合事案へ展開したものとして示されている判旨（「当事者である事業者らがその意思で当該入札市場における落札者及び落札価格をある程度自由に左右することができる状態をもたらすこと」）においても「市場支配」に言及されることはない[5]。

これら2つの点はいずれも、東宝・スバル事件判決、東宝・新東宝事件判決における対応する判断と著しい対照をなしている[6]。この点を含めて、多

---

5) 本稿のテーマに関する多摩談合事件最高裁判決の判断には、前史がある（「このように事業活動を拘束する行為のもつ効果としての競争の実質的制限とは、一定の取引分野における競争を全体として見て、その取引分野における有効な競争を期待することがほとんど不可能な状態をもたらすことをいうものと解するのが相当である」石油カルテル〔生産調整〕事件東京高裁判決〔昭和55年9月26日〕）。

6) 金井貴嗣・経済法判例・審決百選（第2版）3事件解説（2017年）9頁では、よ

I 独占禁止法上の競争の実質的制限に関する覚書　　127

摩談合事件最高裁判決を踏まえた競争の実質的制限の解釈について、以下、さらに踏み込んだ検討を加えることとしたい。

## 3. 市場支配概念からの切り離し

### (1) 本稿の視点

多摩談合事件最高裁判決より以前の裁判例および主要学説によって形成されていた通説的見解について、筆者は批判的に検討したことがある。そこでは競争制限の程度の観点を踏まえて、競争の実質的制限の解釈を市場支配概念から切り離すことが妥当であるという考え方を示唆した[7]。そのように考えるについて寄与することが多かったのは、わが国の独占禁止法とドイツ競争制限防止法の比較研究に基づく考察であった[8]。このような経緯を踏まえて、以下、筆者の従来の比較法的考察を今日の視点から更新し、テーマに関する検討を進める[9]。

---

り連続性に着眼した見方が示されている。根岸哲「連載講座独占禁止法 第3回 不当な取引制限 II」公正取引818号（2018年）31頁の趣旨も同様であろう（もっとも前掲注3）の根岸・舟田説との関連が問題となるかもしれない）。

7) 江口公典『経済法研究序説』（有斐閣、2000年）第1部第1章、同「独占禁止法上の競争の実質的制限」慶應法学45号（2020年）【本書第二部 II】参照。

8) 江口・前掲注7)『経済法研究序説』184頁以下（とりわけ192頁以下）参照。

9) 川浜昇「『競争の実質的制限』と市場支配力」正田彬先生古稀祝賀『独占禁止法と競争政策の理論と展開』（三省堂、1999年）112頁以下では、本稿が主として焦点を当てている問題点が意識されている。しかし、検討は避けられている（「market powerの訳としては市場力でいいのではないか」・「ここでは避けておく」115頁）。

## ⑵ ドイツ法と日本法

競争制限防止法上、市場支配 (Marktbeherrschung) と競争の実質的制限 (wesentliche Wettbewerbsbeschränkung) は別個の概念であり、さらに両者は、異なる行為類型との関連でそれぞれ重要な役割を果たす存在である。すなわち、前者は市場支配的地位濫用禁止の基本的要件であり、また企業結合規制の基準における中心概念である。他方で後者は、カルテル官庁の禁止処分の対象となる排他条件契約・協定等の垂直的制限の成立要件の中心概念として講学上広く用いられている[10]。

両者は、どのような関係にあり、どのように異なるのか。

まず、規制対象となる各行為類型の成立要件を競争制限の程度の観点から整理する場合、競争の実質的制限は、一方で複数事業者等による競争制限的行為を厳格な要件のもとで禁じる競争制限防止法1条における「競争制限」と、他方で競争制限防止法上の濫用行為規制の前提となる「市場支配」との中間に位置づけられる存在である。図式化すれば、「競争制限＜競争の実質的制限＜市場支配」となる。

以上のことを踏まえた比較法的観点からの検討結果を、次のようにとりまとめることができる。すなわち、独占禁止法上の競争の実質的制限に係るわが国の通説的見解は、市場支配との関連において比較的軽微な程度の競争制限を内容とする構成要件 (競争の実質的制限) を、それよりも明白に重大な競争制限、すなわち市場支配の概念によって把握 (解釈) していることになろう。また、このことが、法律の規定から来る要請によるのではなく、解釈論をとおして行われてきた事実は、格別の注意を要する。

---

10) 2つの注釈を要する。第1に、ドイツ競争制限防止法における一定の垂直的制限の成立要件では、「制限」の意味で „beeinträchtigen“ が用いられている。第2に、本文で述べた一定の垂直的制限に係る規制は、ヨーロッパ共同体法との整合性を図る2006年法改正によって法律条文としては大きく変更されている。

## (3) 多摩談合事件最高裁判決の意義 (再論)

多摩談合事件最高裁判決において競争の実質的制限が市場支配概念を媒介とせずに解釈されていることについて、前述した (2.(3)参照)。そして比較法的検討を含む考察をとおして、本稿では、「市場支配」概念を媒介とすることなく競争の実質的制限を解釈することの妥当性の問題を取り上げ、肯定の結論を得た。

このように考えると、多摩談合事件最高裁判決は独占禁止法上の競争の実質的制限の解釈における従来の問題点を克服し、有意義な転換をもたらすものである。高く評価されよう。

## 4. 解釈論の展望

### (1) 行為と競争制限

私的独占、不当な取引制限、事業者団体の違反行為および企業結合規制におけるそれぞれの構成要件のなかで競争の実質的制限はどのように機能するのか。この問題に包括的に答えるには行為類型ごとに具体的事例の検討を積み重ねる必要があり、本稿の課題の範囲を越えることとなる。そこで、問題への最初の手がかりとして、競争の実質的制限は行為類型ごとに異なる内容を有するものとしてとらえられることになるのか否かの点を取り上げよう。

この点については、端的に、競争の実質的制限は行為類型ごとに異なる内容を有するものではないと考えるべきであろう (その内容は本稿で検討してきたとおりである)。このように考えることを基本として、次のような問題の整理が可能となる。

第1に、談合、価格協定等の事案のなかには、競争制限的共同行為として価格協定等が競争の実質的制限を内在させており、したがって価格協定 (共同行為) の存在によって行為要件と競争制限要件がいわば同時に充足される

130 　第二部 独占禁止法の諸問題

場合がある。この関連では最高裁判所による石油カルテル刑事事件判決の解釈が大いに参考になる[11]。

　対照的に第2に、共同研究開発の場合にみられるようないわゆる非ハードコアカルテルの場合、私的独占行為のうち同様の実体を具えるものの場合、そして企業結合事案の場合には、共同行為や株式保有等の行為の存在とは別に、行為によって惹起される競争の実質的制限の成否が問題となる。


## (2)　市場支配の位置づけ[12]

　競争の実質的制限を「市場支配」から切り離して解釈することについて論じてきた。これを前提とする解釈論において、切り離された市場支配概念はどう位置づけられるのか。このことについては、独占禁止法2条5項における排除・支配行為、同6項の共同行為、独占禁止法第4章の株式保有等が市場支配力を形成・強化する（こととなる）場合には、排除・支配行為等が競争を実質的に制限するものであるととらえられることとなろう。もっとも、この場合にも市場支配力の形成・強化は競争の実質的制限の外延を画するものではなく、前述の各行為が競争を実質的に制限するのは市場支配力が形成・強化される場合に限定されない。この点が、テーマに関する本稿のメッセージとなる。

---

11）石油カルテル（価格協定）事件最高裁判決（昭和59年2月24日）。

12）*Wolfgang Fikentscher,* Wirtschaftsrecht Bd. 2 (1983) において示されている「措置による競争制限」と「状態による競争制限」との対比を基本としたドイツ競争制限防止法上の諸規制の体系的整理（同書226頁以下、330頁以下）は、ドイツ法の考察から出発して、一定の一般性を有しているように思われる。この点について江口・前掲注7）『経済法研究序説』195頁以下参照。

Ⅰ　独占禁止法上の競争の実質的制限に関する覚書　　131

# Ⅱ　独占禁止法上の競争の実質的制限

## はじめに

　日本の独占禁止法には、規制基準の基本概念として競争の実質的制限（「一定の取引分野における競争を実質的に制限すること」）、公正競争阻害性（「公正な競争を阻害するおそれ」）の2つが含まれている。本稿では前者に重点を置く。もっとも後者も、両者に関する問題を対比するために検討の対象となる。

　本稿の目的は、競争の実質的制限の概念に係る通説的見解を検証し、将来における独占禁止法の効果的な運用のために解釈論の展開の手がかりを獲得することにある。そのためには、とりわけドイツ法との比較が参考になるように思われる。比較の対象となるのは、ドイツ競争制限防止法における企業集中規制基準の中心概念としての「市場支配」（Marktbeherrschung）である。

## 1.　日本法の問題状況

　(a)　公正競争阻害性は不公正な取引方法（ボイコット、差別行為、不当廉売、優越的地位の濫用行為等）の規制基準の中心概念である。私的独占・不当な取引制限の禁止、企業集中規制等の場合に特定の市場における競争の実質的制限が問題となるのに対して、不公正な取引方法の禁止の場合には、市場秩序の主体的構成要素としての市場参加者（事業者、消費者）の経済的自由に対する悪影響の有無が焦点となる。

　不公正な取引方法の規制は、実質的には公正競争の観点からの事業活動の

132　　第二部　独占禁止法の諸問題

ルールの設定であるという側面をもつものといえよう[1]。しかし、公正競争阻害性を市場全体の競争秩序と直接に結び付けて把握する場合には[2]、成立要件は厳格になり、事業活動のルール設定という役割を果たすことは困難になるように思われる[3]。他方で、経済的自由の保護に立脚して公正競争阻害性を基本的に市場参加者の競争機能の侵害ととらえ、不公正な取引方法の規制の独自性を強調する見解がある。説得的な見解であるといえよう[4]。

また、不公正な取引方法に該当する行為類型（排他条件付取引、不当廉売等）が公正取引委員会[5]によって指定され、公示されている。多くの行為類型は抽象度の高い一般条項を含んでいることから、競争秩序の観点からの事業活動のルールとして機能するためには、行為類型をさらに具体化することが求められよう。

以上、要するに、不公正な取引方法の認定は競争の公正さに係る価値判断に基づき行われるものであり、具体的な特定市場における競争制限の具体的認定をとおして行われるものではない。このことは、競争の実質的制限、公正競争阻害性という2つの基本概念の第一義的な相違でもある。

(b) (aa) 独占禁止法上の競争の実質的制限について検討する場合、これを成立要件としている私的独占、不当な取引制限および企業集中に係る諸規制が十分な有効性を示しているとはいいがたいこと、また、その原因の一端が学説の解釈論にあることを考慮すべきであろう。通説的見解では、競争の実質的制限は基本的に市場支配力の形成・強化であるとされ、高い程度の競争

---

1) 舟田正之「不公正な取引方法と消費者保護」加藤一郎＝竹内昭夫編『消費者法講座3・取引の公正I』（日本評論社、1984年）99頁以下参照。
2) 今村成和『独占禁止法（新版）』（有斐閣、1978年）94頁以下参照。
3) 東洋精米機製作所事件東京高裁判決（昭和59年2月17日）参照。
4) たとえば舟田・前掲注1) 112頁参照。
5) ドイツ語文献として *Wolfgang Pape,* Gyoseishido und das Anti-Monopolgesetz in Japan: Eine Untersuchung über Praxis: Hintergrund und rechtliche Problematik von „Administrative Guidance" (1980) S. 77 参照。

II 独占禁止法上の競争の実質的制限　　133

制限が前提となっている[6]。ここでは、通説的見解において競争の実質的制限の要件が市場支配力概念と結び付いている点に留意しておきたい。

独占禁止法上の前述の諸規制のうち、カルテル行為等を対象とする不当な取引制限の禁止の場合には、比較的効果的な規制が行われている。このことは、全体として高い市場占拠率を有する複数の事業者による価格協定等の存在から市場支配力の形成を認定することが容易であるという事情に基づくものと考えられよう。私的独占の規制の場合にも、強い市場力を有する事業者による意図的な競争の排除や市場における支配力行使が認定されれば、市場支配力の形成・強化の結論を引き出すことはそれほど困難ではない。最も困難なのは企業集中規制の場合である。なぜなら、企業集中規制では、不当な取引制限等の場合とは異なり行為形態要件の認定について重大な争点が生じることは少なく、「一定の取引分野における競争を実質的に制限すること」、すなわち通説的見解のいうところの市場支配力の形成・強化の立証そのものが主たる論点となるからである。

(bb) 競争の実質的制限の要件については、要件充足のためにどの程度の競争制限が求められているのかの点が問題となる。この点について判決実務等が採用する解釈の枠組みはどのようなものか。

公正取引委員会審決、東京高等裁判所判決等における不当な取引制限・私的独占事案では、きわめて重大な競争制限行為が対象とされている。すなわち、カルテル行為構成事業者全体の市場占拠率の高さには顕著なものがあり、また私的独占の行為者は明らかなリーディングカンパニーである。他方で、企業集中規制の領域では法の適用事例は非常に少ない[7]。これにはいくつかの理由があろう。適用事例の乏しさの背後に、独占禁止法に対する経済界等

---

6）根岸哲ほか『独占禁止法入門』（有斐閣、1983年）39頁以下、正田彬『独占禁止法（全訂版）I』（日本評論社、1980年）199頁以下、今村・前掲注2）61頁参照。

7）鉄鋼業界における上位2社の大型合併が問題となった八幡製鉄・富士製鉄合併事件では、排除措置命令が行われたとはいえ、その内容は事実上の条件付き承認ともいえるものであった。

の見方への配慮があるとみることも可能かもしれない。しかし、本稿のテーマの観点からは、解釈論の問題に重点を置くこととなる。その場合に出発点となる全般的な事情として、前述のとおり、適用事例が多くないことから、競争の実質的制限の要件に関する解釈論は量的・質的に十分に展開してきたとはいいがたいことを指摘できよう。他方で、不公正な取引方法の禁止については比較的多くの適用事例がみられることが背景となり、公正競争阻害性に関する活発な学説上の議論が行われている[8]。

　競争の実質的制限の要件に関する通説的見解の要点は、次のとおりである。

　この要件を市場支配力の形成・強化と解する場合、それは市場支配それ自体ではなく、市場支配「力」の形成・強化、いいかえれば市場支配のポテンシャルが形成されること、ないしそれが強化されることを意味すると考えられている[9]。判決例の解釈では「競争を実質的に制限するとは、競争自体が減少して、特定の事業者又は事業者集団がその意思で、ある程度自由に、価格、品質、数量、その他各般の条件を左右することによって、市場を支配することができる状態をもたらすことをいう」[10]。確かに理論的には、この解釈においても市場に対するとくに重大な悪影響を伴う競争制限が求められているわけではないことから、効果的な規制を実現することが不可能であるとはいえないであろう。しかし現実には、判決例に基づく通説的見解が有効な法適用の基礎を提供しているとみることは難しい。

　(cc)　市場支配（力）概念と結び付いている限り、競争の実質的制限の解釈理論は十分に効果的な法適用を導かないのではないか。というのは、市場支配のポテンシャルの判断基準、「ある程度自由に」価格等を支配することの判

---

8）　独占禁止法研究会報告「流通系列化に関する独占禁止法上の取扱い」（1980年 3 月17日）参照。

9）　正田・前掲注 6 ）211頁参照。

10）　東宝・新東宝事件東京高裁判決（昭和28年12月 7 日）参照。

断基準には相当の不明確さが残っている。従来の規制実務からも、市場支配概念と結び付けて解釈することにより、競争の実質的制限の成立のハードルを高め、効果的な法適用を難しくする傾向がみられる。要するに、競争の実質的制限の要件と市場支配概念との関係のあり方について検証を行うべきこととなる。

## 2. ドイツ競争制限防止法上の企業集中の規制基準における市場支配

(a) (aa) 上述のような検討課題との関連において、ドイツ競争制限防止法上の企業集中の規制基準をめぐる問題状況に留意したい。

競争制限防止法1973年第2次改正が行われる前の段階において、「市場支配的地位」（市場支配）は、ある事業者が競争者を有しないこと、またはある事業者が実質的競争にさらされていないことと定義されていた。第2次改正に際して、市場支配的地位のより効果的な把握を図る目的から、新しい2つの規定が導入された。第1に、事業者が競争者との関係において卓越した市場地位を有している場合にも、市場支配的地位があるものとされ、さらに、複数事業者間に実質的競争が欠如している場合に、それら複数事業者の寡占的な市場支配があるとする規定を新設した。これによって市場支配概念が拡大されたことになる。第2に、市場占拠率に基づいて市場支配を推定する規定が新設された。この規定に関して、連邦最高裁判所の判決では、全証拠によって市場支配を肯定も否定もできない場合に初めて推定の効果が生じるものと解されている[11]。

このような改正法による新たな諸規定の導入にもかかわらず、垂直的結合・多角的結合事案や高度寡占市場における企業結合事案に関して企業集中

---

11）Klöckner-Becorit 事件ドイツ連邦最高裁決定（1980年12月2日）における判断である。

136　第二部　独占禁止法の諸問題

規制は十分に機能しきれていないという指摘が少なくなかった[12]。そして、この点に関する認識には一致がみられたものの、これに対応すべき複数の改正提案がなされ、これらの間には内容的に違いがみられた。このことから、企業集中規制に関する競争制限防止法第4次改正をめぐる経緯は、主として2つの提案の対立によって特徴づけられている。すなわち、一方で独占委員会の提案、そして他方で連邦カルテル庁の提案である[13]。独占委員会の提案は、とりわけ垂直的・多角的結合に係る推定規定を追加するというものであった。すなわち、この場合には市場支配概念を中心とする規制基準を維持することになる。他方で、連邦カルテル庁は、規制基準を市場支配概念から切り離し、より低い基準（＝競争条件の実質的侵害）の採用を検討すべきであるという見解を表明した。

　(bb)　企業集中規制に関して、第4次改正法（1980年）は独占委員会の考え方に沿って行われ、3類型の推定規定が導入された。対象となる結合類型は、第1に、中小企業を主体とする市場において活動する事業者と一定規模を超える、総合的経済力を有する大企業の間の結合（中小企業を中心とする市場への「侵入」）、第2に、すでに市場支配的である企業と第1類型におけるような大企業との間の結合（既存の市場支配的地位の「強化」）、第3に、一定の程度を超える巨大企業間の結合（大規模結合＝「象の結婚」）である。これらの推定規定の場合も企業集中について市場における競争への悪影響を基準として規制

---

12) *Monopolkommission,* Hauptgutachten I: Mehr Wettbewerb ist möglich 2. Aufl., (1976) S. 55 ff., 507 ff., *Monopolkommission,* Hauptgutachten II: Fortschreitende Konzentration bei Großunternehmen (1978) S. 260 ff. 参照。

13) Bericht des Bundeskartellamtes über seine Tätigkeit im Jahre 1976 sowie über die Lage und Entwicklung auf seinem Aufgabengebiet (§ 50 GWB), Bundestagsdrucksache 8/704 (1976) S. 20 ff., Bericht des Bundeskartellamtes über seine Tätigkeit im Jahre 1977 sowie über die Lage und Entwicklung auf seinem Aufgabengebiet (§ 50 GWB), Bundestagsdrucksache 8/1925 (1977) S. 19 ff. 参照。

II　独占禁止法上の競争の実質的制限　　137

していることはいうまでもないが、しかし、とりわけ前述の大規模結合に係る規定では、単に特定の個別市場のみを念頭に置いた見方によって説明することはできないであろう。このほか、第4次改正では、いわゆる寡占推定規定が新たに導入され、従来の推定規定の場合とは異なり、企業側が（必要な場合には）当事会社相互間に実質的競争が存在すること、ないし競争者との関係における卓越した市場地位を有していないことについて反証を挙げなければならないこととなった。

複数の学説が企業集中規制基準の市場支配概念からの切り離しを主張している[14]。これら学説により規制基準の新たな中核概念として提示されているのは、前述した連邦カルテル庁によるもの（競争条件の実質的侵害）のほか、競争の（実質的）制限がある。市場支配概念からの切り離しの主張の立場からは、現行法の規制基準ではハードルが高すぎるということになる。なお、このこととの関連において、現状では連邦カルテル庁が規制基準の解釈を可能な限り引き下げ、本来は市場支配に至らない程度の競争制限をも市場支配に該当するものと理解することを強いられることになりかねないという指摘がなされている[15]。

(b) (aa) 企業集中規制を導入した競争制限防止法第2次改正では、市場における卓越的地位に係る規定、市場占拠率に依拠した推定規定によって補完されていたとはいえ、すでに述べたとおり、企業集中を禁止するか否かの要件を市場支配と結び付けるという基本的な決定が行われ、この点についてはその後の第4次改正が新規の推定規定等をもたらしたことによっても変化はない。要するに、規制基準の事実上の緩和を図り、企業集中規制の効果的な運用が図られたことになる。

---

14) *Stephan Ramrath*, Die „überragende Marktstellung" als Merkmal der Fusionskontrolle: Marktmachtkonzept versus Ressourcentheorie (1978), *Wolfgang Fikentscher*, Wirtschaftsrecht II (1983) S. 313 ff., *Franz-Ulrich Willeke*, Wettbewerbspolitik (1980) S. 360 ff. 参照。

15) *Fikentscher*・前掲注14) S. 315 f. 参照。

(bb) 企業集中規制基準の市場支配的地位（市場支配）からの切り離し提案として注目に値するのは、フィケンチャー（*Wolfgang Fikentscher*）の見解であろう[16]。彼の見解における切り離し案は、企業集中の規制基準のハードルを下げて規制の実効性を図るという法政策的な要請に基づいているだけではなく、競争制限防止法における企業集中規制の体系的位置づけの理論に基礎づけられている。この場合の体系的理解の出発点となっているのは、競争制限防止法上の規制対象の諸類型を「状態としての競争制限」に該当するもの（市場支配的地位）と「措置（＝行為）としての競争制限」に該当するもの（カルテル、垂直的拘束、企業結合等）に大別するという考え方である。そして、行為としての競争制限の規制たる企業集中規制の基準は、状態による競争制限の規制としての市場支配的地位の濫用規制の要件（＝市場支配）と結び付けられるべきではなく、行為としての競争制限の要件としての競争の実質的制限と結び付けられるべきであると説かれる。

## 3. 比較検討

本稿のテーマである独占禁止法上の競争の実質的制限の解釈について考える場合には、その前提となるべき競争制限の程度が問題となる。通説的見解は競争の実質的制限を市場支配力の形成・強化と解していることは、前述した。この見解では過度に高い程度の競争制限が要求されていると考えられ、検討を要する。抑制的な法適用により法の機能が阻害されかねないことが懸念されるが、市場支配概念と結び付ける解釈論を採用する限り、このような問題点を克服することはむずかしいのではないか。したがって、日本の独占禁止法の場合にも市場支配概念からの切り離しが将来の課題となるように思われる。もっとも、独占禁止法では、競争の実質的制限の要件に係る解釈の場面で市場支配概念との不可分の結び付きの是非が問われるのであり、立法

---

16) *Fikentscher*・前掲注14) S. 313 ff. 参照。

論をめぐって議論されているドイツ競争制限防止法の場合とは問題状況が異なる。

日本法とドイツ法における企業集中規制のあり方を比較検討することによって、それぞれの規制基準（日本法の競争の実質的制限、ドイツ法の市場支配的地位の成立・強化）をめぐる問題状況が明らかになる。日本法の場合、立法者は体系に即した規制基準を選択しているといえよう。その一方で、しかし、競争の実質的制限の要件が判決例、通説的見解によって市場支配概念と結び付けられ、この意味で適切な法の展開がみられているか疑問である。ドイツ法では、市場支配概念に依拠した企業集中規制基準は複数の学説等によってその要件が重すぎると評価されている。この点を念頭に置いて、前述したフィケンチャーは「誤った体系論」であるとして批判している[17]。もっとも、ドイツ法の企業集中規制基準は、前述した立法上の展開や連邦カルテル庁の比較的活発な法適用をとおして相当の進展を示している。

独占禁止法上の競争の実質的制限の要件に係る新たな解釈論がどのようなものとなるべきかを明らかにするためには、広範で慎重な検討を要すると同時に、創造的に考察する姿勢が求められよう。そのための立脚点となるのは、競争の実質的制限の要件を市場支配概念と関連させて解釈するのではなく、より低い程度の市場力と結び付けて理解することであろう。将来における日独比較研究は、中小規模の競争事業者との関係における優越的な市場地位に関する規定（競争制限防止法26条2項2文、同法37a条3項[18]）を含めて、独占禁止法と競争制限防止法における競争制限・競争阻害等の要件全般を視野に入れて行われる。

〔解題〕

(a) 本稿は筆者による „Wesentliche Wettbewerbsbeshränkungen im Antimo-

---

17）*Fikentscher*・前掲注14) S. 316 参照。

18）1987年当時。

nopolgesetz"【本書第二部III】を日本語に翻訳したものである。ただし、明らかな誤り、現時点からみるとミスリーディングであると思われる個所等について、修正を加えている。

タイトルのとおり独占禁止法上の「一定の取引分野における競争を実質的に制限すること」(競争の実質的制限) を検討対象とするドイツ語論文が、日本の法学雑誌に掲載された背景には、以下の2つの事実が重なったという事情がある。第1に、独占禁止法上の企業集中規制の規制基準に係る日独比較研究 (江口『経済法研究序説』〔有斐閣、2000年〕第2部第1章所収) を進めるなかで、それを踏まえてわが国における競争の実質的制限の解釈の問題に焦点を当てるようになったことがある。そして、いくつかの研究を公にした (江口・前掲書第1部第1章所収の複数の論文を参照)。第2に、1987～1989年の2年間ドイツ・ミュンヘン大学において客員研究員となり、経済法研究を行ったことである。渡航に先立ち、フィケンチャー教授等との学術交流のために、当時の比較法的問題意識を簡潔に取りまとめ、本稿のオリジナルのドイツ語論文が成立した。

(b) この解題において述べるべきは、とりわけ、すでに30数年前に公表されたドイツ語小論文を、何故いま日本語に翻訳し公表するのかの点であろう。この点については、本稿 (ドイツ語小論文) のテーマが今日においてもアクチュアルであることに尽きる。江口・前掲書における、とくに第1部第1章に収めている考察と併せて、今後の検討の基礎とすべく、翻訳し公表することとした。

多摩談合事件最高裁判決 (平成24年2月20日) は、本稿のテーマに係る状況に転換をもたらしている。しかも、判決が競争の実質的制限を市場支配概念から切り離して解釈している点は、本稿等における筆者の見解に沿うものであると考えられる。もっとも、競争の実質的制限が独占禁止法において多くの違反行為の成立要件の構成要素となっていることとも関係して、さらに検討すべき課題は多い。立法論を含めた概念戦略をめぐる議論が求められているように思われる。

その場合には、さらにヨーロッパ連合 (European Union) 競争法の企業集中規制に留意することになろう。そこでは「支配的地位の形成または強化の結果として、共同体市場またはその実質的部分における有効な競争を著しく阻害することとなる」か否かを基準として、企業結合が共同体市場と両立せず禁止されるかどうかを判断することとされており、興味深い。

II 独占禁止法上の競争の実質的制限　　141

(c) 将来における検討を念頭に置いて、本稿の内容を批判的に取り上げておきたい、それは、競争の実質的制限について考察する場合の課題を、この要件の充足のために「どの程度の競争制限が求められているのか」の点に見出していたことにある（前述本文 1. 参照）。問題の焦点は程度の問題にだけあると考えることには問題があろう。むしろ、本稿でも取り上げているフィケンチャーの見解がそうであるように、定性的な性質の分析にも留意しながら考えを進めることが必要であろう。このように本稿本文の記述の一部には、筆者の現在の理解と完全には一致しない箇所や、そうではないとしても筆者の現在の用語法とは異なる部分がある。とりわけ公正競争阻害性に関する叙述に硬直性がみられることも、今日の観点からは問題となろう。

このドイツ語論文はイタリア語に翻訳され、1988年イタリアの法律雑誌に*Kiminori Eguchi,* Il concetto di limitazione essenziale della concorrenza nella disciplina antimonopolistica giapponese, Contratto e impresa 248/88 (1988) として掲載された。翻訳者のルカ・ニヴァラ（*Luca Nivarra*）氏は現在パレルモ大学法学部教授（民法）である。

# III Wesentliche Wettbewerbsbeschränkung im Antimonopolgesetz
— Ein Vorstudium zum Vergleich des japanischen
und deutschen Kartellrechts —

## Vorwort

Das japanische Antimonopolgesetz hat zwei materielle Grundbegriffe; wesentliche Wettbewerbsbeschränkung und Beeinträchtigung des lauteren Wettbewerbs. Das Schwergewicht dieser Arbeit liegt auf dem Begriff der wesentlichen Wettbewerbsbeschränkung, obwohl der Begriff der Beeinträchtigung des lauteren Wettbewerbs auch herangezogen wird, um Problemstellungen in den beiden Bereichen gegenüberzustellen.

Hauptziel dieser Arbeit ist, die Auslegungstheorie der herrschenden Lehrmeinungen zum Begriff der wesentlichen Wettbewerbsbeschränkung nachzuprüfen, um zum Zwecke der funktionsfähigen Anwendung des Antimonopolgesetzes einen Anhaltspunkt für die weiterzuentwickelnde Auslegungstheorie festzustellen. Dieser Arbeit liegen die Auseinandersetzungen mit den bestehenden Lehrmeinungen zugrunde, auf die sich auch die amt- und gerichtliche Praxis grundsatzlich stützt. Und zur Untersuchung des Begriffs der wesentlichen Wettbewerbsbeschränkung wird die Rechtsvergleichung vor allem mit dem deutschen Kartellrecht herangezogen. Im Mittelpunkt steht dabei der Begriff der Marktbeherrschung, der Kernbegriff im materiellen Tatbestand zur Fusionskontrolle im Gesetz gegen Wettbewerbsbeschränkungen (GWB). Mit dieser Arbeit ist auch beabsichtigt, einen Ausgangspunkt für die weiteren rechtsvergleichenden Untersuchungen des japanischen und deutschen Kartellrechts zu schaffen [1].

---

1) Rechtsvergleichende Untersuchungen des japanischen Antimonopolgesetzes sind bisher überwiegend im Zusammenhang mit dem us-amerikanischen Antitrustrecht vorgenommen worden, weil der systematische Aufbau und die Grundvorstellungen des Antimonopolgesetzes vom Ge-

# 1. Problemstellung des japanischen Rechts

(a) Beeinträchtigung des lauteren Wettbewerbs ist der Kernbegriff des materiellen Tatbestandes der unlauteren Handelsmethoden, zu denen Boykott, Diskriminierung, Preisunterbietung, Abschlußbindung, Mißbrauch der überragenden Position gegenüber dem Handelspartner usw. zählen. Anders als bei Kartell, privater Monopolisierung und Fusion, bei denen nach dem Gesetz eine wesentliche Wettbewerbsbeschränkung auf einem bestimmten Markt bewiesen werden muß, lassen sich die unlauteren Handelsmethoden dadurch kennzeichnen, daß bei ihrer Regelung im wesentlichen nicht direkt auf den Einfluß auf den ganzen Markt, sondern auf den schädlichen Einfluß auf die wirtschaftliche Freiheit der Marktteilnehmer (Unternehmen sowie Verbraucher) als Bestandteil der Marktordnung abgestellt ist.

Mit der Kontrolle der unlauteren Handelsmethoden stellt man also die sich am funktionsfähigen Wettbewerb orientierenden Spielregeln der Unternehmenstätigkeit auf [2]. Weil sich aber nach herrschenden Lehrmeinungen die Beeinträchtigung des lauteren Wettbewerbs überwiegend unmittelbar in Verbindung mit der Wettbewerbsordnung auf dem ganzen Markt erfassen läßt [3], ist die Schwelle so hoch [4], daß die Kontrolle der unlauteren Handelsmethoden kaum als Spielregeln funktioniert, obwohl allerdings nicht nur die Problematik der Lehrmeinungen, sondern auch andere Umstände zur ungenügenden Kontrolle führen [5]. Zu Recht werden heute die Auffassungen stärker geltend gemacht, welche insbesondere vom Stand-

---

setzgeber hauptsächlich nach dem Vorbild des Antitrustrechts gestaltet wurden. Gegenwartig vermehren sich aber auch rechtsvergleichende Arbeiten zum japanischen und deutschen Kartellrecht, welche insbesondere von der Problemstellung des Verbotes der unlauteren Handelsmethoden im Antimonopolgesetz ausgehen und welche also die entsprechenden Bestimmungen des GWB (z.B. Diskriminierungsverbot) und des UWG zum Gegenstand haben.

2) Vgl. *Masayuki Funada*, Hukoseina torihikihbho to shohishahogo (Die unlauteren Handelsmethoden und Verbraucherschutz), in: Shohishaho-koza (Schriftenreihe für Verbraucherrecht) Bd. 3, Tokio 1981, S. 99 ff.

3) Vgl. *Shigekazu Imamura*, Dokusenkinshiho (Antimonopolgesetz), Tokio 1978, S. 94 ff.

4) Ein Beispiel dafür ist das Urteil des Höheren Gerichts Tokio zum Fall Toyo-seimaiki Ltd. vom 17. 2. 1984, das sich auf Ausschließlichkeitsbindungen bezieht.

5) Vor allem sozial-politische Umstände sind zu nennen.

punkt des Schutzes der wirtschaftlichen Freiheit aus unter Beeinträchtigung des lauteren Wettbewerbs eher grundsätzlich Schädigung der Wettbewerbsfunktion der Marktteilnehmer verstehen und damit die eigenständige Bedeutung der Kontrolle der unlauteren Handelsmethoden hervorheben[6].

Bei den unlauteren Handelsmethoden ist außerdem gesetzlich vorausgesetzt, daß eine Reihe von bestimmten Handlungstypen, welche als unlautere Handelsmethoden zu verbieten sind, von der Fair Trade Commission[7] festgelegt und bekanntgemacht werden sollen. Dies führt zu komplizierten Problemen, worin materielle und formelle Aspekte unlösbar verbunden sind, weil mehrere Handlungstypen, z.B. vertikale Ausschließlichkeitsbindungen, von der Fair Trade Commission nur sehr allgemein formuliert sind. Um die Kontrolle der unlauteren Handelsmethoden wirkungsvoll als Spielregeln vor allem gegenüber den marktstarken Unternehmen funktionieren zu lassen, ist es erforderlich, konkretere Handlungstypen herauszuarbeiten.

Aus dem oben Erwähnten ergibt sich, daß die Feststellung der unlauteren Handelsmethoden auf konstruktiven, auf die Lauterkeit des Wettbewerbs abstellenden Werturteilen basiert, und nicht auf der sachlichen Bemessung der Wettbewerbsbeschränkungen auf einem bestimmten, konkreten Markt. Dies ist auch der primäre Unterschied zwischen den beiden Grundbegriffen: Beeinträchtigung des lauteren Wettbewerbs und wesentliche Wettbewerbsbeschränkung.

( b ) (aa) Wenn man den Grundbegriff „wesentliche Wettbewerbsbeschränkung" im japanischen Antimonopolgesetz untersucht, ist davon auszugehen, daß die mit diesem Begriff verbundenen Regelungen des Kartells, der privaten Monopolisierung und der Fusion nur teilweise wirksam sind und daß die Unwirksamkeit der Regelungen ihren Grund auch in der Auslegungstheorie der herrschenden Lehrmeinungen hat. Sie verstehen namlich unter diesem Begriff das Entstehen marktberrschender Macht, ein äußerst großes Ausmaß der Wettbewerbsbeschränkung[8]. Im Grunde ist zu beachten, daß dabei wesentliche Wettbewerbsbeschrän-

---

6 ) Vgl. nicht zuletzt *Hunada,* a. a. O., S. 112 ff.

7 ) Im japanischen Gesetzestext heißt sie „Kosei-torihiki-iinkai", was „Kommission für lauteren Handel" bedeutet. Vgl. dazu *Wolfgang Pape,* Gyosei-shido und das Anti-Monopol-Gesetz in Japan, Köln usw. 1980, S. 77, Anm. 471.

8 ) Vgl. *Akira Shoda,* Dokusenkinshiho (Antimonopolgesetz) I, Tokio 1980, S. 199 ff.; *Akira Negishi,* u. a., Dokusenkinshiho Nyumon (Einführung ins Antimonopolgesetz), Tokio 1983, S. 39 ff.; *Imamura,* a. a. O., S. 61 ff.

III  Wesentliche Wettbewerbsbeschränkung im Antimonopolgesetz    145

kung mit dem Begriff der Marktbeherrschung verbunden ist.

Unter den oben genannten Regelungen ist man allerdings beim Kartellverbots zum verhältnismäßig zufriedenstellenden praktischen Ergebnis gekommen. Dies beruht vor allem darauf, daß es naheliegt, durch einen existierenden Kartellvertrag mit hohem Marktanteil die Existenz einer marktbeherrschenden Macht festzustellen. Auch im Falle der privaten Monopolisierung kann man die marktbeherrschende Macht durch Ermittlung der meistens absichtlich auf Marktbeherrschung oder Ausschluß der Konkurrenten gerichteten Handlungen der marktstärksten Unternehmen nachweisen. Am schwierigsten geht es bei ber Fusionskontrolle, weil hier der Nachweis der zu erwartenden wesentlichen Wettbewerbsbeschränkung an sich von entscheidender Bedeutung ist.

(bb) Wie oben im Vergieich mit dem Begriff der Beeinträchtigung des lauteren Wettbewerbs angedeutet, hangt die Feststellung wesentlicher Wettbewerbsbeschränkung davon ab, welches Maß der Wettbewerbsbeschränkung dabei verlangt wird. Es handelt sich daher in erster Linie darum, auf welches Kriteium sich die amt- und gerichtliche Praxis gründet.

Wenn man dann die amt- und gerichtlichen Entscheidungen zu Fällen des Kartells und der privaten Monopolisierung überblickt, haben sie überwiegend äußerst gewichtige Wettbewerbsbeschränkungen zum Gegenstand: Die Kartellmitglieder haben im Einzelfall insgesamt einen auffällig großen Marktanteil; die Unternehmen, welche in den Fällen der privaten Monopolisierung beherrschende bzw. ausschließende Handlungen bewirken, sind mit Abstand überragende Marktführer. Dagegen gibt es im Bereich der Fusionskontrolle bis jetzt nur sehr wenige Anwendungsfälle [9]. Die Ursache solcher nur begrenzten Praxis ist nicht eindeutig. Zwar kann man darauf hinweisen, daß die Fair Trade Commission das Antimonopolgesetz eher nur zurückhaltend handhabt, damit die Industrie nicht zu stark gegen das Gesetz Stellung nehmen wird. Vom Standpunkt des Themas dieser Arbeit aus ist aber das Schwergewicht der Untersuchung auf die Probleme der Auslegungstheorie zu richten. Als zugrunde liegender Umstand ist dabei nicht zuletzt festzustellen,

---

9) Auch der bisher gewichtigste Zusammenschlußfall Yawata Seitetsu (Yawata Iron & Steel Co.) ltd./Fuji Seitetsu (Fuji Iron & Steel Co.) ltd., bei dem es sich um das Verschmelzungsvorhaben der beiden mit Abstand marktstärksten Stahlhersteller handelt, wurde von der Entscheidung der Fair Trade Commission vom 30. 10. 1969 mit Auflagen zugelassen.

daß, zumal es nur eine zahlenmäßig begrenzte Anwendungsfälle gibt, die Entwicklung der Auslegungstheorie zum Begriff der wesentlichen Wettbewerbsbeschränkung sowohl quantitativ als auch qualitativ unzulänglich bleibt. In diesem Zusammenhang ist die Sachlage hinsichtlich des Begriffs der Beeinträchtigung des lauteren Wettbewerbs günstiger, weil dazu eindeutig heftige Diskussionen zwischen Lehrmeinungen geführt worden sind, und zwar vor allem angesichts der verhältnismäßig aktiven amtlichen Praxis zu den unlauteren Handelsmethoden[10].

Die Auslegungstheorie der herrschenden Lehrmeinung zum Begriff der wesentlichen Wettbewerbsbeschränkung kann man wie folgt zusammenfassen: Wenn unter diesem Begriff ein Entstehen marktbeherrschender Macht verstanden wird, stellt die marktbeherrschende Macht keine Marktbeherrschung an sich, sondern ihr Potential dar[11]; die Marktbeherrschung beruht dabei auf dem besonders auf Preisbestimmung bezogenen, bis zu einem gewissen Grad freien Verhaltensspielraum der Unternehmen[12]. Es ist zwar nicht zu leugnen, daß unter solchen Voraussetzungen die Kontrollmöglichkeit groß genug sein könnte, weil der Begriff der wesentlichen Wettbewerbsbeschränkung derart konstruiert ist, daß er nicht unbedingt nur die gewichtigsten Wettbewerbsbeschränkungen mit besonders großem Markteinfluß einschließt. In Wirklichkeit dient jedoch die Auslegungstheorie der herrschenden Lehrmeinungen, wie oben erlautert, nicht erfolgreich als Grundlage fur die wirksame Rechtsanwendung.

(cc) Nach der Meinung des Verfassers führt die Auslegungstheorie der wesentlichen Wettbewerbsbeschränkung, sofern sie mit dem Begriff der Marktbeherrschung verbunden ist, kaum zur wirksamen Rechtsanwendung. Es bleibt nämlich unklar, wie weit das Potential reichen soll beziehungsweise wie groß der Verhaltensspielraum sein soll. Außerdem zeigen die bisherigen praktischen Erfahrungen,

---

10) Bahnbrechend war dabei das Gutachten zum Thema „Anwendung des Antimonopolgesetzes in bezug auf die Organisation des Vertriebsnetzes durch den Hersteller" vom 17. 3. 1980, welches die vor allem aus Rechts- und Wirtschaftswissenschaftlern bestehende, von der Fair Trade Commission initiierte Arbeitsgemeinschaft abgegeben hat. Vgl. zum Gutachten *Minoru Noda* (Hrsg.), Ryutsukeiretsuka to Dokusenkinshiho (die Organisation des Vertriebsnetzes durch den Hersteller und das Antimonopolgesetz), Tokio 1980.

11) Vgl. besonders *Shoda*, a. a. O., S. 211.

12) Dies hat schon das Urteil des Hoheren Gerichts Tokio zum Zusammenschlußfall Toho/Shin-toho vom 7. 12. 1953 formuliert.

daß die Verbindung mit dem Marktbeherrschungsbegriff auch zwangslaufig dazu tendiert, die Kontrollschwclle zu erhöhen und dadurch die funktionsfahige Rechtsanwendung zu erschweren. Nachzuprufen ist schließlich das Verhaltnis zwischen dem Begriff der wesentlichen Wettbewerbsbeschränkung und dem der Marktbeherrschung.

## 2. Marktbeherrschung als Kernbegriff der Fusionskontrolle im deutschen Kartellrecht

(a) (aa) In diesem Zusammenhang beachtenswert ist die Problemstellung der materiellen Untersagungsvoraussetzung der Fusionskontrolle im deutschen Kartellrecht.

Vor der zweiten Novelle des GWB wurde Marktbeherrschung in der Weise definiert, daß ein Unternehmen ohne Wettbewerber ist oder keinem wesentlichen Wettbewerb ausgesetzt ist. Bei der zweiten Novelle hat man für effektivere Feststellung des Tatbestandes der Marktbeherrschung zwei neue Vorschriften eingeführt. Erstens wird nun eine Marktbeherrschung auch dann festgestellt, wenn ein Unternehmen eine im Verhältnis zu seinen Wettbewerbern überragende Marktstellung innehat. Dies gilt auch dann, wenn mehrere Unternehmen ein marktbeherrschendes Oligopol bilden, obwohl dabei der Beweis eines fehlenden Binnenwettbewerbs zustätzlich erforderlich ist. Durch diese beiden Vorschriften ist der Marktbeherrschungsbegriff wesentlich erweitert. Zweitens wurde die marktanteilsorientierte Vermutung der Marktbeherrschung vorgesehen. Die gesetzliche Vermutung kann jedoch nach der Entscheidung des Bundesgerichtshofs ihre bindende Wirkung erst dann entfalten, wenn das Gericht bei der ihm obliegenden freien Wurdigung des gesamten Verfahrensergebnisses eine Marktbeherrschung weder auszuschließen noch zu bejahen vermag[13].

Auf Grund der praktischen Erfahrungen wurde dann aber darauf hingewiesen, daß die Kontrollpraxis für die vertikalen und konglomeraten Zusammenschlüße sowie bei den Konzentrationsvorgängen auf oligopolistischen Märkten nur unzulänglich funktioniert[14]. Und während man sich in solcher Erkenntnis der Unzu-

---

13) WuW/E BGH 1749, 1754 - Klockner/Becorit -.

14) Vgl. *Monopolkommission,* Mehr Wettbewerb ist möglich, Hauptgutachten 1973/1975, 2. Aufl.,

länglichkeit der Kontrolle im wesentlichen einig war, wurden aber mehrere verschiedene Novellierungsvorschläge gemacht. Die Diskussion um die vierte Novelle des GWB wurde vor allem durch einen Gegensatz zweier Vorschläge gekennzeichnet: Der eine stammt von der Monopolkommission; der andere vom Bundeskartellamt [15]. Die Monopolkommission hat gemeint, weitere Vermutungen besonders zur Kontrolle der vertikalen und konglomeraten Zusammenschlusse einzuführen. Nach der Meinung der Monopolkommission ist daher das geltende Eingriffskriterium, welches sich mit dem Marktbeherrschungsbegriff verbindet, im Grunde beizubehalten. Andererseits hat das Bundeskartellamt vorgezogen, das Eingriffskriterium vom Marktbeherrschungsbegriff abzukoppeln, um so die niedrigere Schwelle, wesentliche Beeinträchtigung der Wettbewerbsbedingungen, aufzunehmen.

(bb) Die vierte GWB-Novelle ist in bezug auf die Fusionskontrolle schließlich der Ansicht der Monopolkommission entsprechend entstanden. Durch diese Novelle wurden drei Vermutungstatbestände eingeführt, und zwar die Eindringungs-, die Verstärkungs- und die Großfusionsvermutung. Bei diesen Vermutungen wird sicherlich der Wettbewerbsbezug der Fusionskontrolle nicht aufgegeben. Trotzdem ist es bemerkenswert, daß nun die reine Einzelmarktbetrachtung besonders in bezug auf die Großfusionsvermutung nicht mehr vollständig gilt. Außerdem kam durch die vierte Novelle eine neue Oligopolvermutung ins Gesetz, bei der die betroffenen Unternehmen, anders als bei den bisher vorgesehenen Vermutungen, den Widerlegungstatbestand nachweisen müssen, der das Vorhandensein des wesentlichen Binnenwettbewerbs oder das Fehlen der überragenden Marktstellung darstellt.

Mehrere Lehrmeinungen treten für die Abkopplung des Eingriffskriteriums vom Marktbeherrschungsbegriff ein [16]. Dabei wird als neuer Schlüsselbegriff neben dem Vorschlag seitens Bundeskartellamtes die (wesentliche) Wettbewerbsbe-

---

Baden-Baden 1976, S. 55 f., 507 ff. u. 535 ff.; *dies.*, Fortschreitende Konzentration bei Großunternehmen, Hauptgutachten 1976/1977, Baden-Baden 1978, S. 260 ff.

15) Vgl. Bericht des Bundeskartellamtes über seine Tätigkeit im Jahre 1976 sowie über Lage und Entwicklung auf seinem Aufgabengebiet, Bundestags-Drucksache 8/704, S. 20 f.; Bericht des Bundeskartellamtes über seine Tätigkeit im Jahre 1977 sowie über Lage und Entwicklung auf seinem Aufgabengebiet, Bundestags-Drucksache 8/1925, S. 19 f.

16) Vgl. *Stephan Ramrath,* Die „Überragende Marktstellung" als Merkmal der Fusionskontrolle, Köln usw. 1978; *Wolfgang Fikentscher,* Wirtschaftsrecht Bd. II, München 1983, S. 313 ff.; *Franz-Ulrich Willeke,* Wettbewerbspolitik, München 1980, S. 360 ff.

schränkung vorgebracht. Von den Befürwortern der Abkopplung vom Marktbe-
herrschungsbegriff wird die geltende Schwelle für zu hoch gehalten. Und überdies
wird darauf hingewiesen, daß unter den gegenwartigen Umständen das Bundeskar-
tellamt im wesentlichen gezwungen ist, entgegen dem Wortlaut des geltenden Ein-
griffskriteriums die Schwelle möglichst herabzudrücken und unter Marktbeherr-
schung Wettbewerbsbeschränkungen zu verstehen, welche im Grunde unter dieser
Schwelle liegen [17].

(b) (aa) Bei der zweiten GWB-Novelle, durch welche materielle Fusionskont-
rolle eingeführt wurde, ist im wesentlichen eine Grundentscheidung getroffen wor-
den, die Untersagungsvoraussetzung mit dem Marktbeherrschungsbegriff zu ver-
binden, obwohl er gleichzeitig dadurch erganzt wurde, daß er die überragende
Marktstellung mit einschließt und von den marktanteilsorientierten Vermutungen
begleitet wird. Auch die vierte Novelle hat daran grundsatzlich nichts geandert. Je-
denfalls strebt man danach, die Eingriffsschwelle wesentlich herabzusetzen, um so
die Fusionskontrolle funktionsfühiger zu gestalten.

(bb) Im Zusammenhang mit dem Abkopplungsvorschlag ist vor allem die
Auffassung *Wolfgang Fikentschers* zu beachten [18]. Wenn er für die Abkopplung im
oben gezeigten Sinne Stellung nimmt, begründet er dies nicht nur mit der rechtspo-
litischen Notwendigkeit, die Untersagungsschwelle der Fusionskontrolle herabzu-
setzen, um die Kontrolle wirksamer zu gestalten, sondern auch theoretisch mit dem
systematischen Standort der Fusionskontrolle im GWB, welcher sich auf Unter-
scheidung der Wettbewerbsbeschränkung durch Zustand einerseits und der Wettbe-
werbsbeschänkung durch Maßnahme andererseits stützt. Nach seiner Meinung ist
die Untersagungsvoraussetzung der Fusionskontrolle nicht mit dem Begriff der
Marktbeherrschung als Voraussetzung der Mißbrauchsaufsicht, der Kontrolle der
Wettbewerbsbeschränkung durch Zustand, zu verbinden, sondern mit dem Begriff
der (wesentlichen) Wettbewerbsbeschränkung als Voraussetzung der Kontrolle der
Wettbewerbsbeschränkung durch Maßnahme, nämlich Kartelle, AbschluBbindun-
gen und Fusionen („Zusammenschlüsse").

---

17) Vgl. *Fikentscher,* a. a. O., S. 315 f.
18) Vgl. *Fikentscher,* a. a. O., S. 313 ff.

# 3. Schlußfolgerung aus der vergleichenden Überlegung

Bei der Auslegung wesentlicher Wettbewerbsbeschränkung im japanischen Antimonopolgesetz ist davon auszugehen, daß es sich dabei um den Grad der vorauszusetzenden Wettbewerbsbeschränkung handelt. Daß die herrschenden Lehrmeinungen unter dem Begriff wesentlicher Wettbewerbsbeschränkung das Entstehen marktbeherrschender Macht verstehen, ist bedenklich, weil damit ein zu hoher Grad der Wettbewerbsbeschränkung gemeint ist. Die unzulängliche und zu zurückhaltende Rechtsanwendung, die das Funktionieren des Gesetzes erheblich behindert, könnte kaum überwunden werden, wenn insbesondere die Verbindung mit dem Begriff der Marktbeherrschung beibehalten wird. Vom Marktbeherrschungsbegriff ist deshalb auslegungstheoretisch abzukoppeln, und zwar allerdings im anderen Sinne als bei der Diskussion um die vierte GWB-Novelle [19].

Wenn man die Situationen der Fusionskontrolle im japanischen und deutschen Kartellgesetz gegenüberstellt, dann werden die Problemstellungen der Eingriffskriterien, wesentliche Wettbewerbsbeschränkung im japanischen Recht einerseits und Entstehung marktbeherrschender Stellung im deutschen Recht andererseits, deutlich erfaßt: Beim japanischen Recht ist festzustellen, daß das Eingriffskriterium an sich vom Gesetzgeber insoweit systemgerecht gesetzlich bestimmt ist, daß aber der Begriff der wesentlichen Wettbewerbsbeschränkung von der bestehenden Auslegungstheorie nicht zutreffend fortentwickelt wurde, indem sie ihn mit dem Marktbeherrschungsbegriff verbunden hat. Andererseits wird beim deutschen Recht von mehreren Meinungen die gesetzliche Eingriffsschwelle der Fusionskontrolle, welche sich mit Marktbeherrschung verknüpft, für zu hoch gehalten. In diesem Zusammenhang spricht *Fikentscher* sogar von „falscher Systematik" [20]. Die Untersagungsvoraussetzungen des deutschen Fusionskontrollrechts sind aber, wie oben gezeigt, insbesondere durch gesetzgeberische Bemühungen und verhältnismäßig aktive Rechtsanwendungen des Bundeskartellamtes beachtlich fortentwickelt worden.

Es bedarf nicht nur umfangreicher, sondern auch schöpferischer Überlegungen, um zu erklären, wie die neue weiterzuentwickelnde Auslegungstheorie zum

---

19) Vgl. oben II.

20) *Fikentscher,* a. a. O., S. 316.

Begriff der wesentlichen Wettbewerbsbeschränkung im japanischen Antimonopol-gesetz im einzelnen formuliert werden soll. Ein Ausgangspunkt ist dabei, daß bei der Auslegung wesentlicher Wettbewerbsbeschränkung nicht vom Zusammenhang mit Marktbeherrschung im Sinne des deutschen Rechts, sondern vom Zusammen-hang mit einer bestimmten, schwacheren Marktmacht auszugehen ist. Die weiteren rechtsvergleichenden Untersuchungen sind also von dem Gesichtspunkt vorzuneh-men, welcher eine abhängigkeitsbegründende Marktmacht und eine gegenüber kleineren und mittleren Konkurrenten überlcgene Marktmacht (§§ 26 Abs. 2 S. 2, 37a Abs. 3 GWB) umfaßt und sich auf einen Vergleich des ganzen Systems der Wett-bewerbsbeschränkungen im japanischen und deutschen Kartellrecht erstreckt.

# IV　独占禁止法の基礎概念

## 1.　はじめに

### ⑴　検討の対象

　法律の目的を規定する1条を承け、かつ私的独占・不当な取引制限の禁止を定める3条に先立って、独占禁止法では2条に基礎的な諸概念の定義規定を置いている。すなわち、「事業者」、「事業者団体」、「役員」、「競争」、「私的独占」、「不当な取引制限」、「独占的状態」、「不公正な取引方法」の定義規定である。これらが独占禁止法の重要な諸概念であることは疑いないが、「私的独占」、「不当な取引制限」、「独占的状態」、「不公正な取引方法」は、独占禁止法の規制対象となる競争秩序侵害の主要な類型として別途それぞれ独立して詳細な検討の対象となることから、本稿ではこれらをそれ自体として検討の対象とはしない。独占禁止法2条各項の定義規定からは、とりわけ「事業者」および「競争」が主要な検討の対象となる。

　このように、本稿が主として検討対象とするのは、私的独占や不当な取引制限のように独占禁止法の規制対象となる競争秩序侵害の諸類型それ自体ではなく、それらの定義規定に含まれる基礎的な諸概念である。この意味における独占禁止法の基礎概念は、しかし、独占禁止法2条に定義規定が置かれている「事業者」、「競争」等に限られない。私的独占、不当な取引制限の定義規定にみられる「一定の取引分野における競争を実質的に制限すること」（競争の実質的制限）、「公共の利益に反して」（反公益性）および不公正な取引方法の定義規定における「公正な競争を阻害するおそれ」（公正競争阻害性）も、重

要な基礎概念である。しかし、競争の実質的制限、反公益性および公正競争阻害性については、これらが私的独占、不当な取引制限ないし不公正な取引方法の成立要件の主要な構成要素であることから、詳細な個別的検討は私的独占等の成立要件に係る考察の枠組みにおいて検討することが適切であろう。ただし、このうち反公益性については、違反行為の要件としてのあり方そのものをめぐって重要な見解の相違がみられ、反公益性の解釈のいかんによっては独占禁止法上の実体規定全般のとらえ方に大きな影響を与える可能性も否定できないことから、基礎概念の枠組みのなかで若干の検討を行う必要があろう。

　以下では、まず、独占禁止法の規制の名宛人に係る基礎概念としての「事業者」、「事業者団体」、「従業者」を取り上げる（2・3）。次に、独占禁止法上の実体規定のキーワードである「競争」について検討し（4）、最後に、反公益性に係る問題点の整理を試みる（5）。

## (2)　検討の意義について

　検討の対象となる「事業者」、「競争」等の諸概念は、それぞれ独占禁止法上の実体規定の成立要件における重要な構成要素となっており、このことから、検討の意義をすでに十分に肯定することができる。加えて、個々の基礎概念はそれぞれ固有の存在意義を有するものと考えられるのであり、この点を明らかにすることも重要な課題となる。その場合、第1に、これらの基礎概念が独占禁止法の内部構造の側面において目的規定と個々の実体規定を媒介する役割を果たすものであること、第2に、これら諸概念が法秩序全般との関連において独占禁止法と他の分野との間の架橋の役割を担うものであることに留意する必要があろう。

## 2. 事業者

### (1) 総　説

「この法律において事業者とは、商業、工業、金融業その他の事業を行う者をいう。事業者の利益のためにする行為を行う役員、従業員、代理人その他の者は、次項又は第三章の規定の適用については、これを事業者とみなす」。独占禁止法上の事業者概念についての定義規定およびみなし規定から構成される、引用した2条1項の規定のうち、前者の定義規定について検討することが課題となる。なお、後者（第2文）のみなし規定については「事業者団体」との関連において取り上げることとする（後述3(2)3)参照）。

「事業者」は、主要な独占禁止法違反行為（私的独占、不当な取引制限、不公正な取引方法）の行為主体であり、これらの違反行為に係る禁止（3条・19条）の名宛人である。したがって、事業者概念をどうとらえるかによって独占禁止法による規制の範囲が左右されることとなり、このことから、とりわけ事業者概念の外延をどう設定するかが決定的な争点となる場合も少なくない。なお個別事例において事業者概念が争点となる場合には、後述するように、しばしば目的規定の解釈を踏まえた独占禁止法の性格の理解がポイントとなる。

### (2) 事業者性の広範なとらえ方

「商業、工業、金融業その他の事業を行う者」という定義における「事業」の解釈について、一般論としては、「なんらかの経済的利益の供給に対応し反対給付を反覆継続して受ける経済活動[1]」と解するのが通説的見解である[2]。

---

1) 東京と畜場事件最高裁判決（平成元年12月14日）民集43巻12号2078頁。
2) たとえば根岸哲 = 舟田正之『独占禁止法概説』（有斐閣、2000年）39頁以下参照。

IV　独占禁止法の基礎概念　　155

この見解に従えば、定義規定の例示以外に鉱業、農業、林業、水産業、サーヴィス業等が「その他の事業」に含まれることはもちろん、独占禁止法上の事業者概念は、以下のとおり広く理解されることとなる。

第1に、事業の「主体の法的性格は問うところではない」から、現代経済社会における典型的な事業者としての会社や、営利を目的とする個人事業者だけではなく、国および地方公共団体も、上述の通説的見解の意味における経済活動の主体である場合には、その限りで独占禁止法上の事業者に該当する[3]。このことから、公益事業の主体となる公社、公団等特殊法人の事業者性は、さらに明白であるといえよう。

第2に、「事業者」を、「なんらかの経済的利益の供給に対応し反対給付を反覆継続して受ける経済活動」を行う者と解する以上、医師、建築士、弁護士等の自由業の主体について独占禁止法上の事業者性を否定的に解する根拠はない[4]。要するに独占禁止法上の事業者性の判断では、経済社会における典型的な事業者であるかどうかが問われるのではなく、法目的の観点から規制対象となるべき経済主体の範囲を決定することが焦点となる。

第3に、「経済活動」を行うことが事業者性の前提となることから、上述の意味における経済活動に該当しない純粋な慈善活動、社会福祉活動、宗教活動、教育活動等は、独占禁止法上の「事業」ではなく、したがって、そのような活動を行う個人・団体は、その限りで独占禁止法上の事業者ではない。しかし他方で、とりわけ学校法人、宗教法人等が「なんらかの経済的利益の供

---

3）東京と畜場事件最高裁判決（前掲注1））、年賀はがき事件大阪高裁判決（平成6年10月14日）判時1548号63頁参照。

4）松下満雄『経済法概説（第2版）』（東京大学出版会、1995年）54頁以下、正田彬『独占禁止法（全訂版）I』（日本評論社、1980年）128頁、根岸＝舟田・前掲注2）40頁、岩本省吾編著『事業者団体の活動に関する新・独禁法ガイドライン（別冊NBL34号）』（1996年）32頁以下参照。また、「医療の提供が独占禁止法の適用対象となることは明らかである」とする観音寺市三豊郡医師会事件東京高裁判決（平成13年2月16日）判時1740号13頁参照。

給に対応し反対給付を反覆継続して受ける経済活動」を行う場合には事業者性を有する。したがって、たとえば学校法人は、私立学校法26条に基づく収益事業を行う場合に限らず、授業料等の形で反対給付を反覆継続して受ける場合には、教育サーヴィスを供給する経済主体としてすでに事業者性を有すると考えるべきであろう[5]。宗教法人の活動についても、基本的に同様の趣旨が妥当しよう。

このように事業者概念を広く解する考え方は、独占禁止法の目的からも肯定することができる。すなわち、独占禁止法は、「公正且つ自由な競争を促進し」、「一般消費者の利益を確保するとともに、国民経済の民主的で健全な発達を促進することを目的とする」法制度であることから、その目的に即して経済社会を包括的に秩序づける必要があり、このために、独占禁止法の規律の名宛人である「事業者」を幅広く解する基本的な姿勢が要請されているものといえよう。他方、法目的の理解は、同時に事業者概念の外延を画する場合の根拠ともなる。以下では、この点を取り上げよう。

### ⑶ 「事業者」の範囲を限定する必要性

通説的見解による上述の事業者概念の解釈には、重要な留保を付さなければならない。それは、すなわち「経済的利益の供給に対応し反対給付を反覆継続して受ける経済活動」を行う者であるにもかかわらず、独占禁止法上の事業者性が否定されるべき、経済社会における重要なプレイヤーの存在についてである。

第1に、一般消費者は、明らかに事業者ではない。経済社会において一般消費者と対峙している事業者の競争秩序侵害行為を規制するという独占禁止法の基本的コンセプトからも、当然の帰結である。

第2に、労働法上の「労働者」ないし日本国憲法28条の規定により「団結す

---

5) 反対説として正田・前掲注4)126頁以下参照。

IV 独占禁止法の基礎概念　　157

る権利及び団体交渉その他の団体行動をする権利」を保障されている「勤労者」は、労働をとおして経済的利益を供給し、それに対応して反対給付（賃金）を反覆継続して受ける経済活動を行う者にほかならず、この意味で判例の見解による上述の事業者概念に形式的には該当することとなるが、基本的には独占禁止法上の「事業者」の範囲から除外される。この場合、除外の根拠は独占禁止法の目的ないし性格に求められよう。すなわち、独占禁止法制は、近代市民社会の展開過程において発生した広義の独占問題の解決（「国民経済の民主的で健全な発達」）のために投入されてきた法制度であり、したがって、独占禁止法による禁止の名宛人となる「事業者」の範囲は、この意味における独占問題について社会的に責任を負うべき経済主体に限定される。そして、（労働基準法9条の定義に即していえば）事業に使用される者である労働者は、このような経済主体には属さない[6]。

## 3. 事業者団体、従業者

### (1) 総　説

ここでは「事業者」と並んで独占禁止法上の規制の名宛人となる「事業者団体」を主たる検討対象とする。さらに、刑事罰に係る違反行為主体としての「従業者」（独占禁止法95条）について取り上げることとする。このうち後者は、特殊な位置づけにある違反行為主体であり、困難な課題を提起しているように思われる。

---

6) とりわけプロスポーツ選手、俳優等の場合に想定される個別的限界事例については、独占禁止法の目的の観点から実質的に判断すべきこととなる。

## ⑵ 事業者団体

### 1) 独占禁止法上の位置づけ

公正かつ自由な競争を促進するために規制されるべき競争秩序侵害行為の中心的な主体として「事業者」が独占禁止法の中心に位置づけられていることについては、前述した。これに加えて1953 (昭和28) 年改正により、「事業者団体」を行為主体とする競争制限行為等の禁止が独占禁止法 8 条に定められ、同時に「事業者団体」の定義規定 (2 条 2 項) が導入されることとなった。すなわち、現行法上の事業者団体に関する諸規定は、独占禁止法の補完立法である事業者団体法が廃止されたことに伴い、事業者団体法のいわばエッセンスを独占禁止法上の規制として位置づけたという経緯に基づいている[7]。このような経緯とも関係して、旧事業者団体法上の厳格な規制が独占禁止法 (1953年改正法) のコンセプトに合わせて大幅に緩和されたとはいえ、現行法上の事業者団体に係る禁止は、事業者に係る禁止の場合より、その範囲が依然として広く、厳格である (独占禁止法 8 条 3 号・4 号参照[8])。

なお、事業者に対する禁止行為と事業者団体に対する禁止行為との関係が問題となる場合があり、困難な課題を提供している。たとえば事業者団体が関与した価格協定等の具体的なカルテル行為は、事業者を行為主体とする不当な取引制限 (独占禁止法 3 条後段違反) としてとらえられる場合があると同時に、事業者団体を行為主体とする競争制限行為 (同法 8 条 1 号違反) としてとらえられる場合がある。すなわち、個別事案について、それが事業者による競争秩序侵害か、事業者団体による競争秩序侵害かは、相互に排他的では

---

7) 公正取引委員会事務総局編『独占禁止政策五十年史・上巻』(1997年) 73頁参照。なお、同書・下巻240頁以下に事業者団体法 (1948年制定法) が収録されている。

8) 3 号では、事業者団体が一定の事業分野における事業者数を制限する行為を取り上げて禁止しているが、これに対し、不当な取引制限の禁止の枠内では、事業者数を制限する個別事業者の共同行為が「一定の取引分野における競争を実質的に制限する」場合にのみ禁止される。

Ⅳ 独占禁止法の基礎概念　159

ない。むしろ、事業者団体に係る規制の導入により、競争制限行為・競争阻害行為を把捉するための新たな視点が加えられたものと考えるべきであろう。

## 2）定　義

独占禁止法上の事業者団体の基本的属性は、定義規定において「事業者としての共通の利益を増進することを主たる目的とする二以上の事業者の結合体」であるとされており、さらに、このような結合体の「連合体」も事業者団体に該当する。具体的には、たとえば○○工業会、○○協会、○○協議会、○○組合といった団体や○○連合会といったこれら団体の連合体が、独占禁止法上の事業者団体に該当する。

「事業者としての共通の利益を増進することを主たる目的とする」ことから、事業者としての利益に係る目的をもたない学術団体、社会事業団体、宗教団体等は事業者団体に当たらないが、個別事案について定款、規約等のみに基づき形式的に判断するのではなく、現実の活動内容等から実質的に判断する必要がある。なお、このような通説的理解と法適用に係る結論的な含意を共有しながら、ひとまず事業者団体性の判断のレヴェルでは、学術団体等についても「事業者としての共通の利益を増進すること」を目的とするものとして広く「事業者団体」に該当すると考えることも不可能ではないようにみえるが、「事業者としての共通の利益を増進することを主たる目的とする」という規定振りに着眼すれば、通説的解釈を採用すべきであろう。

また、通説的見解では「共通の利益」という文言を広く解し、「事業者団体」を同業者による水平的結合体に限定しない[9]。妥当である。

## 3）事業者団体概念に関連する諸規定

名目的には事業者が構成員となっておらず、事業者の役員等を構成員とする結合体であっても、実質的には事業者の結合体として機能する場合がある。

---

9）岩本編著・前掲注4）33頁参照。

このような場合を想定し、独占禁止法2条1項2文では「事業者の利益のためにする行為を行う役員、従業員、代理人その他の者は、次項又は第3章の規定の適用については、これを事業者とみなす」こととされている。

独占禁止法2条2項1文後段・同条同項1～3号の規定により、独占禁止法上の事業者団体は、①2以上の事業者が社員（社員に準ずるものを含む）である社団法人その他の社団、②2以上の事業者が理事または管理人の任免、業務の執行またはその存立を支配している財団法人その他の財団、③2以上の事業者を組合員とする組合または契約による2以上の事業者の結合体を含む。例示であり、範囲を限定する効果をもたない。

「ただし、二以上の事業者の結合体又はその連合体であって、資本又は構成事業者の出資を有し、営利を目的として商業、工業、金融業その他の事業を営むことを主たる目的とし、かつ、現にその事業を営んでいるものを含まない」（独占禁止法2条2項但書）。このような結合体・連合体は独占禁止法上「事業者」として取り扱われることとなる[10]。

---

10) 事業者としての性格を併有する事業者団体のうち営利団体は、この但書の規定により、独占禁止法8条の規制を受けない。他方で、非営利団体が事業者としての性格を併有する場合には、この但書の規定が適用されず、事業者として独占禁止法3条等の、事業者団体として8条の適用対象となりうることになる。営利団体のみを事業者団体から除外した独占禁止法2条2項但書の問題点である。立法上の不備であると考えられ、立法論上、営利・非営利を問わず事業者団体から除外するか、または営利団体、非営利団体の両者ともに除外せず、事業者としての独占禁止法3条等の規制および事業者団体としての8条の規制の余地を残すか、2つの選択肢がある。後者が妥当であろう。この点の詳細について岩本編著・前掲注4）36頁以下参照。

Ⅳ　独占禁止法の基礎概念　　161

### (3) 従業者

#### 1) 特殊な違反行為主体

独占禁止法上の刑事制裁に係る両罰規定（95条1項）前段では、「法人の代表者又は法人若しくは人の代理人、使用人その他の従業者が、その法人又は人の業務又は財産に関して、次の各号に掲げる規定の違反行為をしたときは、行為者を罰する」と定め、事業者性を有しない自然人（法人の「代表者」、「従業者」）を行為主体とする犯罪構成要件を規定している。この「代表者」および「従業者」に係る刑事罰の規定は、特別の問題を提起しており、とりわけ後者の「従業者」が独占禁止法違反行為の主体とされている点には、検討すべき問題点がある。

まず、「事業者」を行為主体として定義されている私的独占、不当な取引制限等の違反行為について、事業者性をもたない「従業者」が行うとされていることに、問題はないのか。実務上は判例により、問題なしとの結論が引き出されている[11]。そうだとすれば、しかし、独占禁止法体系論上は、行為主体を異にするのであるから、私的独占や不当な取引制限等とは別個の違反行為類型が両罰規定によって創設されていることになるのか。おそらく結論的にはそうではなく、両罰規定における従業者処罰もあくまで私的独占や不当な取引制限等に対する刑事罰の定めであると位置づけられよう。そして、「従業者」という特殊な違反行為主体は、個人処罰を媒介としない法人処罰を厳しく拒絶する刑事法の原則を受容する立場から、法人処罰の不可欠の前提として独占禁止法上の存在となっているものとみられる。

#### 2) 立法政策について

以上のような「従業者」処罰の特殊性については、独占禁止法上のサンクション全般の枠組みのなかで、立法政策上の検証を含めた検討がさらに行わ

---

11）石油カルテル事件最高裁判決（昭和59年2月24日）刑集38巻4号1287頁。

れるべきであろう。また、現行法を前提とする場合の「従業者」処罰、とりわけ個別具体的な実務のあり方についても「国民経済の民主的で健全な発達を促進することを目的とする」独占禁止法の出発点に立ち返って再検討する必要があるように思われる[12]。

## 4. 競　争

### (1) 総　説

　事業者の概念とともに、競争の概念は、独占禁止法上の最も基礎的なタームである。すでに目的規定において「公正且つ自由な競争を促進」することが独占禁止法の規制原理ないし直接目的として位置づけられ、またこのことに対応して「一定の取引分野における競争を実質的に制限すること」や「公正な競争を阻害するおそれ」が独占禁止法違反行為の成立要件となっている。さらに、独占禁止法2条4項には「競争」の定義が置かれている。

　独占禁止法上の「競争」について検討する場合には、定義規定をとおして理解を進めることが正攻法であるように思われるが、後述するように、定義規定の妥当性について重要な疑問が提起されており、この意味で定義規定の問題点が一つの検討課題となる。以下、この点の検討を踏まえて、独占禁止法上の競争の理解を進めていくこととする。その場合、「競争」のとらえ方について、「一定の取引分野における競争を実質的に制限すること」、「公正な競争を阻害するおそれ」の要件の理解と組み合わせて検討することが有益であろう。

---

12) 現行法を前提とする場合には、起訴実務のあり方も論点となろう。なお、この点について、NBL610号（1997年）74頁の無署名記事「独禁法講習会」参照。

## ⑵　定義規定の意義と問題点

### 1)　学説による評価
独占禁止法2条4項の規定では「競争」を次のように定義している。

> 「二以上の事業者がその通常の事業活動の範囲内において、かつ、当該
> 事業活動の施設又は態様に重要な変更を加えることなく次に掲げる行為
> をし、又はすることができる状態をいう。
> 一　同一の需要者に同種又は類似の商品又は役務を供給すること
> 二　同一の供給者から同種又は類似の商品又は役務の供給を受けるこ
> 　と」

　学説の通説的見解は、この「競争」の規定について一定の意義を認めながら、基本的には否定的に評価してきた[13]。その要点は、次のとおりである。
　①定義規定は、「競争」には供給者間の競争および需要者間の競争が含まれること、「競争」は現実のものとなっている競争（顕在的競争）に限らず潜在的な競争を含むことを明らかにしている。
　②しかし、定義規定からは、どのような場合に複数の事業者が競争関係にあるのかという問題に対する解答が引き出されるにすぎず、この意味で、定義規定は、競争の本質的要素を提示することに成功していない。

### 2)　定義規定の沿革について
　競争の定義に関する現行規定は1998年独占禁止法改正により変更を受けたものである。すなわち（1949年改正以降）1998年改正に至るまで妥当してきた

---

13）今村成和『独占禁止法（新版）』（有斐閣、1978年）47頁以下、根岸＝舟田・前掲
　　注2）41頁以下、厚谷襄児＝糸田省吾＝向田直範＝稗貫俊文＝和田健夫編『条解独
　　占禁止法』（弘文堂、1997年）25頁以下（稗貫執筆部分）等参照。

164　第二部　独占禁止法の諸問題

旧規定には、現行規定における 2 条 4 項本文に、「但し、第四章における競争には、第二号に規定する行為をし、又はすることができる状態は含まれないものとする」という但書が付加されていた。この但書は1949年改正により「国内において競争関係にある」か否かを基準として株式保有等を禁止する規定[14]が導入されたことと不可分に関係している。すなわち、仮に 2 条 4 項 2 号が一律に適用されれば、たとえば文房具等の事務用品の需要者としてほとんどすべての会社間に競争関係があることになり、上述の株式保有等の禁止が本来意図された範囲を大きく逸脱することとならざるをえないことから、1949年改正ではこのような結果を回避する目的で但書が置かれることとなった[15]。

しかし、旧規定における但書は、他方で、会社間の株式保有等による競争秩序侵害の諸形態のうち需要側の企業集中による競争制限的市場構造の形成を、逆に一律に独占禁止法の規制の枠外に置くという問題点を有していた。とくに、相互に競争関係にあるか否かを基準とする株式保有等の禁止規定が削除された1953年改正以降は、但書を必要とする実質的根拠が消滅していたのであり、結果として、但書の、そう小さくない問題点だけが1998年独占禁止法改正により但書が削除されるまで残存した。

### 3) 小　括

定義規定についての学説の評価および定義規定の沿革に係る検討を踏まえて、「競争」の定義規定についてとりまとめておこう。

第 1 に、現行規定では1998年改正により第 4 章に係る買手間競争の除外の問題点が立法的に解決されていることが、重要である。とりわけ「株式保有、

---

14) 独占禁止法1949年改正法10条 2 項、同11条 1 項、同13条、同14条 3 項。

15) 今村・前掲注13) 48頁、正田・前掲注 4 ) 160頁以下、公正取引委員会事務局編『改正独占禁止法解説 (1953年改正の解説)』(日本経済新聞社、1954年) 95頁以下等参照。

合併等に係る『一定の取引分野における競争を実質的に制限することとなる場合』の考え方」(1998年12月21日・公正取引委員会)の公表とともにこれによって競争制限的企業集中の規制の枠組みが整備されたことになる。

　第2に、他方で、現行規定における競争のとらえ方それ自体の問題点(前述(2)1)②参照)は、解決されずに残っている。


### (3)　独占禁止法上の競争

#### 1)　定義規定不要論について

　前述した現行法および旧法における「競争」の定義規定には前史がある。すなわち、独占禁止法の1947年制定法では、競争の概念について「この法律において競争又は競争者とは、潜在的な競争又は競争者を含むものとする」(2条2項)とのみ規定し、この規定が1949年改正により先に述べた定義規定によって取って代わられるまで存続した。

　1947年制定法2条2項の規定は、独占禁止法上の競争に潜在競争が含まれることを確認する機能を有するにすぎず、1947年制定法の立法者はこれ以上に競争の定義規定を置く必要を認めなかったということになる[16]。また、1949年改正により定義規定が導入されたことについては、定義規定の導入がポジティヴに意欲されたというよりも、競争関係にあるか否かを基準とする株式保有等の禁止規定の導入との関連から必要とされた買手間競争の除外の法的効果を但書によって達成するという法技術的考慮に、相当の比重が置かれていたものとみられる[17]。

　このように考えてくると、「そもそも、この法律において、競争の観念を定

---

16)　公正取引委員会事務総局編『独占禁止政策五十年史・上巻』(1997年)41頁では、独占禁止法1947年制定法の「第2条第2項の競争の定義は、単に潜在的な競争を含むとなっていた」(圏点引用者)とされているが、同条同項は定義規定ではない。

17)　今村・前掲注13)48頁、正田・前掲注4)147頁以下、公正取引委員会事務局編『改正独占禁止法解説(1949年改正の解説)』(時事通信社、1949年)90頁以下参照。

義する必要があったかどうか」という疑問を提起し、「むしろ、独占禁止法の
よって立つ社会的基盤を構成する事実に関する観念なのであるから、これに
対する法的な加工を目的とする概念規定を試みるようなことは、不必要であ
った」と説く見解にも、一定の根拠があるように思われる[18]。なお、アメリカ、
ドイツ、EC等における主要な独占禁止法制に競争の定義規定は存在しない。
もっとも、定義規定不要論の当否にかかわらず、上述の論者のいわゆる「独
占禁止法のよって立つ社会的基盤を構成する事実に関する観念」としての競
争に関する理解を進める必要があることはいうまでもなく、学説もこのよう
な方向で展開している。

### 2) 「競争」、「一定の取引分野における競争」、「公正な競争」

　独占禁止法上の「競争」は、複数の事業者が相互に他を排して、第三者との
取引の機会を獲得するために行う努力ないしそのような行為を意味するもの
と解される[19]。まず、このような競争の実体の基本的把握を前提として、次
に、独占禁止法2条4項の規定に示されている競争関係の理解が、——潜在
競争を包摂することを含めて——意味をもつことになる。独占禁止法上の競
争のこのようなとらえ方は、目的規定における「公正且つ自由な『競争』」、主
要な違反行為の成立要件における競争の実質的制限（『一定の取引分野におけ
る『競争』を実質的に制限すること」）および公正競争阻害性（「公正な『競争』を
阻害するおそれ」）における「競争」概念にも、基本的に妥当する。

　競争の実質的制限の要件における「一定の取引分野における競争」、公正競
争阻害性の要件における「公正な競争」では、上述の意味における競争がそ
れぞれ秩序としてとらえられているということができる。学説においてしば

---

18）今村・前掲注13）45頁。なお、公正取引委員会事務局編・前掲注15）も、競争を
　法律的に定義することを「相当の難事」であるとみている（88頁参照）。

19）今村・前掲注13）46頁、江口公典『経済法研究序説』（有斐閣、2000年）41頁以下
　参照。

しば示されてきた秩序としての競争というとらえ方は、この関連において意味を有するというべきであろう。

この場合、しかし、「一定の取引分野における競争」を秩序としての競争という場合の秩序と、「公正な競争」を秩序としての競争という場合の秩序とでは、その秩序の含意が異なることに留意すべきであると考えられる。すなわち、前者では、競争の場としての市場（一定の取引分野）における競争を全体として観察し評価するという独占禁止法の立場が示されており、したがってこの場合の秩序とは、現実に競争が行われる一定の拡がりをもった場としての市場における、ひとかたまりの競争という実在を指す。他方、後者では、「公正な競争」の概念によって、競争のあり方に係る一定の規範的評価が示されているのであり、したがって、「公正な競争」を秩序としての競争という場合の秩序には、競争のあり方についての独占禁止法上の当為という含意がある[20]。

## 5. 反公益性について

### (1) 見解の対立点

反公益性（「公共の利益に反して」いること）の文言をどう解するかの論点が、直接的には私的独占および不当な取引制限の成立要件について問題となることはいうまでもない。しかし、さらにこの論点は、間接的に広範な問題群と結びついている。すなわち、事業者団体の違反行為の諸規定のうち独占禁止法8条1号違反の成立要件に反公益性の文言が存在しないことをどう理解するか。また、競争制限効果を有する行為がその社会公共的目的の故に独占禁止法上許容されるべきものと評価される場合に、これをどのように解釈する

---

20）「競争」、「一定の取引分野における競争」および「公正な競争」の関係について
　　江口・前掲注19）40頁以下参照。

168　　第二部　独占禁止法の諸問題

のか、または立法的解決を要するのか。これらの論点は、独占禁止法3条違反行為と8条1号違反行為との相互関係の点等について解釈上の困難な課題を提起している。以下、学説、判例の現状をどう理解するかというポイントに留意して簡潔に述べることとする。

上述のように多岐にわたる争点のうち、私的独占および不当な取引制限の成立要件の解釈との直接の関連では、2つの主要な対立軸に即して問題を整理するのが適切であろう。

第1に、私的独占および不当な取引制限の定義規定の解釈として「公共の利益」の内容を自由競争秩序の維持であるとする見解[21](A説)と、「公共の利益」は一般消費者の利益確保、国民経済の民主的で健全な発達の促進、すなわち独占禁止法の究極目的を指すと説く見解[22](B説)の対立である。

第2の対立軸は、反公益性の文言以外の成立要件(行為形態要件および競争の実質的制限の要件)が充足されており、かつ適用除外規定に該当しないと認められる場合に、「公共の利益に反して」いないことを主張することによって私的独占、不当な取引制限の成立を否定する解釈上の可能性を認めるか否かの点である。

## (2) 検 討

反公益性をめぐる第1の対立軸については、解釈論の枠内で考える限り、実質的に決定的な対立を含むものではないと考えられる。両者の見解は、「公共の利益」の内容について上述のとおり異なる見解を示しているようにみえ、また確かに、独占禁止法の性格の基本的なとらえ方の点で異なる理論的基盤に立脚していることも否定できない。しかし、「公共の利益」のとらえ方に係

---

21) とくに根岸哲『独占禁止法の基本問題』(有斐閣、1990年)53頁以下、根岸＝舟田・前掲注2)52頁以下参照。

22) 正田・前掲注4)188頁以下参照。

る、次のような共通点に留意すべきであろう。すなわち、両者は、公正かつ自由な競争を促進することをとおして、一般消費者の利益確保および国民経済の民主的で健全な発達の促進を目的とするという独占禁止法の基本思想を共有しており、この基本思想の立場から「公共の利益」をとらえている点において共通していると考えられるのである。対立点とみえるのは、それぞれの見解の表現が基本思想の前段（競争秩序維持）に基づいているか、後段（究極目的）に即したものかの相違にすぎないように思われる[23]。むしろ、実質的な対立は、目的規定の基本思想を共有する見解（A説・B説）と、この基本思想とは異なる立場から反公益性を解釈する見解の間にある[24]。

　第2の対立軸についてはどうか。適用除外に該当せず、反公益性の文言以外の成立要件が充足されている場合に、「公共の利益に反して」いないことを

---

[23] このような見方は、B説の見解に、「競争制限行為について、それが『公共の利益』に反しないことの確認のためには、立法措置をとおしてそれを行うという原則が確立し」「したがって、一定の制度的な手続を経て容認された競争制限的共同行為以外に、カルテルが『公共の利益』に反しないことを理由として、禁止をまぬかれる途は結果的に存在しない」という考え方が含まれていることを前提として成立する。引用は正田・前掲注4）198頁。

　なお、目的規定の基本思想の趣旨に立脚して、A説の見解に留保が必要であると説く今村・前掲注13）83頁（「より正確にいえば、自由競争秩序を維持することが、公共の利益に合致するという思想なのであり、公共の利益の本体は一般消費者すなわち国民の利益である。自由競争秩序は、一般消費者の利益保護を目的とする国民経済の構造原理と解されるが故に、それを維持することが、公共の利益に合致するとされるのである」）、同「カルテルの禁止とその限界」『現代経済法講座2』（三省堂、1992年）48頁（「自由競争秩序の維持が『公共の利益』に適合するということと、『公共の利益』とは何かということとは別の問題ではなかろうか」）の立場が、「公共の利益」の理解についてきわめて良質の基盤を提供しているものと考えられる。

[24] 前者の立場からの、後者に属する諸見解に対する批判的検討として、今村成和『私的独占禁止法の研究（二）』（有斐閣、1964年）101頁以下参照。

主張することによって私的独占、不当な取引制限の成立を否定する解釈上の可能性を認めるか否かの問いについて、これを否定的に解するA説、B説に対し、これを肯定する見解[25]（C説）がみられる。C説を採用する石油価格協定刑事事件最高裁判所判決は、独占禁止法2条6項の「公共の利益に反して」の文言について「原則としては同法の直接の保護法益である自由競争経済秩序に反することを指す」ことを認めたうえで、しかし、「現に行われた行為が形式的に右に該当する場合であっても、右法益と当該行為によって守られる利益とを比較衡量して、『一般消費者の利益を確保するとともに、国民経済の民主的で健全な発達を促進する』という同法の究極の目的（同法1条参照）に実質的に反しないと認められる例外的な場合を右規定にいう『不当な取引制限』行為から除外する趣旨と解すべき」ものと判示している。この見解は、第2の対立軸に関してA説、B説と大きく異なる結論を示しているようにみえる。しかしながら、この場合にも、差異はそう大きくないと考えるべきであろう。なぜなら、判決は、目的規定に示されている独占禁止法の基本思想に立脚することを「原則」とする立場を明らかにしており、この点が重視されるべきであると考えられるからである。では、A説（・B説）との相違を示す「例外的な場合」に係る判示は、どう位置づけられるか。「例外的場合」として、（判決と同じくC説の見解をとる学説[26]の場合のように）「一種の緊急避難的状況」が想定されているとすれば、C説とA・B説との間に実質的な相違はないことになろう[27]。

　以上、目的規定に示されている独占禁止法の基本思想が共有されているこ

---

25）石油カルテル事件最高裁判決（前掲注11））、松下・前掲注4）71頁以下参照。

26）松下・前掲注4）80頁参照。

27）石油カルテル事件最高裁判決の「公共の利益」解釈についてA説の立場からも「自由競争経済秩序に反する共同行為であって『公共の利益に反しない』ものとして独禁刑法上の違法性が阻却される余地はきわめて狭いものであり、それより弱い程度で足りる独禁行政法上の違法性が阻却される場合を実際上見出すことはほとんどできないであろう」と評されている。引用は根岸・前掲注21）66頁。

とを前提とすれば、反公益性の文言の実質的含意についてA説、B説、C説の間に基本的な一致がみられることを述べた。基礎概念のとらえ方について検討する本稿の課題との関連では、この点を確認することが第一義的に重要であると考えられる。もちろん、他方で、すでに出発点において述べたように、これら諸見解の間には、これらを別個の解釈たらしめているところの差異がある。この点については、法秩序全般における独占禁止法の位置づけについて考察を進めながら、独占禁止法上の個々の諸規制に係る法解釈を深める必要があろう。

# Ⅴ　競争秩序と知的財産法制のあり方
―― 具体的トピックに基づく検討 ――

## 1.　はじめに

　知的財産権と競争秩序をめぐるテーマは、知的財産法制および独占禁止法制の両方の分野にとってそれぞれ基本的意義を有している反面、問題の構造が単純ではなく、問題の解決は容易ではない。しかし他方で、知的財産権と競争秩序の相互関係をめぐる問題については実務上、理論上の多様な展開がみられる。具体的には、実務の面で公正取引委員会の「特許・ノウハウライセンス契約に関する独占禁止法上の指針」（1999年）が公表され、また理論の面についても独占禁止法21条の解釈論に大きな進展がみられた。このことをもって、テーマに関する展開のひとつの集約点であるとみることができよう[1]。

　本稿では、以上のことを踏まえて、最近の展開のうち主要なものを取り上げて検討することとしたい。その場合、特許権等に係る事業者（または事業者団体）の行為について独占禁止法を適用するべきか否かという観点から検討されるべき多くの問題がある一方で、競争秩序との関連をめぐって特許法等の知的財産法制のあり方が問われる問題領域があり、ふたつの問題領域の間には相互作用がみられる。その意味で、両者の観点を視野に入れて総合的に検討することが必要となる[2]。

---

1）とりわけ日本経済法学会年報20号（1999年）の特集「技術革新・技術取引と競争政策」参照。
2）江口公典『経済法研究序説』（有斐閣、2000年）102頁以下参照。

まず第1に、いわゆる函館新聞事件について検討する。次に第2に、特許ライセンス契約に伴う制限条項に係る論点のうち、いわゆる範囲の制限および数量制限を取り上げることとする。

前者では商標制度と競争秩序の関係に注目する。後者は、主として特許ライセンス契約に伴う制限条項の独占禁止法上の評価をめぐって長年にわたり議論されてきた論争点と関係している。両方の問題とも、知的財産権に係る事業者の行為を独占禁止法上どのように評価するかという点とそれぞれ不可分に関係していることは疑いない。本稿では、しかし、もう一方の観点、すなわち競争秩序との関連において知的財産法制のあり方を問うという観点にも留意しながら検討することとしたい。

## 2. 函館新聞事件

### (1) 事件の概要

#### 1) 独占禁止法違反事件

公正取引委員会は、北海道新聞社が函館新聞社の参入を妨害しその事業活動を困難にする目的で講じた函館対策（新聞題字対策〔商標登録出願〕、通信社対策、広告集稿対策、テレビコマーシャル対策）と称する一連の行為によって、同社の事業活動を排除することにより、公共の利益に反して、函館地区における一般日刊新聞の発行分野における競争を実質的に制限していたとして、北海道新聞社の行為が独占禁止法3条前段（私的独占の禁止）に違反するものであるという判断を示した（平成12年2月28日同意審決[3]）。

---

3）公正取引委員会審決集46巻144頁。独禁法審決・判例百選（第6版）（2002年）30頁参照。

## 2) 商標法 4 条 1 項 7 号に基づく商標登録拒絶査定に係る審判事件

　審判をとおして特許庁は、北海道新聞社による「函館新聞」、「函館日々新聞」、「函館タイムス」、「新函館」の新聞題字に係る商標登録出願に関して、出願の経緯や出願当時の状況等からみて、函館新聞の題字選択やその他の事業活動を阻害することが主要な動機となっていること、商標法に定める先願主義を濫用するものと認めざるをえないものであること、（出願時に商標として使用する意思があったとする北海道新聞社の主張についても）折り込みに表示するものであって商標の使用とは到底認められないものであること等を総合すると、本願の出願行為に係る商標は適正な商道徳にも反し、社会的妥当性を著しく欠くものであり、このようなものを登録することは実際上の使用により形成される業務上の信用の保護を目的とする商標法の期待に反するものであるという判断を示している。そして特許庁は、本願商標は「公の秩序又は善良の風俗を害するおそれがある商標」に該当し、登録することはできないとして、審査官による拒絶査定の判断を支持した（平成11年3月10日審決）。

### (2)　検　討

　(a)　函館新聞事件は、前述のとおり、北海道新聞社が函館新聞社の参入を妨害する目的で行った商標登録出願をめぐって、第 1 に独占禁止法 3 条前段（私的独占の禁止）違反を認定した公正取引委員会審決、第 2 に当該商標が商標法 4 条 1 項 7 号にいう「公の秩序又は善良の風俗を害するおそれがある商標」に該当するとした商標登録拒絶査定を妥当とする特許庁審決から構成されている。公正取引委員会審決、特許庁審決ともに、知的財産法と独占禁止法の相互関係の問題について重要な素材を提供している。

　(b)　前者の公正取引委員会審決では、多数の新聞題字に係る商標登録出願行為が、新規参入の妨害を目的とする一連の行為の構成要素となっており、その一連の行為が全体として、公共の利益に反し競争を実質的に制限する排除行為（私的独占）であると認定されたものである。知的財産権をめぐる事業

者の行為が独占禁止法上の私的独占に該当すると認定された事案としては、すでにぱちんこ機メーカー等による私的独占事件がある。この事件では、ぱちんこ機メーカー等が特許プールをとおして特許権等の実施許諾を拒絶することによって新規参入希望者の事業活動を排除した行為が私的独占に該当すると判断されたものであり、特許権等をめぐる事業者の行為と独占禁止法違反行為との結びつきが強い。これに対し、本稿で主たる検討の対象としている函館新聞に係る私的独占事件の場合、商標登録出願行為は「排除」行為の一部にすぎず、この意味で、商標登録出願行為と独占禁止法違反行為との結びつきは比較的弱い。

(c) 後者の特許庁審決では「函館新聞」等の新聞題字に係る北海道新聞社の商標登録出願行為をめぐって直接に公序良俗違反が問われており、テーマにとって新しいタイプの実務例が出現したものといえよう。以下、この事件の意義や問題点について検討する。

なによりもまず、新聞題字に係る本件の商標登録出願について、競争関係にある他の新聞社の事業活動の妨害が主要な動機であり、使用の意思も疑わしいとして、当該商標は「公の秩序又は善良の風俗を害するおそれがある商標」(商標法4条1項7号)に該当し、登録することはできないとする函館新聞事件特許庁審決の判断は、競争秩序との関連における商標制度のあり方ないし知的財産制度のあり方について注目すべき新しい判断を示しているものということができよう。なお、この点について、審決の前提となっている登録異議申立てに係る特許庁審査官決定[4]では、当該商標が商標法4条1項7号に該当する理由として「本願商標は」「競業関係にある申立人の商標採択の幅を必要以上に制限する商標の1つとして出願されたものと認められ、函館地方における地方紙発行の途を狭くすることを目的としたものと考えざるを得ず、公正な競業秩序を乱すものである」ことが指摘されている。このように審査官決定では競争秩序との関連が特許庁審決の場合よりもさらに明確に打

4) 1997(平成9)年10月8日決定。

176  第二部 独占禁止法の諸問題

ち出されていることに留意すべきであると思われる（引用文中の下線は引用者による）。

　(d)　他方、商標制度ないし知的財産制度の枠組みのなかで、このような実務はどのような問題を提起することとなるのか。

　特許庁審決では「出願された商標の構成自体が矯激、卑わいなものであって社会秩序や風俗を乱すおそれがある場合」（①）、「商標の構成自体はそのようなものでなくても、その商標を特定の商品または役務に使用する事が社会公共の利益に反したり、社会一般の道徳観念に反するような場合」（②）、「さらには、商標法の趣旨、目的からみて登録することが社会的妥当性を欠くこととなるような場合（たとえば、第三者の営業行為を不当に制限するような出願）」（③）が、商標法4条1項7号にいう「公の秩序又は善良の風俗を害するおそれがある商標」に該当するという一般論を示したうえで、本件について③の場合に該当するかという問いを提起し、この問いを肯定して結論に到達している。この点について、商標法4条1項7号所定の商標が前述①の場合だけでなく、前述②の場合をも含むことについては、実務上も理論上も問題なく支持されよう。問題は、さらに前述③を付加し、これを本件の事案に適用した点にある。第1に一般論として、前述③の判断基準が「社会的妥当性」を指標とし相当広範囲にわたって機能するものである点に、留意しておくべきであろう。第2に、具体的に本件事案について登録が社会的妥当性を欠くことの根拠として、函館新聞の題字選択行動や事業活動を阻害することが主要な動機となっていること、ひいては先願主義を濫用するものと認めざるをえないものであること、および出願時において使用の意思があったとは認められないことが指摘されている点については、以下のとおり、検討すべき問題点がある。

　すなわち、第1に、本件事案の解決の仕方として、商標法3条1項本文所定の、当該商標を「使用をする」意思が欠けていることに基づいて拒絶査定の結論を引き出すことが可能であり、より適切なのではないかという論点がある。まず、可能か否かの点は、最終的には立証の問題ということになるが、

立論として成り立つことは疑いない。次に、より適切か否かの点は、競争秩序を侵害する事業者の行為に直面して商標制度をどのように位置づけるかという問題と関わる。要するに、本件について使用意思の欠如を登録拒絶の根拠としてふさわしいと考える見解は、本件の事案に対し、競争秩序侵害かどうかという点を直接の判断基準とせず、使用意思の有無という商標制度の伝統的枠組みの範囲内で問題を処理することにつながり[5]、これに対して、本件審決（およびその前提となっている本件決定）の立論の場合には、すでに示唆したとおり、本件のように商標登録出願が競争秩序侵害と直接に結びついている事案の解決に際し、これを商標制度に対する新たな課題としてとらえ、商標制度を新たな展開へと導くことにつながると考えられる[6]。そして後者の進路を選択する場合には「商標法の趣旨、目的」という制度のルーツに立ち返ることとなる。

　(e)　函館新聞事件に係る特許庁審決は、以上のとおり、独占禁止法と商標制度の相互関係のあり方という困難な問題に対して、ひとつの積極的で前向きな解答を与えたものと評価されよう。他方で、開拓者の常として、難問に直面せざるをえない。すなわち、商標権者は「指定商品又は指定役務について登録商標の使用をする権利を専有する」のであり（商標法25条本文）、その意味において、商標権には競争者の題字選択等の事業活動を制約するという本来的な性質がある。そうだとすると、商標権の効力の結果として許容される

---

5）小泉直樹「公序良俗を害する商標」日本工業所有権法学会年報25号（2001年）1頁以下（とりわけ8頁〔注12〕）参照。

6）田村善之『商標法概説（第2版）』（弘文堂、2000年）は、「こうした出願は、独占禁止法上、容認すべからざる行為であるから、現行商標法上も4条1項7号の『公の秩序を害するおそれがある商標』として、その登録を阻却すべきであろう」（106頁）と述べて、審決を積極的に支持する。さらに白石忠志「独占禁止法(2)・函館新聞とアンプル生地管」法学教室244号（2001年）87頁以下では「商標について可能なことは、特許についても可能なのではないか」という問題が提起されている。

べき競争者等の事業活動の制約と、商標法の趣旨・目的からみて社会的妥当性を欠き「第三者の営業行為を不当に制限する」こととの間に境界線があるということになる。商標法の理論と実務は、この点についての判断基準を明らかにするという困難な課題を背負うこととなった[7]。

　現行商標法には、特定の不正競争行為を念頭に置いた不登録事由（商標法4条1項19号）が規定されてはいても、競争秩序との関連を一般的に規律する条項は存在しない。ポジティヴな答えを出すかどうか別として、本件事案はこのような立法政策上の問題とも深く関わっている。

## 3. 特許ライセンス契約に伴う「範囲」の制限および数量制限

### (1)　総　説

　特許等ライセンス契約に伴う制限条項の独占禁止法上の問題点については、1997年の独占禁止法改正に至るまで存続した国際的協定・契約の届出制度（独占禁止法6条2項〔旧法〕）の実務と関係して取り上げられ、また公正取引委員会の「国際的技術導入契約に関する認定基準」（1968年）、「特許・ノウハウライセンス契約における不公正な取引方法の規制に関する運用基準」（1989年）が公表された。その後の公正取引委員会ガイドライン「特許・ノウハウライセンス契約に関する独占禁止法上の指針」（1999年）（以下「ガイドライン」という）は、とりわけ国際的協定・契約に係る届出制度の廃止、アメリカ法およびEU法における新たな展開を承けて公表されたものである。ガイドラインは、知的財産制度に係る独占禁止法上の適用除外規定（21条）に関する基本

---

7）また、個々の商標登録出願に係る審査に際して、函館新聞事件の場合のような事情の有無について判断するということになれば、審査実務に支障を来さないかという点にも、留意すべきであろう。この点については、小泉・前掲注5）6頁以下参照。

Ⅴ　競争秩序と知的財産法制のあり方　　179

的な考え方を示している点、不公正な取引方法に限定せず私的独占・不当な取引制限等の観点からの判断基準を含んでいる点において、従来の「認定基準」および「運用基準」の場合よりも総合的な内容を備えている。

現行ガイドラインの全般的検討についてはすでに取り上げたことがある[8]。したがって、ここでは特許ライセンス契約に伴う「範囲」の制限および数量制限に限定して考察することとしたい。


### (2)　問題状況

公正取引委員会のガイドライン「第4」では、特許等ライセンス契約に伴う制限の類型ごとに、不公正な取引方法の観点からの考え方を示している。その場合、ガイドラインでは、国際的契約の届出制度に基づく実務的要請から解放されているとはいえ、従来の「運用基準」において検討対象とされていた制限条項のリストが基本的に踏襲され、制限の類型に即して黒条項、灰色条項および白条項として整理されている。その結果、再販売価格および販売価格の制限が原則として不公正な取引方法に該当し違法となる黒条項とされ、また研究開発活動の制限等の5類型の制限条項が違法となるおそれの強い「灰黒条項」とされている一方で、その他の多くの制限類型が、ライセンサー・ライセンシーの製品・技術市場における地位や市場の状況等を総合的に勘案し「市場における競争秩序に悪影響を及ぼすおそれがある」等の場合に不公正な取引方法に該当し違法となる灰色条項、または原則として不公正な取引方法に該当しない白条項として位置づけられている。

このようにみてくると、白条項の制限類型はもちろんのこと、灰黒条項以

---

8）江口公典「特許等ライセンス契約に関する独占禁止法ガイドライン──原案との比較を含む検討」『近代企業法の形成と展開（奥島孝康教授還暦記念論文集　第2巻）』（成文堂、1999年）707頁以下、同「特許等ライセンス契約に関する独占禁止法ガイドラインの検討」日本経済法学会年報20号（1999年）72頁以下参照。なお、後者はガイドライン原案の段階における検討である。

外の灰色条項に振り分けられている多くの制限類型は、制限の内容それ自体に関する限り公正な競争を阻害するおそれはそう大きくないものと評価されているということができよう。「範囲」の制限および数量制限は、このような類型に属している。だとすると、知的財産権と競争秩序の相互関係の枠組みのなかで特許ライセンス契約に伴う「範囲」の制限および数量制限を取り上げる意義は、どこにあるのか。本稿のテーマとの関連からは、以下のような問題点があるように思われる。

　特許ライセンス契約に伴う「範囲」の制限および数量制限は、特許権による「権利の行使」（独占禁止法21条）であるか否かが問題となる制限類型であり、この意味で、ガイドラインにおいて取り上げられている諸制限のなかでも独占禁止法と知的財産法の交錯領域の中心に位置している。独占禁止法21条の規定の解釈論の現状[9]では、特許法等による権利の行使に該当する事業者（・事業者団体）の行為であっても、当該行為の競争侵害的な効果と特許法等の権利行使であるという性格との比較衡量をとおして独占禁止法を適用するか否かを決定するという考え方が有力な地位を占めるに至っており、したがって、このような考え方に立脚する場合には、特許ライセンス契約に伴うライセンサーによる諸制限を含む事業者の行為が特許権の行使であるか否かの点は、当該行為が独占禁止法違反行為として法適用の対象となるかどうかの問題にとって相対的な意味を有するにすぎない。しかし、他方で、相対的な意味を有するにすぎないとはいえ、特許法による権利の行使であるかどうかによって、当該行為についての独占禁止法上の評価の枠組みが左右されることとなるのであり、その意味は必ずしも小さくない。また、当該行為が特許法等による権利の行使であるかどうかの点が公正取引委員会の実務にも一定

---

9）21条論に関する最近の概観として茶園成樹「知的財産権と独禁法(1)──工業所有権と独禁法」日本経済法学会編『経済法講座 第2巻』（三省堂、2002年）167頁以下、著作権と関連する諸問題について泉克幸「知的財産権と独禁法(2)──著作権と独禁法」日本経済法学会編・前掲書187頁以下参照。

Ⅴ　競争秩序と知的財産法制のあり方　　181

の影響を与えていることは、否定できないように思われる。

このような前提のもとで、以下では、特許ライセンス契約に伴う「範囲」の制限および数量制限に含まれる諸制限が特許法による「権利の行使」に該当するか否かの問題について検討する。その場合「範囲」の制限の場合と数量制限の場合とでは従来の議論の状況が異なる。


### (3) 数量制限

(a) 旧ガイドライン（前掲「特許・ノウハウライセンス契約における不公正な取引方法の規制に関する運用基準」）では、最低製造数量等の制限について、特許法等による権利の本来的行使であり、競争秩序に与える影響も小さいことから、原則として不公正な取引方法に該当しないもの（白条項）とされ、他方で最高製造数量等の制限については、判断基準の明示が見送られていた。これに対し、現行ガイドラインは、旧ガイドラインが最低製造数量等の制限について示していた特許法等による権利の行使に該当するか否かの点に係る認識を明示せず、最低製造数量等の制限について旧ガイドラインと実質的に同様の独占禁止法適用に係る判断を示し、さらに最高製造数量等の制限については「個別にその公正競争阻害性を判断し、当該市場において需給調整効果が生ずるなどの場合には、不公正な取引方法に該当し、違法となる」として灰色条項に位置づけている。

このことから、最低製造数量等の制限は特許法等による権利の行使ではないという見方に変わったのではないかという推測も成り立たないわけではない。この点について、ガイドライン作成担当者による解説では、最低製造数量等の制限に関して「一般に、特許法による権利の行使とみられる行為と解されている」、また最高製造数量等の制限についても「従前から一般には特許法による『権利の行使』とされ」ていると記されており[10]、旧ガイドラインに

---

10) 引用はいずれも山木康孝編著『Q＆A特許ライセンスと独占禁止法（「特許・

おける見方が放棄されてはいないものの、旧ガイドライン作成時の認識がそのまま維持されていないことは明らかであるように思われる。要するに、現行ガイドラインは、最低製造数量等の制限、最高製造数量等の制限が「権利の行使」に該当するか否かについて見解が一致していない現状を踏まえて、この点の認識を明示することを差し控えたものと考えられよう。

(b) 最低製造数量等の制限は「権利の行使」に該当しないものと考えられる。ライセンシーが最低製造数量等の制限に違反することは、確かに特許発明の経済的利用に係る特許権者の利益を（大きく）損なう。しかし、最低製造数量等の制限の違反が財産権としての特許権の侵害であるとは考えられず、ライセンス契約に伴い最低製造数量等を制限する条項は、債権債務関係を創設するにすぎないものと性格づけるのが妥当であろう。また、このことによって特許権者の適正な利益確保のための法的保障にもとることにもならない。最低製造数量等の制限をこのように性格づけることについては、問題は比較的少ないように思われる[11]。

他方、最高製造数量等の制限については、制限に違反する実施（たとえば最高数量を超えた特許製品の製造）がポジティヴな不法の外観を呈することから、問題は単純ではなく、学説も分かれている。結論としては、しかし、最低製造数量等の制限の場合と同じく、最高製造数量等の制限も当事者間の契約の

---

ノウハウライセンス契約に関する独占禁止法上の指針」の解説）（別冊NBL 59号）』（商事法務研究会、2000年）232頁。

11) 本稿の見解と同様のものとして、稗貫俊文「知的財産権と独占禁止法についての断片的覚書」丹宗暁信ほか『論争独占禁止法』（風行社、1994年）284頁以下（とりわけ287頁以下）、小泉直樹「数量制限違反の特許法上の評価」『知的財産法と現代社会（牧野利秋判事退官記念論文集）』（信山社、1999年）347頁以下参照。反対の見解として、当該制限が「特許発明の不当なただ乗りを排除する正当な行為」であるか否かを判断基準とすべきと説く根岸哲「知的財産権と独占禁止法」日本工業所有権法学会年報25号（1991年）65頁以下参照。

問題であり「権利の行使」には該当しないものと考えられる[12]。


### (4) 「範囲」の制限

(a) ガイドラインでは、特許ライセンス契約に伴う制限条項のうち、製造・使用・販売等の区分許諾、期間の制限、地域の制限、技術分野の制限は「特許法等において『実施』として規定されている行為を区分してライセンスをする」ものであることから「特許法等による権利の行使とみられる行為であり」、また「通常は市場における競争秩序に及ぼす影響も小さいと考えられ」「通常、独占禁止法上の問題は生じないと考えられる」とされている。学説では、特許法77条2項、同78条2項の解釈の枠組みのなかで、製造・使用・販売等の区分許諾、期間の制限、地域の制限、技術分野の制限は、専用実施権、通常実施権に係る「範囲」の制限であり、これら諸制限に違反する実施行為は特許権を侵害するものであると解されている[13]。以下では、このような理解が範囲の制限として列挙されている諸制限のすべてに果たして妥当するものなのかという観点から、試論を提示することとする。

(b) 問題は、特許法77条2項、同78条2項における「設定行為で定めた範囲内において」という文言、とりわけ「範囲」の文言のとらえ方にあるのではないか。まず、製造・使用・販売等の区分許諾は、その制限に違反する実施行為が特許権侵害を構成し、したがって「権利の行使」に該当するものといえよう。このような制限は、特許法2条3項の定義規定における「実施」の行為類型に即して、許諾される実施行為の範囲を画するものにほかならない

---

12) 同旨のものとして「特許の実施としての生産量は理論的には無限」であると説く中山信弘『工業所有権法（上）特許法（第2版増補版）』（弘文堂、2000年）436頁以下参照。反対の見解として「実施自体の有無についての特許権者の決定権を侵害する」か否かを基準として判断する小泉・前掲注11)「数量制限違反の特許法上の評価」参照。

13) 中山・前掲注12) 434頁以下等参照。

からである。また、期間の制限も「権利の行使」に該当すると考えるべきであろう。ライセンス契約終了後の旧ライセンシーによる実施が特許権侵害とならないとは考えにくい。

　これに対し、地域制限の場合には、許諾の対象となる実施行為の範囲が特許法 2 条 3 項の定義規定における「実施」行為の類型に即して限定されるわけではなく、また期間の制限の場合について前述したような事情もみられないことから、地域制限条項に違反する実施は債務不履行となるにすぎず、特許権侵害を構成しないものと考えるべきではないか。また、これと同様の根拠に基づいて、技術分野の制限も「権利の行使」には該当しないものと考えるべきであると思われる。

V　競争秩序と知的財産法制のあり方　　185

# VI　知的財産権と独占禁止法の境界線
## ——権利行使はどこまで許されるのか——

## 1．はじめに

　特許権等の知的財産権の行使が独占禁止法によって限界づけられる場合がある。主な具体的事例としては、ぱちんこ機メーカーの特許プールに関する私的独占事件、北海道新聞社の商標登録出願をめぐる私的独占事件があり、また一般的なガイドラインとして、公正取引委員会により「特許・ノウハウライセンス契約に関する独占禁止法上の指針」が公表されている。

　しかし他方で、独占禁止法との関連において知的財産権の行使がどこまで許されるかの点については、未解決の問題も少なくない。むしろ、問題解決へ向けた歩みが始まったばかりであるというのが、正確な見方であろう。以下では、まずテーマに関して基本的な考え方を提示し（2.）、次に具体的なケースに即して検討することとしよう（3.）。

## 2．境界線をめぐる基本的な考え方

### (1)　知的財産権の行使は聖域か？

#### 1)　独占禁止法21条
　知的財産権と独占禁止法の境界線について明示的なメッセージを含む唯一の法律条文は、以下のような内容の独占禁止法21条の規定である。

　「この法律の規定は、著作権法、特許法、実用新案法、意匠法又は商標法に

よる権利の行使と認められる行為にはこれを適用しない。」

　一見すれば、この規定は、知的財産権の行使に対して独占禁止法が大幅な譲歩を示し、その結果として、知的財産権の行使がいわば聖域として独占禁止法の適用から除外されることを意味しているようにもみえる。しかし、このような第一印象とは逆に、独占禁止法21条の規定は、独占禁止法の適用に関して知的財産権の行使を聖域とするものではなく、むしろ、知的財産権をめぐる事業者の行為も、独占禁止法による評価の対象となり、独占禁止法で禁止されている「私的独占」や「不当な取引制限」等に該当すれば、そのような行為は一般原則に従って禁止の対象となるものと解釈されている。もちろん、独占禁止法の制定以来この条文についてはさまざまな解釈論が示されてきたが、遅くとも西暦2000年頃以降、知的財産権の行使は独占禁止法の聖域とはならないという前述の見解が通説となっている。なお、21条の規定をどのような論理と根拠によって通説のように理解するのかという解釈の手法の点については「権利の行使と認められる行為」という文言に着眼する考え方や、「権利の行使と認められる行為には」「これを適用しない」ということの意義を限定的に解する考え方がある[1]。

## 2）　境界線をめぐる実質的判断基準

　通説のように考えるとすれば、場合によっては、権利行使がことごとく独占禁止法によって阻止され、知的財産権保障の制度趣旨に反することにならないかという懸念が生じるかもしれない。このような懸念は、しかし、杞憂であると言えよう。なぜなら、権利行使を含む事業者の一定の行為が独占禁止法上の評価の対象となること（＝権利行使が適用除外とならないこと）と、現実に「私的独占」等に該当して行政処分等のサンクションを課されることの間には、相当に大きな距離があるからである。そして「私的独占」等の構成

---

1）江口公典『経済法研究序説』（有斐閣、2000年）104頁以下（本文における後者の解釈を展開している）。

要件を充足するか否かの最終的な判断の場面では、知的財産権が制度的に有する競争促進機能や当該権利行使をめぐる具体的な諸事情が総合的に評価されることになる。

知的財産権と独占禁止法の境界線に関する実質的な判断基準について明らかにするためには、独占禁止法とはどのような法制度なのかを理解する必要がある。テーマの理解に必要な範囲内で、以下、独占禁止法の概要を述べることとする。


### ⑵　独占禁止法の基礎知識

#### 1）　目　的

「この法律は、私的独占、不当な取引制限及び不公正な取引方法を禁止し、事業支配力の過度の集中を防止して、結合、協定等の方法による生産、販売、価格、技術等の不当な制限その他一切の事業活動の不当な拘束を排除することにより、公正且つ自由な競争を促進し、事業者の創意を発揮させ、事業活動を盛んにし、雇傭及び国民実所得の水準を高め、以て、一般消費者の利益を確保するとともに、国民経済の民主的で健全な発達を促進することを目的とする。」（独占禁止法1条〔目的規定〕）

このうち前半部分は独占禁止法の具体的な規制内容を要約したものとなっており、直接に目的を示してはいない。この法律の規制原理や目的そのものを示しているのは、目的規定の後半部分である。すなわち、独占禁止法は、公正かつ自由な競争を規制原理とし、一般消費者の利益および国民経済の民主的で健全な発達を目的とする法制度である。

**両制度の共通点と相違点**　　特許法1条では「この法律は、発明の保護及び利用を図ることにより、発明を奨励し、もつて産業の発達に寄与することを目的とする」と規定している。ここでは、発明の奨励と「産業の発達」を媒介するものとして技術開発競争が念頭に置かれていることは疑いないであろう。そうすると、競争秩序をとおして国民経済の健全な発達を図ろうとする独占

188　　第二部　独占禁止法の諸問題

禁止法と、技術開発競争により産業の発達を推進する特許法との間には、制度の目的の点で大いに重なり合う面があるということになる。

　他方、両者の間には、決定的な相違点もみられる。特許法等の知的財産法は、文字どおり知的「財産権」を創設する法制度であり、他方、独占禁止法では、目的達成のために競争秩序侵害行為を禁止して一定のサンクションを課すことが制度の主要な機能である。したがって、場合によっては知的財産権の行使が独占禁止法によって制限される場面が生じる。

### 2)　私的独占、不当な取引制限の禁止

　私的独占および不当な取引制限の禁止は、独占禁止法の規制の中心に位置づけられる（2条5項・6項にそれぞれ定義規定、3条に禁止規定がある）。両者の成立要件は、①独禁法上の悪性のある行為によって、②市場における競争の実質的制限をもたらす行為である点で共通する。他方、悪性のある行為（①）の内容が、私的独占では排除または支配であり、不当な取引制限では共同行為（共謀）である点で異なっている。

　以上のことから、私的独占は競争制圧的であり、不当な取引制限は競争回避的である点に特徴があるといえよう[2]。私的独占の典型的な事例は、市場において支配力を有する事業者が、他の事業者を排除して支配力の強化を図るような場合であり、不当な取引制限の典型例は、業界（市場）における複数の事業者間で価格協定が締結される場合や（公正取引委員会による近時の実務の重点となっている）入札談合の事例である。なお一般に、不当な取引制限およびその他の競争制限的・競争阻害的行為（たとえば独占禁止法8条1号・3号）を含めてカルテルと呼ぶ。

---

2)　今村成和『独占禁止法入門（第3版）』（有斐閣、1992年）11頁参照。もっとも、この性格付けは必ずしも固定的なものではない。たとえば競争回避的要素のある私的独占の事例がありうる。

### 3）不公正な取引方法の禁止

　私的独占・不当な取引制限の禁止とともに重要な役割を果たす規制として、不公正な取引方法の禁止がある。2009年改正以前の旧独占禁止法2条9項の定義規定によれば、不公正取引方法とは「公正な競争を阻害するおそれ」（公正競争阻害性）のある行為であり、具体的には、公正取引委員会による不公正な取引方法の一般指定をとおして16の行為類型が定められていた（①共同の取引拒絶、②その他の取引拒絶、③差別対価、④取引条件等の差別的取扱い、⑤事業者団体における差別的取扱い等、⑥不当廉売、⑦不当高価購入、⑧ぎまん的顧客誘引、⑨不当な利益による顧客誘引、⑩抱き合わせ販売等の取引強制、⑪排他条件付取引、⑫再販売価格の拘束、⑬拘束条件付取引、⑭優越的地位の濫用、⑮競争者に対する取引妨害、⑯競争会社に対する内部干渉[3]）。

　新たに2009年改正により、不公正な取引方法に関する独占禁止法の条項に大きな変更が加えられた。基本的な変化は、不公正な取引方法に該当する行為類型の一部が課徴金の対象となったことである。これに伴い、課徴金が課される行為類型を法定する必要が生じ、不公正な取引方法の定義規定（2条9項）に共同の取引拒絶（1号）、差別対価（2号）、不当廉売（3号）、再販売価格の拘束（4号）、優越的地位の濫用（5号）が規定されることとなった。

　不公正な取引方法の禁止は、私的独占・不当な取引制限の禁止を補完するものとして、3つの役割を果たす。第1に、独占を事前に予防すること、第2に、独占的・支配的事業者による濫用行為を規制すること、第3に、市場における事業活動のルールを設定することである。

　**その他の諸規制**　　独占禁止法には、前述したもののほか、事業者団体に特有の禁止（8条1号～5号）、競争秩序を侵害することとなる企業集中の禁止（独占禁止法第4章）、独占的状態に係る規制（2条7項、8条の4）等が規定されている。

---

3）このほか特殊指定に基づく業種別の行為類型がある。

### 4) 手続・サンクション

　私的独占、不当な取引制限、不公正な取引方法等の競争秩序侵害に対する法的サンクションには、公正取引委員会による行政処分、刑事罰、民事上のサンクション（損害賠償請求、差止請求等）がある。ただし、現行法上、不公正な取引方法には刑事罰は定められていない。なお、独占禁止法上の民事的差止請求は不公正な取引方法についてのみ認められる。

### (3)　まとめ（現段階と将来展望）

　冒頭にも述べたように、知的財産権と独占禁止法の境界線というテーマについては問題解決へ向けた歩みが始まったばかりであるといってよい。確かに、ケーススタディとして後に紹介する事例や公正取引委員会のガイドラインが、従来の実務や理論的検討に基づく貴重な成果であることは、疑いない。しかし他方で、知的財産権と独占禁止法の相互関係をめぐっては、広大な未開拓の領域が横たわっている。その主な理由は、知的財産法と独占禁止法という両方の法制度の間に、目的の点で共通する部分がみられる一方で、法制度としての性格の点で財産権の創設と競争秩序侵害の規制という大きな違いがあり、両者が衝突する場面も少なくないことにある。両者の共通性と異質性の認識を踏まえて信頼できる判断枠組みを構築することが、将来の課題となる。

　このような時間軸上の経緯を念頭に置きながら、以下、従来の事例やガイドラインに即して具体的に検討を進めることとしよう。

## 3.　ケーススタディ

### (1)　私的独占をめぐる事例

　知的財産権の行使をめぐって公正取引委員会により排除措置が命じられた

正式の独占禁止法違反事件には、私的独占に係るものが多い。

### 1） ぱちんこ機特許プール事件

**概　要**　　この事件では、ぱちんこ機メーカー10社および遊技機特許連盟（10社が実質的に経営権を掌握する特許管理会社）が新規参入排除の方針を決定し、それに基づいて遊技機特許連盟の管理する特許権等の実施許諾を拒絶する行為が、私的独占に該当すると判断された（公正取引委員会平成9年8月6日勧告審決）。10社および遊技機特許連盟の行為が私的独占に該当するとされた背景として、次のふたつの事情が重要である。第1に、10社はぱちんこ機に係る市場占拠率のほとんどを占めていたこと、第2に、遊技機特許連盟の管理下にある特許権等はぱちんこ機の製造上重要な権利であり、これらの実施許諾を受けることなく風営法（「風俗営業等の規制及び業務の適正化等に関する法律」）に基づく規格に適合した製品を製造することが困難な状況にあったことである。仮に、このような事情が存在しなければ、新規参入を希望する事業者は、10社ないし遊技機特許連盟から実施許諾を拒絶されても、10社以外のぱちんこ機メーカー等からの技術供与または自社開発により新規参入を果たす可能性が大いに考えられたからである。そうなれば、10社および遊技機特許連盟による実施許諾拒絶もぱちんこ機製造をめぐる競争を実質的に制限することにはならず、おそらく独占禁止法違反に問われることはなかったであろう。

**検　討**　　知的財産権と独占禁止法の境界線を明らかにするという課題について、本件から引き出されるメッセージは何か。

第1に、特許プールは、競争を促進する効果を有する場合があることから、それ自体としては独占禁止法の規制原理としての公正かつ自由な競争との関係においてニュートラルな位置づけにあり、通常、独占禁止法上問題となることはない。

第2に、しかし、一定の製品分野において競争関係にある複数の事業者が特許プールに特許権等を集積し、かつ当該特許権等のライセンスを受けずに

当該分野の事業活動を行うことが困難な場合に、新規参入者等に対するライセンスを合理的な理由なく拒絶することは、私的独占に該当し、独占禁止法違反となる可能性がある。（場合によっては不当な取引制限に該当する場合も考えられる。不当な取引制限については後述する。）

　知的財産法の枠組みに限定して考えれば、権利者がライセンスをそもそも供与するか否か、ライセンスを供与する場合に誰を契約の相手方とするかは、（裁定実施権等の例外的な場合を除き）私的自治の妥当する領域の問題であって、権利者と相手方との間で自由に決定できるのが基本である。しかし、私的自治に基づく契約自由に対して労働契約法上の制約が課されているのと同様に、知的財産権の行使も、独占禁止法による評価の対象となり、独占禁止法で禁止されている私的独占等に該当すれば、独占禁止法の一般原則に従って禁止の対象となる。その場合、前述したように、独占禁止法21条の規定により適用除外となることはない。

　なお問題が残されているとすれば、知的財産制度の有する一般的な競争促進機能の評価を、どのように独占禁止法上の競争制限効果に係る判断の枠組みに組み入れるかの点であろう。ただ、本件については、この点をどう考えるとしても、私的独占の成立は不可避であったというべきであろう。

### 2）　北海道新聞社事件

**概　要**　　公正取引委員会は、北海道新聞社が、函館新聞社の参入を妨害し、その事業活動を困難にする目的で講じた函館対策（①新聞題字対策〔商標登録出願〕、②通信社対策、③広告集稿対策、④テレビコマーシャル対策）と称する一連の行為によって、同社の事業活動を排除することにより、公共の利益に反して函館地区における一般日刊新聞の発行分野における競争を実質的に制限していたとして、北海道新聞社の行為が独占禁止法上の私的独占の禁止に違反するものであるという判断を示した。これが、北海道新聞社による私的独占事件（公正取引委員会平成12年2月28日同意審決）の簡潔な要約である。また、函館新聞社の参入をめぐる北海道新聞社の行為は、独占禁止法違反事件

VI　知的財産権と独占禁止法の境界線　　193

とは別のフィールドにおいても興味深い法律問題を提供することとなった。それは、北海道新聞社が「函館対策」のうち前述①として行った「函館新聞」、「函館日々新聞」、「函館タイムス」、「新函館」の新聞題字に係る商標登録出願について、商標法に基づく拒絶査定がなされ、さらに審判によってもその結論が支持されたという商標法に係る事件である（特許庁平成11年3月10日審決）。同一の紛争に起因する両事件は、知的財産権と独占禁止法の境界線について重要な論点を提供している。

　　**私的独占事件**　　独占禁止法違反事件では、新聞題字に係る商標登録出願行為が、新規参入の妨害を目的とする一連の行為（前述①〜④）の構成要素となっており、その一連の行為が全体として、公共の利益に反して競争を実質的に制限する排除行為（＝私的独占）であると認定されたものである。公正取引委員会審決における認定によれば、函館対策に基づく北海道新聞社の行為の概要は、次のとおりである。

　①　新聞題字対策　　函館地区に新設される新聞社に使用させない意図のもとに、自ら使用する具体的な計画がないにもかかわらず、函館地区で新聞を発行する場合に使用されると目される「函館新聞」等の新聞題字について特許庁に対し商標登録を求める出願手続を行い、商標登録出願中の新聞題字「函館新聞」の使用中止を求めた。

　②　通信社対策　　函館新聞社が配信契約の締結を希望している時事通信社に働きかけ、函館新聞社と時事通信社との間のニュース配信契約の締結を妨害した。

　③　広告集稿対策　　函館地区の新夕刊紙の発刊の動きに対抗して同地区向けの夕刊別冊地域情報版の発刊を決定したうえで、当該地域情報版に掲載する広告につき、函館新聞社の広告集稿活動を困難にさせる意図のもとに、収支試算上損失が生じることが予測されたにもかかわらず、函館新聞社の広告集稿対象と目される中小事業者を対象とした大幅な割引広告料金等を設定すること（＝基本料金を本紙掲載広告の約半額の水準とすること、取扱広告代理店の広告取扱手数料に一定率の割増手数料を加算すること）により、函館新聞社の

広告集稿活動を困難にし、低廉な広告料金による受注を余儀なくさせた。

④　テレビコマーシャル対策　　函館新聞の発刊に関するコマーシャル放映の申込みをいったんは受け付けたテレビ北海道に働きかけ、函館新聞に、テレビ北海道を通じて発刊に関するコマーシャル放映を行うことを断念させた。

**商標法事件**　　前述の特許庁審決では、北海道新聞社の新聞題字に係る商標登録出願について、競争関係にある他の新聞社の事業活動の妨害が主要な動機であり、使用の意思も疑わしいとして、当該商標は「公の秩序又は善良の風俗を害するおそれがある商標」(商標法4条1項7号)に該当し、登録することはできないとされた。その前提として、特許庁審決は、商標法4条1項7号にいう「公の秩序又は善良の風俗を害するおそれがある商標」とは、①「出願された商標の構成自体が矯激、卑わいなものであって社会秩序や風俗を乱すおそれがある場合」、②「商標の構成自体はそのようなものでなくても、その商標を特定の商品または役務に使用する事が社会公共の利益に反したり、社会一般の道徳観念に反するような場合」だけではなく、③「さらには、商標法の趣旨、目的からみて登録することが社会的妥当性を欠くこととなるような場合(たとえば、第三者の営業行為を不当に制限するような出願)」を含むとしたうえで、本件については③の場合に該当するとして、商標登録拒絶査定を支持する結論に到達している。

**検　討**　　北海道新聞社事件(私的独占事件および商標法事件)は、確かに商標登録出願をめぐる問題であり、「権利行使はどこまで許されるのか」という場合の「権利」の成立以前の段階において商標権の成立そのものが問われたものである。しかし、そうであるからこそ、知的財産権と独占禁止法の境界線というテーマに対して重要な意義を有しているように思われる。

とりわけ商標法事件については検討すべき問題が残されている。商標法事件に焦点を当てて考察を加えることとしよう。

審決が北海道新聞社の商標登録出願について不登録事由に該当するとしたのは、当該商標が「第三者の営業行為を不当に制限するような出願」である

Ⅵ　知的財産権と独占禁止法の境界線　　**195**

と判断されたためである。そうなると、個々の商標登録出願に係る審査に際して、他の事業者の「営業行為を不当に制限するような出願」であるか否かを審査対象とすることになるのであろうか。商標権者は「指定商品又は指定役務について登録商標の使用をする権利を専有する」（商標法25条本文）のであり、その限りで、商標権には競争者の題字選択等の事業活動を制約するという本来的な性質があることに鑑みれば、個々の商標登録出願に係る審査に際して他の事業者の「営業行為を不当に制限するような出願」であるか否かを審査対象とすることは、きわめて大きな困難を伴うのではないか。このように、知的財産権と競争秩序の相互関係をめぐって、本件は商標制度の根幹に関わる問題を提起していると言えよう。


## (2) 不当な取引制限（カルテル）をめぐる事例

　知的財産権の行使をめぐる数件のカルテル事件がみられる。また、公正取引委員会のガイドライン（「知的財産の利用に関する独占禁止法上の指針[4]」）の記述にも、具体的事例や設例が示されている。


### 1） 日之出水道機器ほか6名事件

　**概　要**　　この事件では、日之出水道機器㈱ほか6社が、共同して福岡地区の市型鉄蓋（マンホール）の販売価格、販売数量比率及び販売先を決定することにより公共の利益に反して福岡地区の市型鉄蓋の販売分野における競争を実質的に制限しているものであって、これは独占禁止法2条6項に規定する不当な取引制限に該当し、同法3条の規定に違反するものであるとされた

---

4）現行のガイドライン（指針）である。策定2007（平成19）年9月28日、改正2010（平成22）年1月1日・2016（平成28）年1月21日。現行ガイドラインの策定により旧ガイドライン（「特許・ノウハウライセンス契約に関する独占禁止法上の指針」）は廃止された。なお本稿は旧ガイドラインによる運用が行われていた時期に主に執筆された。

（公正取引委員会平成 5 年 7 月15日審決）。審判において、日之出水道機器らは、福岡市が市型鉄蓋の仕様を改定して日之出水道の実用新案を採り入れた際に、他の指定業者に当該実用新案の実施を許諾することを条件にしたので、被審人日之出水道はこれを受け入れたが、実施許諾料を放棄したことはなく、本件販売数量比率は、日之出水道が実用新案権の権利行使として 6 社らに対し実施許諾したものであり、7 社が福岡鉄蓋会で相互に協議して定めたものではないと主張したが、主張は採用されなかった。

　この事件は、マルティプル・ライセンス（ライセンサーの定める共通の条件により複数のライセンシーに対して非独占的なライセンスが行われる場合）それ自体は独占禁止法上問題とならないが、ライセンサーおよび複数のライセンシーに対し特許製品等の販売価格、製造数量、販売数量、販売先、販売地域についての制限が相互に課される場合には、不当な取引制限として独占禁止法違反となる可能性があることを示している。この点については、公正取引委員会「知的財産の利用に関する独占禁止法上の指針」第 3・2 (2) の「具体例」参照。

### 2)　日本かいわれ協会に対する警告事件

　かいわれ大根生産者の事業者団体が、生産量の制限による市況の安定を目的として、栽培方法・栽培装置に関する特許権等の専用実施権を取得したうえで、構成事業者への通常実施権の供与に際して、構成事業者の生産数量を制限している疑いが認められた事例がある（公正取引委員会平成 6 年 2 月17日警告）。

### (3)　不公正な取引方法をめぐる事例

　特許等の知的財産の利用に関するライセンス契約においては、ライセンサーがライセンシーに対し種々の制限を課すことが多い。ライセンス契約における制限条項が独占禁止法上どのように取り扱われるべきかについては、従

VI　知的財産権と独占禁止法の境界線　　197

来から知的財産権と独占禁止法の境界線というテーマに関する中心的な論点として、実務と理論の両面から議論が行われてきた。

以下では、まず公正取引委員会の旧ガイドラインおよび現行ガイドラインの内容について概観する。そのうえで次に、主要な理論的問題点を取り上げて考察を加える。(なお、旧ガイドラインおよび現行ガイドラインについて前掲注4)を参照。)

### 1) ライセンス契約における制限条項と不公正な取引方法 (旧ガイドラインの概要)

この点につき、公正取引委員会は「特許・ノウハウライセンス契約に関する独占禁止法上の指針」において、とりわけその「第4」において、多様な制限条項を①実施地域、実施期間等の「ライセンスの範囲に関する制限」、②研究開発活動等の「ライセンスに伴う制限・義務等」、③「特許製品等の製造に関連する制限・義務」、④「特許製品等の販売に関連する制限・義務」に類型化したうえで、これら4類型に含まれる多様な制限条項が不公正な取引方法に該当するか否かの判断基準を明らかにしていた。

ガイドラインの概要をリストとして示せば、次のようになる[5]。なお、リスト中の各制限条項に付記されている、たとえば(第4-2-(2))はガイドラインにおける該当箇所を示している。また、リスト中の「評価」欄における白、灰、灰黒、黒の意味は、次のとおり。

黒＝原則として不公正な取引方法に該当する事項

灰黒＝違法となるおそれが強い事項

灰＝それぞれ一定の条件が充足される場合に、不公正な取引方法に該当する事項

白＝原則として不公正な取引方法に該当しない事項

---

5) 山木康孝編著『Q&A特許ライセンスと独占禁止法 (別冊NBL No. 59)』(商事法務研究会、2000年) 366-378頁に基づき若干の変更を加えて作成した。

198　第二部　独占禁止法の諸問題

| | 制限条項の類型 | 評　価 |
|---|---|---|
| ①実施地域、実施期間等の「ライセンスの範囲に関する制限」 | 製造・販売等の区分許諾（第4-2-(2)） | ○白 |
| | 期間の制限（期間の延長を含む）（第4-2-(3)） | ○白 |
| | 実施地域の制限（国内）（第4-2-(4)） | ○白<br>●ただし、権利が消尽していると認められる場合は、灰 |
| | 技術分野の制限（第4-2-(5)） | ○白 |
| ②研究開発活動等の「ライセンスに伴う制限・義務等」 | 特許・ノウハウの対象以外の製品に対する実施料の支払義務（第4-3-(2)-ア） | ●灰<br>○ただし、契約対象特許・ノウハウが製造工程の一部に使用される場合又は部品にかかるものである場合に計算の便宜上、<br>①契約対象特許・ノウハウ又は部品を使用した最終製品の製造・販売数量、製造・販売額、又は<br>②特許製品・ノウハウ製品製造に必要な原材料、部品等の使用数量、使用回数<br>を実施料の算定基礎とする場合は、白 |
| | 権利終了後の実施料の支払いまたは使用制限（第4-3-(2)-イ） | ●灰黒<br>○ただし、実施料の支払方法として分割払いや延払いの形態を採った場合は、その支払い期間が特許消滅後やノウハウ公知後に及んだとしても、白<br>○さらに、ノウハウについては、ノウハウ公知後短期間（2年程度をいう。）に限って実施料を支払わせる場合も、白 |
| | 複数特許等の一括実施許諾（第4-3-(3)） | ●灰<br>○ただし、契約対象技術の効用を保証するため必要な範囲で行う場合は、白 |
| | 不争義務（第4-3-(4)） | ●灰<br>○ただし、ライセンシーが特許の有効性を争い、又はノウハウの公知性を争った場合に、契約を解除する権限を留保する旨規定することは、白 |
| | 研究開発の制限（第4-3-(5)-ア） | ●灰黒 |
| | 独占的グラントバック及びアサインバック（第4-3-(5)-イ-(ア)） | ●灰黒 |
| | 非独占的グラントバック及びフィードバック（第4-3-(5)-イ-(イ)） | ○白<br>●ただし、第三者にライセンスをすることを制限する内容のものである場合は、灰 |
| | 最善実施努力義務（第4-3-(7)-ア） | ○白 |
| | 守秘義務（第4-3-(7)-イ） | ○白 |
| | 一方的解約条件（第4-3-(7)-ウ） | ○白 |

| | | |
|---|---|---|
| ③「特許製品等の製造に関連する制限・義務」 | 最高実施数量・最高実施回数の制限<br>（第4-4-(2)、第4-5-(3)-ア） | ●灰 |
| | 最低実施数量・最低実施回数の制限<br>（第4-4-(2)、第4-5-(3)-ア） | ○白 |
| | 契約期間中の競争品の取扱い等の制限<br>（第4-4-(3)、第4-5-(3)-ウ） | ●灰 |
| | 契約終了後の競争品の取扱い等の制限<br>（第4-4-(3)、第4-5-(3)-ウ） | ●灰 |
| | 部品・原材料の調達先の制限<br>（第4-4-(4)） | ●灰<br>○ただし、契約対象特許・ノウハウの効用を保証すること又は商標等の信用を保持することが原材料等の品質の制限その他の制限によっては達成困難な場合に、さらにノウハウ・ライセンス契約については、契約対象ノウハウの秘密保持のために必要不可欠な場合に、契約対象特許・ノウハウの効用の保証、商標等の信用の保持又は契約対象ノウハウの秘密性保持のために必要な範囲内でかかる義務を課すことは、白 |
| | 部品・原材料の品質の制限<br>（第4-4-(5)） | ●灰<br>○ただし、次の場合は白<br>①許諾特許、ノウハウに関しライセンサーがライセンシーに対して一定の効用を保証している場合に、当該効用を保証するために必要な範囲である場合<br>②商標等の信用保持のために、必要な範囲である場合 |
| | 契約対象品の品質制限<br>（第4-4-(5)） | ●灰<br>○ただし、次の場合は白<br>①許諾特許、ノウハウに関しライセンサーがライセンシーに対して一定の効用を保証している場合に、当該効用を保証するために必要な範囲である場合<br>②商標等の信用保持のために、必要な範囲である場合 |
| ④「特許製品等の販売に関連する制限・義務等」 | 輸出地域の制限<br>（第4-5-(1)-ウ-(エ)） | ●灰<br>○ただし、次の地域への輸出の制限は、当該事情が考慮される<br>①ライセンサーが契約対象製品について特許権を登録している地域<br>②ライセンサーが契約対象製品について自ら経常的な販売活動を行っている地域<br>③ライセンサーが第三者の独占的販売地域として認めている地域 |
| | 輸出価格、輸出数量等の制限<br>（第4-5-(1)-ウ-(エ)） | ●灰 |
| | 再販売価格の制限<br>（第4-5-(2)-ア） | ●黒 |

| 販売価格の制限<br>(第4-5-(2)-イ) | ●黒 |
| 販売先の制限<br>(第4-5-(3)-イ) | ●灰 |
| 商標使用義務<br>(第4-5-(3)-エ) | ●灰 |

　ガイドラインにおいてそれぞれ黒、灰黒、灰、白の評価を与えられている主要な制限条項を選び、ガイドラインの記述に即して各制限条項に対する独占禁止法上の評価を示すこととしよう。

　**再販売価格の制限 (黒条項)**　　特許ライセンス契約において、ライセンサーがライセンシーに対して、特許製品の国内における再販売価格を制限させることは、原則として不公正な取引方法に該当し、違法となる。

　**販売価格の制限 (黒条項)**　　特許ライセンス契約において、ライセンサーがライセンシーに対して、特許製品の国内における販売価格を制限することは、原則として不公正な取引方法に該当し、違法となる。

　**特許権消滅後等における使用制限・実施料支払義務 (灰黒条項)**　　特許ライセンス契約において、ライセンサーがライセンシーに対して、特許権が消滅した後においても当該技術の使用を制限し、または当該技術の実施に対して実施料の支払義務を課すことは、ライセンシーが自由に当該技術を使用して製品市場・技術市場において事業活動を行うことを制限し、同市場における競争秩序に悪影響を及ぼすおそれがあると考えられ、また、特許権が消滅した後は、誰でも自由に当該技術を使用できるものであり、ライセンサーには当該技術の使用を制限したり、当該技術の実施に対して実施料の支払義務を課す権限もないことから、不公正な取引方法に該当し、違法となるおそれは強い (ただし、実施料の分割払いまたは延払いと認められる範囲内で、特許権が消滅した後においてもライセンシーの実施料の支払義務が継続する旨規定することは、原則として不公正な取引方法に該当しない)。

　**改良発明等の譲渡・独占的ライセンス義務 (灰黒条項)**　　特許ライセンス契約において、ライセンサーがライセンシーに対して、ライセンシーによる改

VI　知的財産権と独占禁止法の境界線　　201

良発明、応用発明等についてライセンサーにその権利自体を帰属させる義務や独占的ライセンスをする義務を課すことは、ライセンサーが当該特許製品や当該技術分野における有力な地位を強化することにつながること、またはライセンシーの取得した知識、経験や改良発明等のライセンシー自身による活用もしくは第三者へのライセンスが制限されることによってライセンシーの研究開発の意欲を損ない、新技術の開発を阻害することにより、市場における競争秩序に悪影響を及ぼすおそれがあると考えられ、また、通常ライセンサーにとって本制限を課す合理的な理由があるとは認められないことから、不公正な取引方法に該当し、違法となるおそれが強い（なお、旧ガイドライン該当箇所における（注1）、（注2）、（注3）に留意）。

　**不争義務（灰条項）**　　特許ライセンス契約において、ライセンサーがライセンシーに対して、ライセンスされた特許権の有効性について争わない義務を課すことは、本来特許を受けられない技術について特許権が存続し続けることにより、市場における競争秩序に悪影響を及ぼすおそれがある場合には、不公正な取引方法に該当し、違法となる（ただし、特許ライセンス契約において、ライセンシーがライセンスされた特許権の有効性について争った場合、ライセンサーが当該ライセンス契約を解除し得る旨規定することは、ライセンシーが当該特許権の有効性について争うことができるときには、原則として不公正な取引方法に該当しない）。

　**最高製造数量・最高使用回数の制限（灰条項）**　　特許製品の最高製造数量または方法の特許の最高使用回数を制限することは、その制限の目的、態様や市場における競争秩序に及ぼす影響の大きさに照らして、個別にその公正競争阻害性を判断し、当該市場において需給調整効果が生ずるなどの場合には、不公正な取引方法に該当し、違法となる。

　**最低製造数量・最低使用回数の制限（白条項）**　　特許ライセンス契約において、ライセンサーがライセンシーに対して、特許製品の最低製造数量または方法の特許の最低使用回数を制限することは、ライセンサーが最低限の実施料収入を確保する内容のものであれば、原則として不公正な取引方法に該当

しない。

**地域制限（白条項）**　特許ライセンス契約において、ライセンサーがライセンシーに対して、特許権が有効であるわが国において地域を区分してライセンスをすることは、原則として不公正な取引方法に該当しない（ただし、ライセンサーの特許が国内において消尽していると認められる場合において、ライセンサーがライセンシーに対して、特許製品の販売地域を制限させることについては、特許法等による権利の行使とみられる行為ではないと考えられ、個別事案ごとに公正競争阻害性が判断される）。

### 2)　旧ガイドラインに関する検討

公正取引委員会ガイドラインは、特許ライセンス契約等における制限条項が独占禁止法上どのように評価されるのかという問題について、従来の検討の成果を集大成しようとしたものということができよう。他方で、各制限条項の独占禁止法上の評価については、さらに検討を進めるべき問題点が多く残されていることも否定できない。このうち、知的財産権と独占禁止法の境界線の探求という課題にとってとりわけ重要であると思われる問題点を取り上げたい。なお、より詳細には【本書**第二部Ⅴ**】、とりわけ 3. の記述を参照。

**範囲に係る諸制限と権利行使**　まずライセンスの範囲に関する諸制限（製造・使用・販売等の区分許諾、期間の制限、地域の制限、技術分野の制限）については「特許法等において『実施』として規定されている行為を区分してライセンスをする」ものであることから「特許法等による権利の行使とみられる行為であり」、また「通常は市場における競争秩序に及ぼす影響も小さいと考えられ」「通常、独占禁止法上の問題は生じないと考えられる」とされている。学説上、特許法77条 2 項、同78条 2 項の解釈の枠組みのなかで、製造・使用・販売等の区分許諾、期間の制限、地域の制限、技術分野の制限は、専用実施権、通常実施権に係る「範囲」の制限であり、これら諸制限に違反する実施行為は特許権を侵害するものであると解される場合がある。このような理解が、範囲の制限として列挙されている諸制限のすべてに果たして妥当するものな

のかという観点から、以下、試論を提示しよう。

　問題は、特許法77条2項、同78条2項における「設定行為で定めた範囲内において」という文言、とりわけ「範囲」の文言のとらえ方にあるのではないか。まず、製造・使用・販売等の区分許諾は、その制限に違反する実施行為が特許権侵害を構成し、したがって「権利の行使」に該当するものといえよう。このような制限は、特許法2条3項の定義規定における「実施」の行為類型に即して、許諾される実施行為の範囲を画するものにほかならないからである。また、期間の制限も「権利の行使」に該当すると考えるべきであろう。ライセンス契約終了後の旧ライセンシーによる実施が特許権侵害とならないとは考えにくい。

　これに対し、地域制限の場合には、許諾の対象となる実施行為の範囲が特許法2条3項の定義規定における「実施」行為の諸類型に即して限定されるわけではなく、また期間の制限の場合のような事情もみられないことから、地域制限条項に違反する実施は債務不履行となるにすぎず、特許権侵害を構成することはないものと考えるべきではないか。また、これと同様の考慮に基づいて、技術分野の制限も「権利の行使」には該当しないものと考えられよう。

**　数量制限は権利の行使か**　　最低製造数量等の制限は特許権等の行使に該当しないものと考えられる。ライセンシーが最低製造数量等の制限に違反することは、確かに、特許発明の経済的利用に係る特許権者の利益を（大きく）損なう。しかし、最低製造数量等の制限の違反が財産権としての特許権の侵害であるとは考えられず、ライセンス契約に伴い最低製造数量等を制限する条項は、債権債務関係を創設するにすぎないものと性格づけられよう。また、このことによって特許権者の適正な利益確保のための法的保障にもとることにもならない。最低製造数量等の制限をこのように性格づけることについては、問題は比較的少ないように思われる。

　他方、最高製造数量等の制限については、制限に違反する実施（たとえば最高数量を超えた特許製品の製造）が事実としてはポジティヴな不法の外観を呈

204　　第二部　独占禁止法の諸問題

することから、問題は単純ではなく、学説も分かれている。結論としては、しかし、最低製造数量等の制限の場合と同じく、最高製造数量等の制限も、当事者間の契約（債権債務）の問題であり「権利の行使」には該当しないものと考えられる。

### 3) 知的財産の利用と不公正な取引方法（現行ガイドラインの構造と問題点）

現行ガイドラインはとりわけ形式（検討の枠組み）の点において洗練されたものとなっている。ガイドラインの内容と問題点を総論（「基本的な考え方」）と各論に分けて要約する[6]。

基本的な考え方として、第一に、技術の利用に係る多様な制限行為がどのような場合に不公正な取引方法として問題となるかについて、①技術を利用させないようにする行為、②技術の利用範囲を制限する行為、③技術の利用に関し制限を課す行為、④その他の制限を課す行為に分けて記述することが宣言されている。次に、第二の総論的課題として、不公正な取引方法の基本的要件としての公正競争阻害性（「公正な競争を阻害するおそれ」〔独占禁止法2条9項6号〕）に関して問題の整理が行われている。公正競争阻害性の判断基準に関して現行ガイドラインが示している記述は興味深く、かつ検討すべき問題点が少なくない[7]。

### 4) 現行ガイドラインに関する検討

現行ガイドラインもライセンスの範囲に関する諸制限（製造・使用・販売等の区分許諾、期間の制限、地域の制限、技術分野の制限）を「外形上、権利の行使とみられる」ととらえる立場を踏襲している。また製造等の数量の制限のう

---

6）紙幅の関係から概観だけにとどめる。

7）「競争減殺のおそれ」を判断する場合に「行為者の競争者等の競争機能を直接的に低下させるおそれがあるか否か」を基準のひとつとすると述べている点は、議論を呼ぶであろう。

ち、最高数量等の制限については原則的に権利の行使ととらえている一方で、最低数量等の制限については権利の行使ととらえているかどうか不明である。旧ガイドラインについて上述した問題点の多くは解消されていない。将来に課題は残されている。

# Ⅶ　競争制限的企業集中の規制に関する一考察

## 1. はじめに

　独占禁止法上の企業集中規制には、経済力過度集中の防止の観点からの規制および競争制限的・競争阻害的企業集中の規制という2つの類型のものが含まれる。前者は、当該集中によって具体的に一定の取引分野における競争に悪影響が生じることを要件とすることなく、経済力過度集中となる特定の企業集中形態それ自体を規制対象とするものであり、独占禁止法制の国際比較の観点からは異例の規制類型に属する（独占禁止法9条・11条）。後者の競争制限的・競争阻害的企業集中の規制は、株式保有、合併等が一定の取引分野における競争を実質的に制限することとなる場合および不公正な取引方法によるものである場合に、当該株式保有等を禁止の対象とする（独占禁止法10条・13条・14条・15条・15条の2・16条）。

　このうち、本章では、後者の類型を取り上げる。ただし、不公正な取引方法によるものであることを要件とする規制（競争阻害的企業集中の規制）の場合には、不公正な取引方法に係る考え方が適用されることから企業集中規制固有の問題点は比較的少なく、実務上の比重も相当に低い。したがって、以下では、一定の取引分野における競争を実質的に制限することとなる場合に株式保有、合併等を禁止の対象とする競争制限的企業集中の規制に限定して検討することとする。

　競争制限的企業集中の規制については「独禁法のこの領域の戦後史は、首尾一貫した運用上のサボタージュによって特徴づけられており、それは70年代に入ってからも基本的には変化していない[1]」という厳しい批判的な見方

が示されたことがある。確かに、競争制限的企業集中の規制に係る現行法の基本的枠組みが成立した1953年改正以降の展開を概観するならば、主として株式保有に係る少数の正式な規制事例[2]がみられるほかは、法の解釈・運用を明白に誤ったといわざるを得ない雪印・クローバー合併不問処分や八幡・富士合併事件審決のような事案が、この領域における展開を特徴づけていた[3]。他方で、前述の批判的な見方が表明されて以降、新しい展開がみられる。第1に、公正取引委員会が「株式保有、合併等に係る『一定の取引分野における競争を実質的に制限することとなる場合』の考え方」(1998年)(以下「ガイドライン」という)を公表し、八幡・富士合併事件審決における明らかに問題を含む解釈からの事実上の決別が宣言された。第2に、ガイドラインの公表を契機として、事前相談に基づく事実上の規制がある程度活発に行われている傾向がみられる。

　このように特異な展開を示してきた独占禁止法上の競争制限的企業集中の規制について従来の展開を適切に分析評価し、将来のあり方を展望するためには、19世紀末以来の独占禁止法制のグローバルな歴史的展開のなかで競争制限的企業集中が規制対象とされるに至ったことにどのような理論的意義があるのか、という点に立ち返って検討することが有益であると考えられる。このような検討をとおして「首尾一貫した運用上のサボタージュ」という見方に新たな光を当て、競争制限的企業集中に対する独占禁止法上の規制につ

---

1) 本間重紀「私的独占の禁止と企業集中の制限」法律時報49巻11号 (1977年) 25頁。なお、この指摘は、競争制限的企業集中の規制に限らず、論文のテーマのとおり、私的独占の禁止と企業集中の制限の全般についてなされている。
2) 日本楽器事件・公正取引委員会昭和32年1月30日審決 (公正取引委員会審決集8巻51頁)、広島電鉄事件・公正取引委員会昭和48年7月17日審決 (公正取引委員会審決集20巻62頁)。
3) 公正取引委員会編『独占禁止政策50年史 (下巻)』(1997年) 414頁以下の「主要な企業結合事例」、別冊商事法務209 (新しい合併・株式保有規制の解説) (1998年) 106頁「法第10条〜第17条適用事例一覧」参照。

いて考え方を深めることが検討の課題となる。

## 2. 独占禁止法制の歴史的展開と競争制限的企業集中の規制

### (1) 歴史的展開（概観）

　わが国の独占禁止法において規制対象となる競争秩序侵害の主要な諸類型は、私的独占、カルテル（不当な取引制限および事業者団体の違反行為の一部）、不公正な取引方法、（競争秩序を侵害する）企業集中、独占的状態の5類型である。これら5類型は、独占的状態の場合を別にすれば、基本的にわが国における独占禁止法の制定に際して同時に法律上の存在となった[4]。しかし、独占禁止法制のグローバルな歴史的展開を踏まえるならば、これらは、歴史的に同時に独占禁止法制上の存在となったわけではない。むしろ、世界の独占禁止法制の生成と展開をリードしたアメリカ反トラスト法、そしてこれを継受して制定されたわが国の独占禁止法の展開過程を概観するならば、独占禁止法制の規制対象となる競争秩序侵害の類型が徐々に拡大してきた経過を看取することができる。これを次のように要約することができよう。

　まず第1に、アメリカ反トラスト立法の先駆として1890年シャーマン法が制定され、わが国独占禁止法における私的独占とカルテルの禁止に相当する規制を内容とする世界最初の本格的な独占禁止法制が誕生した。このことをもって、独占禁止法制のグローバルな歴史的展開の第1期がスタートしたということができよう。

　第2の展開は、シャーマン法の制定からおよそ四半世紀後の1914年、クレ

---

4)「不公正な取引方法」が1947年法では「不公正な競争方法」として導入されたこと、「独占的状態」の規制の前史が「不当な事業能力の格差」の排除という形で1947年制定法から1953年改正法に至るまで存在したとも考えられること等、留保を要する点もある。

Ⅶ　競争制限的企業集中の規制に関する一考察　　209

イトン法および連邦取引委員会法が新たにアメリカ反トラスト法の構成要素となったことによってもたらされた。すなわち、これら2つの新立法によって、わが国独占禁止法における不公正な取引方法の規制および競争制限的企業集中の規制に相当する諸規制が、アメリカ反トラスト法に導入されることとなった。

さらに第3の展開を加えるとすれば、アメリカ反トラスト法の基本的な枠組みに立脚したわが国最初の独占禁止法が戦後1947年に制定されたことを前提として、1977年独占禁止法改正により独占的状態に対する規制が導入されたことを指摘できるように思われる。このことは、わが国独自の展開としていわゆる純粋構造規制が導入されたことを意味する。


## (2) 歴史的展開における法則性

以上のような独占禁止法制における規制対象の拡大の過程には、一定の法則性ないし論理性がみられる（**表**を参照）。この**表**では、独占禁止法上の競争秩序侵害の諸類型が「行為の悪性」および「市場への悪影響」という2つの指標に即して性格づけられている。

第1に、私的独占とカルテルは、行為の悪性と市場への悪影響の両方の観点から規制の必要性が肯定される類型であり、その故に、シャーマン法ではこの種の類型をまず最初に禁止の対象とした。このことを**表**では「○」で示

### 表　規制対象の拡大とその法則性

|  | 行為の悪性 | 市場への悪影響 |
|---|---|---|
| 私的独占・カルテル | ○ | ○ |
| 競争制限的企業集中 | △ | ○ |
| 不公正な取引方法 | ○ | △ |
| 独占的状態 | × | ◎ |
| （不当表示） | ◎ | × |

210　第二部　独占禁止法の諸問題

している。

　次に、反トラスト法の第2の展開に際して、不公正な取引方法および競争制限的企業集中に相当する類型が新たに規制対象とされることとなった。これらは、私的独占・カルテルの場合のように行為の悪性と市場への悪影響の両方の観点から規制の必要性が肯定されるのではなく、不公正な取引方法の場合には「市場への悪影響」の指標について、また競争制限的企業集中の場合には「行為の悪性」の指標について、私的独占・カルテルの場合ほどの重大性が認められないにもかかわらず（このことを**表**では「△」で示している）、反トラスト法上の競争秩序侵害行為として規制対象とされるに至った。これにより、経済社会における変化への対応という意味を含め、反トラスト法による規制の強化が図られたことになる。

　次の第3段階では、これら2つの方向性がそれぞれさらに推し進められ、「行為の悪性」、「市場への悪影響」のいずれか片方の要素を基本的に構成要件中に含まない類型（主として独占的状態、不当表示）に対しても、独占禁止法制による規制が及ぶこととなった（**表**の「×」参照）。

　**表**を含めた以上の叙述は、独占禁止法上の規制対象となる主要な5類型について、それら諸類型の原型がアメリカ反トラスト法（およびわが国独占禁止法）の展開のなかでどのように生成してきたかという観点から整理したものである。したがって、現行独占禁止法上の個々の諸規制が生成時からそれぞれさらに展開を遂げている点については、留保が必要となる。このことは、たとえば私的独占やカルテルの場合の行為の悪性を示す要件に関して妥当する。しかし、独占禁止法上の個々の諸規制について、それらの歴史的位相を確認しておくことは、現行法の理解に一定の有効な視点を提供するものと考えられる。

### ⑶　競争制限的企業集中の規制の歴史的位相

　独占禁止法制による競争秩序侵害の規制の歴史的展開とその法則性に関す

る以上の検討から、競争制限的企業集中の規制の歴史的位相とその性格が明らかになる。そのためには、私的独占の規制から競争制限的企業集中の規制へ（そしてさらに独占的状態の規制へ）と至る規制対象の拡大の意味について考察することが求められる。以下、検討する。

　私的独占の構成要件には、反公益性（「公共の利益に反して」）の点をさしあたり度外視すれば、行為の悪性を示す要件（「支配」・「排除」）および市場に対する悪影響を示す要件（競争の実質的制限）が含まれる。このことは、前述のとおり、カルテル禁止の場合と並んで、行為の悪性と市場に対する悪影響の両方の観点から規制の必要性が肯定され、そのためにシャーマン法によって最初に禁止の対象とされたという私的独占の歴史的位相に基づいている。

　競争制限的企業集中の構成要件は、主として行為形態の要件（株式保有、合併等）および市場に対する悪影響を示す要件（競争の実質的制限）から成り立つ。私的独占の場合との違いは、私的独占の行為形態の要件が支配・排除という独占禁止法上の悪性を示す行為であるのに対して、競争制限的企業集中の場合には、株式保有や合併等というそれ自体独占禁止法上の悪性のない、価値中立的な行為が要件となっている点にある。

　行為形態の要件に係る私的独占と競争制限的企業集中との間のこのような相違は、アメリカ反トラスト法による規制が、行為の悪性と市場への悪影響の両方の観点から規制の必要性が肯定される場合のみを規制対象としていた段階から、クレイトン法、連邦取引委員会法の制定によってドラスティックに拡大したことと対応している。規制対象の拡大は、前述したように、行為の悪性と市場に対する悪影響という指標のそれぞれに即して2つの方向への進展として現れる。すなわち、第1に、市場に対する重大な悪影響が具体的に認定されない場合にも、いわゆる萌芽理論に基づいて「不公正な競争方法」が禁止され、第2に、それ自体悪性のない価値中立的な行為による場合であっても、一定の競争制限的効果をもたらす株式保有等が規制の対象とされることとなった。

　そして、シャーマン法制定からクレイトン法、連邦取引委員会法の制定ま

で、およそ四半世紀を要している。本稿の立場からは、この点に留意することとなる。

## 3. 競争制限的企業集中の規制の歴史的位相と法運用の評価

### (1) 総　説

(a)　独占禁止法上の諸規制の歴史的位相に関する考察を踏まえて、競争制限的企業集中の規制の位置づけについて検討してみよう。

　歴史的観点からみれば、1947年に制定された独占禁止法の実体規定は、2つの部分から成り立っていた。第1の部分は、アメリカ反トラスト法の展開を踏まえた私的独占、カルテル、不公正な競争方法および競争制限的企業集中の禁止である。第2の部分は、独占禁止法が財閥解体のための緊急的措置と不可分に結びつきながらこれと同時進行的に制定された戦後占領立法であることに規定されて導入された諸規定であり、具体的には不当な事業能力の格差の排除や会社の株式保有の原則禁止のような、独占禁止法制としては異例に厳格な内容を備えた諸規制である。

　このうち第1の部分にみられるように、わが国の独占禁止法では、すでにその制定時に私的独占、カルテル等の禁止とともに競争制限的企業集中の規制が実体規定の主要な構成要素となっていた。この状況は、1949年改正および1953年改正による変化を伴っているとはいえ、基本的に現行法に至るまで維持されてきている。このように、競争の実質的制限につながる株式保有、合併等の企業集中の禁止は、独占禁止法の制定時から一貫してその規範内容の一部であった。このことにとくに留意しておきたい。

　法運用に対する評価が第一義的に独占禁止法の規範的内容に立脚して行われるべきことは、いうまでもない。たとえば本章冒頭に示したような、競争制限的企業集中規制の運用に対する厳しい否定的な評価は、このような立場に基づく真摯な批判であり、そのような批判的な見方に十分な根拠があるこ

とも否定できない。

（b）　しかし他方で、法規の規範的内容に即した評価と不可分に関連しなが
ら、これを補完するものとして、独占禁止法上の諸規制の歴史的位相を踏ま
えた見方が可能であり、有益であると思われる。そして、このことは、とり
わけわが国独占禁止法における競争制限的企業集中の規制について妥当する
のではないか。すなわち、歴史的位相の視点を踏まえて考察することをとお
して、独占禁止法における競争制限的企業集中規制が実効性を欠いてきたこ
とについて、その客観的背景に光を当てることができるものと考えられる。

前述のとおり、私的独占およびカルテルが、行為の悪性と市場への悪影響
の両方の観点から規制の必要性が肯定されることに基づいて歴史的に最初に
反トラスト法の規制対象となったのに対し、競争制限的企業集中は反トラス
ト法の第2段階の展開に際して規制対象に加えられることとなった。そして、
このような反トラスト法の展開は、単に規制対象が量的に拡大したことを意
味するだけではなく、反トラスト法の第一期には規制対象とされていなかっ
た株式・資産の取得等のように、それ自体悪性のない価値中立的な行為では
あっても、一定の競争制限的効果をもたらす場合には（競争制限的効果が単に
蓋然的である場合を含めて）それらを禁止する必要性が新たに認識されるよう
になったことを意味する。

また、競争制限的企業集中の規制の導入に係る特有の経緯は、ドイツ競争
制限防止法の場合にもみられる[5]。すなわち、1957年制定法においては、競
争制限的企業集中の規制（禁止）の導入が見送られた。1957年法の制定過程
における導入反対論のポイントは、第1に、企業集中規制の導入が国民経済
的観点から歓迎すべき最適企業規模への傾向を阻害する可能性があり、第2
に、法的に非難されるべきは企業集中そのものではなく、むしろ企業集中に
より生じうる経済力濫用であるというものであった。競争制限的企業集中の

---

5）　このパラグラフの記述について江口公典『経済法研究序説』（有斐閣、2000年）
　　140頁以下、250頁以下参照。

規制の導入が実現したのは、1973年競争制限防止法第2次改正においてである。さらに、ヨーロッパ共同体法の場合にも、ヨーロッパ共同体条約85条・86条（当時）による水平的・垂直的な競争制限的協定等の禁止および市場支配的地位の濫用の禁止と、競争制限的企業集中規制の導入との間のタイムラグについて、基本的には類似の経緯がみられる。

(c) このようにみてくると、わが国の独占禁止法における競争制限的企業集中の規制をめぐる歴史的経緯は、むしろ特異なものであるといえよう。アメリカ反トラスト法やドイツ競争制限防止法の場合との違いは、わが国の独占禁止法の場合、行為の悪性と市場への悪影響の両方の要素を要件とする私的独占等の規制と同時に、競争制限的企業集中の規制（＝一定の競争制限的効果を要件として株式保有、合併等それ自体悪性のない価値中立的な行為の禁止を内容とする規制）が導入されたことにある。

そして、このことが、わが国独占禁止法における競争制限的企業集中の規制の特徴的な展開、とりわけ「サボタージュ」であるとも評された実効性の欠如の背景にあると考えられる。主要な事件を取り上げて、以下、考察を加える。

## (2) 雪印・クローバー合併事件不問処分

(a) 競争制限的企業集中の規制に係る現行法の基本的枠組みが成立した1953年独占禁止法改正の前後から1960年にかけて、過度経済力集中排除法によって分割された企業の再統合や、財閥解体によって分割された旧財閥系商社の再統合等の活発な動向がみられた[6]。このうち、雪印乳業・クローバー乳業の合併に係る事案[7]は、独占禁止法における競争制限的企業集中規制のあり方について重要な問題を提起したものであり、今日的な観点からも依然

---

6）たとえば公正取引委員会編『独占禁止政策50年史（上巻）』（1997年）109頁参照。
7）公正取引委員会編・前掲注6）110頁。

として重要性を失っていない。

　両社を合計した乳製品の生産量に占める比率（チーズ75%・バター57.7%）および北海道内の集乳量に占める比率（76.2%）がきわめて高いにもかかわらず、公正取引委員会は、本件合併は事情やむを得ないものであり、かつ独占の弊害もないとして審判開始決定を見送ることとした。公正取引委員会が公表した本件に関する見解（1958年8月27日）によれば、このような事件処理の根拠として、第1に乳製品の生産量に占める比率との関連では、需給状況を考慮すれば両社の合併によって価格の引上げ等が行われるものとは考えられないこと、また第2に北海道内の集乳量に占める比率との関連では、北海道の諸事情を考慮すれば酪農民に対し乳価の買叩き等が行われるものとは考えられないことが指摘されている。これを要するに、本件合併による独占の弊害は考えられず、また合併後なんらかの形で独占の弊害が起こる場合には現行法によって十分取り締まりができることが、本件事件処理の根拠とされていることになる。

　(b)　過度経済力集中排除法によって分割された企業の再統合のテストケースであったことを考慮しても、本件合併の不問処分は合併規制の運用のサボタージュであったといわざるを得ない。とりわけ、公正取引委員会が事件処理の根拠として指摘している点には、決定的な問題点が含まれている。というのは、そこでは、競争の実質的制限の要件を充足するか否かが問題となる原料調達（集乳）の分野および乳製品の製造の分野について、乳価の買叩きや価格の引上げ等の「独占の弊害」の有無が判断基準とされており、いわゆる原則禁止主義に立脚して競争制限的企業集中そのものを規制する独占禁止法15条の趣旨から大きく乖離した考え方が表明されているからである。

　このように、競争制限的企業集中そのものを禁止するという立法者意思と「独占の弊害」の有無を判断基準とする運用者の考え方の間には、程度の問題を越えて考え方の点で決定的な乖離がみられる。本件の事件処理の根拠として示された考え方をみる限り、当時の、わが国における現実の独占禁止政策には、一定の競争制限的効果を要件として、合併等それ自体悪性のない価値

中立的な行為を規制する競争制限的企業集中規制の立法者意思を支えるための基盤が欠けていたということになる。

## ⑶ 八幡・富士合併事件審決から1998年ガイドラインへ

⒜ 八幡製鉄・富士製鉄合併事件では、雪印・クローバー合併事件にみられた弊害規制主義の考え方はすでに克服されており、問題の焦点は、審決における「一定の取引分野における競争を実質的に制限すること」（競争の実質的制限）の解釈にある。本件の同意審決（公正取引委員会昭和44年10月30日）は、競争の実質的制限の要件の充足のためには「競争事業者が自主的な事業活動を行い得ないこととなる」ことが必要となるという解釈を示し、次に、具体的に鉄道用レール分野における日本鋼管の新規参入計画等を踏まえて、各分野において「有効な牽制力ある競争者」が出現するという認定を根拠に競争の実質的制限の要件は充足されないという結論を引き出している。このような審決の判断は、第1に「競争事業者が自主的な事業活動を行い得ないこととなる」ことを競争の実質的制限の要件の充足のための必要条件としている点、第2に「有効な牽制力ある競争者」の出現から競争の実質的制限の否定の結論を引き出している点において、競争の実質的制限に要求される競争制限の程度を過大に解しているものと評価されよう。

八幡・富士合併事件審決では、独占禁止法15条の枠組みを踏まえた法的判断が行われており、雪印・クローバー合併事件について前述したような意味における立法者意思と公正取引委員会の考え方の間の乖離はみられない。しかし、そのような枠組みのもとで行われた本件審決における規制基準（「競争を実質的に制限することとなる場合」）の解釈は、競争制限的企業集中に対する実効性ある規制を可能とするものとは到底認められず、むしろ独占禁止法15条の趣旨に反して当該合併を事実上容認するための解釈ではなかったのかという疑問さえ生じると言わざるをえない。要するに、規制の枠組みに形式的に立脚しているとはいえ、八幡・富士合併事件審決における規制基準の解釈

Ⅶ　競争制限的企業集中の規制に関する一考察　　217

に示された考え方の実体をみる限り、結果的には、立法者意思に即した競争制限的企業集中の規制は行われなかったということになろう[8]。

(b) 競争の実質的制限に要求される競争制限の程度に係るこのような問題点は、1998年に至りガイドライン（「株式保有、合併等に係る『一定の取引分野における競争を実質的に制限することとなる場合』の考え方」）の公表によって事実上解消したものとみられる。しかし、このことが現実に実効性ある規制に結びつくか否かは別の問題であり、たとえば日本航空・日本エアシステム事業統合の規制事例には多くの問題点が指摘されざるを得ないように思われる[9]。

## 4. 結　語

わが国における独占禁止法上の競争制限的企業集中規制の展開は、そのための条項が制定時から存在していたとはいえ、とりわけ雪印・クローバー合併事件、八幡・富士合併事件にそれぞれの仕方で現れているように、規制の実効性の決定的な欠如を示していた。このような展開を法律の規範内容の観点から批判的に取り上げることが必要であることは、疑いない。他方で、これに加えて、独占禁止法制における競争秩序侵害の規制が段階的に拡張されてきた歴史的経緯に着眼して検討することをとおして、わが国における競争制限的企業集中規制の不規則な展開の背景にあるものを把握することが、本章の課題であった。検討結果をとりまとめておこう。

①主要な外国法の展開に係る歴史的な検討は、第1に、独占禁止法制による規制が、行為の悪性と市場への悪影響の両方の要素を含む競争秩序侵害を取り上げることから始まったこと、第2に、この段階（第1段階）から、それ

---

8）八幡・富士合併事件に関する当時の内閣総理大臣、通商産業大臣および経済企画庁長官等の見解に注目すべきであろう（公正取引委員会編・前掲注6）153頁以下参照）。

9）公正取引委員会2002年3月15日・2002年4月26日「日本航空株式会社及び株式会社日本エアシステムの持株会社の設立による事業統合について」参照。

自体悪性のない価値中立的な株式保有や合併等の行為が一定の競争制限的効果を惹起する場合にも規制を加える必要性が認識され、競争制限的企業集中の規制が導入される段階（第2段階）に至る展開には競争政策上の考え方の進展のための相応の時間と経験を要したことを示している。

②わが国における競争制限的企業集中規制の従来の展開は、独占禁止法の規範内容の立場から批判の対象とされるべきものであると同時に、客観的にみれば、競争政策が実質的に第1段階を経て第2段階に至る道程として位置づけられる。

本章の考察は、競争制限的企業集中のあり方を考える場合のひとつの視点を示したにすぎない。ガイドライン公表後の日本航空・日本エアシステム事業統合の事例を含めた、さらに総合的な検討は、今後の課題としたい。


〔追記〕

本稿は、故本間重紀教授の追悼のために執筆したものである（2002年9月脱稿）。なお、本稿脱稿後、関連するテーマについて「独占禁止法における企業集中規制の現況と課題」厚谷襄兒先生古稀記念論集『競争法の現代的諸相(上)』【本書**第二部Ⅷ**】を執筆した。

林秀弥『企業結合規制』（商事法務、2011年）583頁以下では、有効な視点が提示されている。

# Ⅷ　独占禁止法における企業集中規制の現況と課題

## 1．競争制限的企業集中の規制

### (1)　沿　革

　日本における独占禁止法（私的独占の禁止及び公正取引の確保に関する法律）の制定（1947年）から最初の大規模な改正（1953年）までの間、競争制限的企業集中の規制と事業支配力の過度集中の規制は、独占禁止法において明確に区別されず、いわば未分化の状態にあったといえよう。競争制限的企業集中の規制に係る現行法の枠組みは、1953年改正によって成立したものであり、それ以来（数次の変更が加えられたにせよ）大きな変更はない。「一定の取引分野における競争を実質的に制限することとなる」場合に、合併、株式保有、役員兼任等を禁止するという仕組みが存続している[1]。

　1953年改正以降、法律上の仕組みが安定的であった反面、競争制限的企業集中に係る公正取引委員会の法運用は、波瀾に満ちたものであった。この点については、以下のとおり時系列的に3つの段階に区分することができる。

　第1に、公正取引委員会の初期の運用には、制度の基本的な趣旨と矛盾する点があった。典型例として、合併後の市場占拠率が70％を超える重大な事

---

1）この間の改正による主な変更は、①届出制度の合理化・簡略化（1998年）、②合併計画における重要な事項の不実施等の場合の措置について新たに規定したこと（1998年）、③需要側の競争のあり方も規制の視野に入れることとしたこと（2条4項但書の削除）（1998年）、④商法改正に伴い会社分割の場合を規制対象に加えたこと（2000年）、⑤株式保有に係る事前届出制の導入（2009年）である。

案について「独占の弊害は考えられない」という理由で不問処分とした雪印・クローバー合併事件がある[2]。競争制限的企業集中の規制を弊害規制的にとらえている点で、解釈論のスタートライン以前に、制度趣旨の理解について深刻な問題点があったと言わざるをえない。

第2の段階の状況は、八幡・富士合併事件に係る経緯[3]に特徴的に現れている。すなわち、一方で、第1段階におけるような弊害規制的な根拠づけに基づく消極的な姿勢が公式に表明されることはなく、規制基準を充足することが疑われる重大な事案に対して法律上の規制権限が行使されるようになる。しかし他方で、規制権限の行使の結果として下された八幡・富士合併事件同意審決[4]において、公正取引委員会は「有力な牽制力ある競争者」の人為的創出により競争の実質的制限の要件の成立を否定するという考え方を示し、学界からの強い批判を招き、また客観的にも基本概念の解釈理論の健全な進展を妨げることとなった[5]。

第3段階は、1980年代に進行した日米構造問題協議における米国側の対日要求に即応した独占禁止法強化の動きと連動している。すなわち、公正取引委員会ガイドライン「株式保有、合併等に係る『一定の取引分野における競争を実質的に制限することとなる場合』の考え方」(1998年) が公表され、これにより、前述の八幡・富士合併事件審決に示された競争の実質的制限に係る解釈の問題点が事実上解消し、競争制限的企業集中の有効な規制のための条件が整備されたことになる[6]。

---

2) 公正取引委員会事務総局編『独占禁止政策五十年史(上巻)』(1997年) 110頁参照。

3) 公正取引委員会事務総局編・前掲注2) 151頁以下参照。

4) 公正取引委員会昭和44年10月30日同意審決。

5) もっとも、この審決に対する歴史の審判を下すに際しては、この合併が政・財・官によって強力に推進された、いわば国策的合併であり、したがって、合併禁止を強行した場合には、独占禁止法制・競争政策に対する破壊的影響力行使の可能性が否定できなかったと思われる点にも留意する必要があろう。

6) ガイドラインには2004年5月31日に改正され、名称も「企業結合審査に関する

## (2) 現状と課題

競争制限的企業集中の規制の現状は、公正取引委員会ガイドラインの公表を踏まえて、前述の第3段階にあるといえよう。しかし、解釈論上の条件が整備されたことと、現実に実効性ある規制が実現することとは、もちろん別の問題であり、多くの課題も残されている。以下、現状と課題に関して、第1に、独占禁止法における競争制限的企業集中の規制の性格と位置づけをめぐる問題、第2に、有効な規制のための個別的諸問題に分け、簡潔に検討を加えよう。

### 1) 競争制限的企業集中の規制の性格と位置づけ

とりわけアメリカ反トラスト法、ドイツ競争制限防止法における競争制限的企業集中の規制に係る歴史的な検討から、次のことが引き出される。第1に、独占禁止法制は、行為の悪性と市場への悪影響の両方の要素を含む競争秩序侵害を規制することから始まった（第1期）。このことは、アメリカ反トラスト法が、1890年制定のシャーマン法により（日本法に即していえば）私的独占・カルテルを禁止することから出発した点に典型的に現れている。第2に、それ自体悪性のない株式保有や合併等の行為が一定の競争制限的効果を惹起する場合にも規制を加えることの必要性が認識され、競争制限的企業集中の規制が導入された（第2期）。企業集中規制の導入をもたらした第1期から第2期に至るこのような展開には相当の時間と経験、そしてとりわけ競争政策上の考え方の成熟を要したことに留意したい[7]。

---

独占禁止法の運用指針」と改められている。なお最終改定は2019年12月17日。

7）アメリカ（1890-1914年）およびドイツ（1957-1973年）ではいずれも20年前後の時間を要している。ドイツ連邦共和国において競争制限防止法の1957年制定法の段階では企業集中規制の導入が見送られ、ドイツにおける企業集中規制の導入が同法1973年改正によって初めて実現した経緯について江口公典『経済法研究序説』（有斐閣、2000年）140頁以下参照。

これに対して日本法の場合には制定時の経緯から、第2期に至る進展を完了した段階の反トラスト法制を継受することとなり、時間も経験も不足したなかで競争制限的企業集中の規制を運用するという高度な課題に直面することとなった。このような歴史的位置づけに関する考察を踏まえるならば、わが国独占禁止法の競争制限的企業集中規制に係る沿革と現状は、実質的に、前述の意味における第1期から第2期に至る道程として位置づけられよう。競争制限的企業集中の規制に十分な実効性が欠如していたことについては、確かに独占禁止法の規範内容の立場から批判されるべきであり、そのような批判に十分な根拠があると思われる反面、むしろ、競争制限的企業集中規制をめぐる経緯を、日本の競争政策が私的独占・カルテルの禁止というコアの部分から出発し、段階的に進展していく過程として冷静に分析する視点も必要であると思われる。

### 2）　個別的論点

　今後の個別的な課題として、次のような論点を指摘することかできよう[8]。
　実体法の側面では、競争の実質的制限の認定をめぐる、いわゆる市場支配力分析の具体的な判断基準の問題がある[9]。公正取引委員会ガイドライン（1998年）によって判断の枠組みは示されたものの、個別事案に係る法適用の場面で競争の実質的制限の成否を判定するためには、さらに具体的な分析手法の検討が求められる[10]。そのための最善の方策は、正式な法的手続に基づ

---

8）　日本経済法学会では、2003年度大会シンポジウム（2003年10月10日開催）において「企業結合規制の再検討」のテーマを取り上げた。日本経済法学会編『企業結合規制の再検討』（日本経済法学会年報24号）（2003年）参照。

9）　この点について具体的には宮井雅明「市場支配力の法的分析」日本経済法学会編・前掲注8）17頁以下参照。

10）　今後解明が必要な主要問題として、次のような事項が指摘できよう。第1に、複数事業者の協調的寡占による競争の実質的制限をどう認定するか。このこととも関連して、第2に、株式保有の場合に競争の実質的制限のテストの事実上の

く規制事例の積み重ねをとおして、議論を深めることであろう。しかし現状では、日本航空・日本エアシステム事業統合の事案[11]にみられるように、事前相談に基づく事実上の非公式な規制が行われる状況が続いている。

　企業集中規制の手続的側面に係る困難な問題の1つは、合併等の場合に競争の実質的制限の要件の充足を回避することを目的として行われる、事業者による特別の措置について、その実効性を制度的にどう確保するかという問題であろう。この問題点は、第1に八幡・富士合併事件審決におけるように、正式な法的手続の場面で問題となる場合と、第2に日本航空・日本エアシステム事業統合に係る事例のように、事前相談の場面で問題となる場合がある。前者の正式な法的手続の場面に関しては、立法上一定の進展があった（前掲注1）の②参照）。しかし、制度の改善に向けてなお検討の余地がある。これに対し、後者の事前相談に係る事案の場合の問題解決には自ずと限界があろう。

　企業集中規制の手続では、事前相談に基づく事実上の規制の占める比重が大きい。これを非公式で不透明な規制として否定的に評価することにも一定の根拠がある反面、事前相談の果たすポジティヴな役割も無視できない。したがって、誤解を恐れずにいえば、事前相談による事実上の規制に一定の制度上の市民権を認めたうえで、それに即した透明性確保のための制度設計を行うことが求められよう。

---

　要件として位置づけられている参加事業者間の事業活動の「一体化」のテスト（＝「結合関係」のテスト）は、将来的に、競争の実質的制限の要件の判断枠組みにおいて単に相対的な存在として位置づける必要があるのではないか。

11）公正取引委員会「日本航空株式会社及び株式会社日本エアシステムの持株会社の設立による事業統合について」（2002年3月15日）、同「日本航空株式会社及び株式会社日本エアシステムの持株会社の設立による事業統合について」（2002年4月26日）参照。

## 2. 事業支配力の過度集中の規制

### (1) 沿 革

独占禁止法における事業支配力の過度集中の規制について論じるためには、およそ80年前の廃墟に立ち戻る必要がある。

#### 1） 1947年制定法

第2次世界大戦の直後に日本の占領統治を担った連合国は、経済の領域について経済民主化を基本政策とし、そのための第1次的な応急措置として財閥解体を実施した。独占禁止法は、財閥解体による経済民主化を長期的に保障するという位置づけを与えられて出発した法制度である[12]。そして、独占禁止法の諸規制のうち、このような位置づけが最も顕著に現れていたのは企業集中規制であるということができよう。すなわち、独占禁止法1947年制定法第4章では、持株会社の禁止（9条）、金融会社の株式保有制限（11条）および事業会社の株式保有の原則禁止（10条）等が規定され、財閥解体措置の実効性を確保するために事業支配力の過度集中を防止することに主眼が置かれていた。他方で、現行法では主流となっている（「一定の取引分野における競争を

---

12）財閥解体措置は、四大財閥の本社を含む多数の持株会社の整理、財閥企業集団の資本的・人的結合関係の解体を中心として、さらに個々の市場支配的企業の再編を目指した過度経済力集中排除、中小企業分野および地域的なものを含む統制的カルテル組織を標的とした私的統制団体の解体整理によって補完されていた。そして、経済民主化の応急措置としての財閥解体を指示した連合国覚書「持株会社の解体に関する件」（1945年11月6日）では、日本政府に対して、同時に経済民主化を長期的・恒久的に確保するための法律の制定が指示されており、その後日本政府により示された統制色の残る素案を連合国総司令部側の考え方に基づいて修正するという経緯を経て、1947年3月31日独占禁止法が可決・成立した。

実質的に制限すること」を要件とする）競争制限的企業集中の規制は、前述の旧
10条に典型的に見られるように、事業支配力過度集中規制の諸条項に呑み込
まれ、いわば未分化のまま背景に退いていた。

　以下では、事業支配力の過度集中の規制に係る1947年制定法から現行法に
至る変化を、1953年改正、1977年改正、1997年改正、2002年改正に即して概観
することとしよう。


### 2）1953年改正

　独占禁止法1953年改正は、主に戦後占領期の立法であったことを背景とし
て導入されていた事業能力の不当な格差の排除（旧8条）等の、きわめて厳格
な諸規制の多くを削除し、現行独占禁止法の基本的な枠組みを成立させた改
正であった。その結果、企業集中規制の領域では、たとえば、旧10条におけ
る事業会社の株式保有制限は、競争の実質的制限を要件とする規制として新
たに組み替えられることとなる[13]。その反面、重要なことは、持株会社の禁
止、金融会社の株式保有制限が基本的に維持された点である。要するに、そ
の後1997年改正に至るまで、競争制限的企業集中の規制と事業支配力の過度
集中の規制が、あえていえば同程度の比重で併存することとなった。


### 3）1997年改正

　汚職、公害、経済力濫用等に係る大企業批判を背景として成立した1997年
改正では、持株会社の禁止を補完するものとして、大規模事業会社（総合商社
等）の株式保有総額の制限条項（旧9条の2）が新設され、事業支配力の過度
集中の規制が強化されることとなった（その後の改正について後述参照）。なお、
この段階では「財閥解体」の問題から、その後に形を変えて結集された「企業
集団」（六大企業集団・独立系企業集団）の支配力の問題へと、問題構造が変化
している。

---

13）旧10条の規制は、すでに独占禁止法1949年改正により部分的に変更されていた。

### 4) 1997年改正

独占禁止法の制定以来、事業支配力の過度集中の規制に係る最大の変化は、持株会社を解禁した1997年改正であろう。すなわち、制定以来維持されてきた「持株会社」それ自体の禁止が放棄され「事業支配力が過度に集中することとなる持株会社」の禁止に転換された。

### 5) 2002年改正

独占禁止法2002年改正では、個々の大規模事業会社に対し原則的に一定の株式保有総額の上限を設定することとなっていた旧9条の2の規定を、「事業支配力が過度に集中すること」を要件とする9条の規定に統合した。その結果、9条の規定が改正され、同条1項の規定から「持株会社」の文字が消滅した。すなわち、「他の国内の会社の株式(社員の持分を含む。以下同じ。)を所有することにより事業支配力が過度に集中することとなる会社は、これを設立してはならない」(9条1項)。問題の焦点は1997年・2002年改正以降の9条の規制に係る実体法上の要件にある。以下、この点を中心に述べることとする[14]。

## (2) 「事業支配力が過度に集中すること」

一定の取引分野の確定を前提とする競争制限的企業集中の規制の場合とは異なり、いわゆる一般集中の規制基準である事業支配力の過度集中という要件については、その定義を定める場合にも、またそれを踏まえて具体的な判断基準(ガイドライン)を作成する場合にも、大きな困難を伴う。前者(定義)については立法者が、また後者(ガイドライン[15])については公正取引委員会

---

14) 金融会社の株式保有に対する制限(11条)については割愛する。

15) 公正取引委員会「事業支配力が過度に集中することとなる会社についての考え方」(2002年11月12日、最終改定・2010年1月1日)。

Ⅷ 独占禁止法における企業集中規制の現況と課題　　227

が、困難な課題についてそれぞれ解答を示している。

9条3項の定義規定は、次のとおり。「『事業支配力が過度に集中すること』とは、会社及び子会社その他当該会社が株式の所有により事業活動を支配している他の国内の会社の総合的事業規模が相当数の事業分野にわたつて著しく大きいこと、これらの会社の資金に係る取引に起因する他の事業者に対する影響力が著しく大きいこと又はこれらの会社が相互に関連性のある相当数の事業分野においてそれぞれ有力な地位を占めていることにより、国民経済に大きな影響を及ぼし、公正かつ自由な競争の促進の妨げとなることをいう。」

要するに、3つの要件がある。

第1に、当該会社グループが、次の①②③のいずれかに該当すること。

①総合的事業規模が相当数の事業分野にわたって著しく大きい〔第1類型・六大企業集団型〕。

②資金に係る取引に起因する他の事業者に対する影響力が著しく大きい〔第2類型・大規模金融会社中心型〕。

③相互に関連性のある相当数の事業分野においてそれぞれ有力な地位を占めている〔第3類型・独立系企業集団型〕。

第2に、「国民経済に大きな影響を及ぼ」すこと。

第3に、「公正かつ自由な競争の促進の妨げとなること」。

すでに示唆したように、定義規定には、総合的事業規模が「著しく大きい」、国民経済に「大きな影響」を及ぼす、公正かつ自由な競争の促進の「妨げとなる」等、究極の一般条項とでも呼ぶべき構成要件が含まれている。この定義規定を無媒介に直接個別事案に適用することは、おそらく無謀な試みであろう。

そのため、前述の公正取引委員会ガイドラインが作成公表され、定義規定に関する企業規模、企業数等の具体的な判断基準が示されている。未だ規制事例はなく、ガイドラインの妥当性について裁判所の判断も示されていない。

228　第二部　独占禁止法の諸問題

## ⑶ 検 討

　一定の企業集中の形態が経済社会全般のなかで事業支配力の過度集中となっているか否かについて判断することには、大きな困難が伴う。事業支配力過度集中（一般集中）の立場から独占禁止法制による規制を加えるという立法例が稀であるのは、このためであろう。他方で、独占禁止法の制定以来1997年改正に至るまで存続した持株会社禁止の制度は、持株会社を結節点としていた旧財閥のあり方に関する歴史的・政策的評価を媒介として、持株会社という企業集中形態それ自体に事業支配力「過度」集中の要素が内在しているという立法者の判断に基づいていたものと思われる。これに対して、持株会社解禁論は、旧財閥の過去のあり方に関する歴史的・政策的評価を一定の程度は共有しながらも、財閥解体措置の一定の実効性を前提とするならば、持株会社形態それ自体は競争秩序にとってニュートラルな存在であり、したがって持株会社の一律禁止は妥当性を欠くと主張してきた[16]。現行法9条の規制は、1997年改正までの立法者意思（一律禁止）とラディカルな解禁論（完全解禁論）との中間に位置するものといえよう。

　1条の目的規定から明らかなように、独占禁止法は、公正かつ自由な競争を促進するために、事業支配力の過度の集中を防止することを宣言している。問題は、経済社会のあり方に係る客観的な認識を踏まえて、事業支配力の過度の集中を具体的に把握する法政策と法技術を確立できるか否かにある。


## 3. 結 語

競争制限的企業集中の規制と事業支配力の過度集中の規制は、次のような

---

16）たとえば、企業法制研究会報告書（純粋持株会社規制及び大規模会社の株式保有規制の見直しの提言）（通商産業省産業政策局編『企業組織の新潮流』〔財団法人通商産業調査会、1995年〕に資料編とともに収録）参照。

意味で、相互規定的な関係にある。

第1に、事業支配力の過度の集中が有効に防止されることは、競争制限的企業集中の規制の実効性の基盤となる。

第2に、競争制限的企業集中の規制が十分有効に機能するならば、その限りで、事業支配力過度集中の規制が担うべき政策的な負担は減少しよう。わが国における企業集中規制の現状との関連では、第2の文脈が重要であるように思われる。すなわち、競争制限的企業集中の規制が十分な実効性をもって進展していない現状では、事業支配力の過度集中の規制に対する競争政策上の期待は、そう小さくはない。


〔付記〕

本稿は、2003年11月15日ソウル・延世大学において開催された韓国商事法学会2003年度秋季学術大会（全体テーマ「日本の企業法制の動向」）における筆者の報告に基づいている。報告の原題は、主催者により定められた「日本の経済力集中抑制と企業結合規制の現況と課題」であった。なお、報告の導入部分は主に日韓の用語法の異同に係るものであり、省略する。

# IX 業務提携と法

## 1. 業務提携、経済法

### (1) はじめに

　業務提携と法について考察する場合、前提として2つの問題を検討しておかなければならない。第1に、業務提携という用語をどのように用いるかについては実定法上確かな手掛りが見出しえないだけではなく、理論的にも定まった理解があるわけではない。したがって、事業者間におけるどのような結合関係を業務提携としてとらえるかが問題となる（後述(2)）。第2に、一定の仕方で定義された業務提携について法的に考察する場合に、本稿では経済法の観点に基づくこととなる。この場合の経済法のとらえ方について、検討の視野および視点との関連において検討する必要があろう（後述(3)）。

　加えて予備的考察のまとめとして、経済法の観点からの業務提携に関する主要な研究を概観し、また個別的検討課題を設定するために若干の問題整理を行う（後述(4)）。

### (2) 「業務提携」と法

#### 1) 定　義

　業務提携の用語法は一定しておらず、また、その定義もそれぞれの場合に応じて様々でありえよう。ここでは、検討の出発点を形成する意味で、用語法についての基本的な論点を確認しておこう。

業務提携は、事業活動（「業務」）についての結合関係であることから、株式保有、役員兼任等事業者間の資本関係ないし会社組織法上の関係の形成は、それ自体としては業務提携ではない[1]。すなわち、事業者間に単に株式保有、役員兼任等の関係が生じるにすぎない場合には、それを業務提携とはとらええないこととなる[2]。ただし、株式保有、役員兼任等が、個別的事例において業務提携の内容として、またはその補強の手段として、当該業務提携の性格を考える場合の重要な素材であることはいうまでもない。

　次に、業務「提携」として把握される結合関係であることから、次のような性格づけが可能であろう。第1に、事業者間の単なる個別的な取引関係それ自体は、取引の量、頻度および継続性にかかわらず、業務「提携」ではない。たとえば、特許実施許諾契約が一定の継続性をもって行われているような場合にも、そのことのみによって、当該事業者間の関係を業務提携関係であるとすることはできない[3]。第2に、一方の事業者の行為そのものが相手方事業者に対する明白な支配力の行使であるような場合にも、当該行為そのものが業務「提携」を構成するものと考えることはできないであろう。ただし、このことはもちろん、当事者間に実質的な対等性が確保されていない事例を、業務提携の枠から排除することを意味するものではない。業務提携が、当事者間にすでに存在していた一方当事者の優越的地位の展開として行われる場合もあろう。また、業務提携をとおして、当該事業者間に支配関係が形成されることも考えられる。むしろ、業務提携をめぐる支配力の行使（優越的地位の濫用）の問題は、業務提携と法についての1つの重要な論点となる[4]。

　以上、概念の外延を確認する意味で、いわばネガティヴな定義を試みた。

---

1）正田彬「業務提携の実態と法的性格」ジュリスト785号（1983年）45頁。

2）正田彬＝江口公典＝横川和博＝小原範子＝土田和博「業務提携と法――アンケート調査結果の分析」研究労働法・経済法3号（1982年）17頁（横川執筆部分）。

3）正田・前掲注1）47-48頁。

4）宮坂富之助「業務提携の特殊性」ジュリスト786号（1983年）74頁以下、舟田正之＝稗貫俊文「業務提携と競争秩序」ジュリスト789号（1983年）80頁。

次に問題となるのは、業務提携を積極的に特徴づける指標は何かの点である。この点については、すでに、「企業間の契約的な継続性のある結合であって、共通の目的を持った、事業活動についての共同行為性の認められるもの」[5]という性格づけが行われている。この定義は、本章における考察の出発点としての、用語法の確認の目的からは、おおむね妥当なものと考えられる。しかし、第1に、「契約的な」結合とされている点については、「契約的」ということによって意図されている含意は「共同行為性」の指標とも重複し、また契約によらない事実上の結合関係としての業務提携も考えられることから、妥当性に疑問がある。第2に、業務提携が事実上ある程度の継続性を有することは否定できないけれども、これを積極的な指標とすることの意味は乏しいように思われる。さらに第3に、「共通の目的を持った」場合が業務提携としてとらえられる結合形態の典型例であるとしても、そのような場合以外の事例を除外することは適当ではないように思われる。したがって、ここでは業務提携を端的に、事業者間の結合であって事業活動についての共同行為性の認められるものとして広くとらえておくこととしよう。

### 2） 企業結合の諸類型との関連

業務提携のとらえ方についての困難な問題は、用語それ自身の定義の問題に関してよりも、むしろ事業者間において形成される種々の結合形態をそれぞれの連関において指称する場合の諸概念とどのように関連づけるかの点にある。このような概念としては、企業法上の結合関係としての合併、株式保有、役員兼任（および共同子会社をめぐる結合関係）等、また独占禁止法上の違法な結合関係としての不当な取引制限（カルテル）、さらには特異な企業結合形態としてのコンビナート等を列挙することができる。広く社会的な用語としても学術上のタームとしても十分な明確さを欠いている「業務提携」を、このようにそれぞれの仕方で定義される企業結合の諸類型との関連において

---

5）正田・前掲注1）48頁。

IX 業務提携と法　　233

どのように位置づけて理解するか。この点について、業務提携の経済法的考察の起点において問題の整理を行うこととしたい。

ここではまず、業務提携が、先に列挙したような企業結合の諸類型を広く包摂しうるような、きわめて包括的なカテゴリーであることを確認しておこう。以下、個別的に述べる。

最初に、企業法上の結合関係との関連では、業務提携関係の重要な一部として、株式保有、役員兼任等が行われる場合がある。とりわけ、共同子会社は、業務提携の実行行為が客体化された典型的な形態であり、その意味で、業務提携の共同行為的性格を端的に示すものといえよう[6]。独立した事業者間の関係である業務提携に当事者間の合併が同時に直接その構成要素となることは論理的にありえないが、業務提携が潜在的に合併とどのように結びつくかは、経済社会における業務提携の機能を考えるうえで興味ある論点である。

次に、独占禁止法上の違法行為たる不当な取引制限に該当するカルテルが、業務提携関係に伴って行われる場合、さらにはカルテルが業務提携の内容に含まれる場合が考えられる。業務「提携」は、多くの場合不当な取引制限の要件としての「共同」行為性を充足するものと考えられる。したがって、業務提携に係る当該事業者間の結合関係が「一定の取引分野における競争を実質的に制限する」ものと性格づけられる場合には、不当な取引制限が認定されることとなろう。また他方で、独占禁止法との関連では、再販売価格維持行為、専売店制等を内容とする事業者間の結合関係の形成（流通系列化）も、業務提携としてとらえられる場合があろう。

技術上の要請等から複数企業が結びついて形成されるコンビナートは、構成企業のコンビナート形成前の関係などに応じて、いくつかのタイプに分類される。コンビナートの形成に伴って共同子会社が設立される事例を中心として、いずれのタイプも多数事業者間の業務提携の典型を示すものであることが多い。また企業間情報ネットワークについても、コンビナートの場合と

---

6）正田・前掲注1）48頁。

同様に考えることができよう。

### 3）小　括

以上の検討から、考察の出発点において業務提携を事業者間のどのような結合関係としてとらえるかについて、次の点を確認することができる。第1に、業務提携は事業活動についての共同行為性の認められる結合関係であること、第2に、企業結合の諸類型を広く包摂しうるような、きわめて包括的な結合形態であることである。

## ⑶　業務提携と「法」

### 1）経済法の視点

業務提携を考察する視点および視野となる「経済法」のとらえ方について、検討しておこう。

業務提携と法についての問題は、（場合によっては共同子会社に係る法的関係を含めた）当該事業者間の私法的関係をめぐっても提起される。当事者間において特許実施許諾契約が締結される場合には、実施許諾者・実施権者間の権利義務関係等、私法的関係が大きな比重を占めることとなる[7]。また、許可、認可および行政指導等の行政庁の行為が事業者間の業務提携関係にどう影響するか、という行政法的観点もありえよう。さらに、石油化学コンビナート等の結合形態において共同子会社が設立される場合には、当該共同子会社をめぐる労働関係上の諸問題も検討を要する課題である。しかし、本稿では、これら固有の意味における私法的、行政法的および労働法的観点ではな

---

7）大隅健一郎「技術提携」『経営法学全集 第11巻』（ダイヤモンド社、1967年）。また、小林健男『企業提携の実務』（開発社、1975年）では、おもに「生産提携」、「販売提携」、「技術提携」および「情報提携」について、私法的な権利義務関係上の実務的諸問題を中心に、独占禁止法の諸規制にも言及されている。

く、経済法の観点が基本となる。

　経済法の成立の基盤は、私法を第一次的契機とし、私法・公法により二元的に構成される近代市民法それ自体によっては、経済社会における独占問題を解決することが不可能となったことのなかに見出すことができる。すなわち、経済法の問題は、独占問題（経済的な力）の法的秩序づけの問題にほかならない。この場合、それぞれの社会における経済法制の性格は、法が経済的な力をどのような立場から秩序づけるかによって規定される。わが国における戦時経済法においては、財閥を中核とする経済的な支配力に国民経済の統合の手段としての役割を認め、力の形成を助長する政策指向が支配的であったといえよう。また、それ以前の時期においても、経済的な力の濫用の規制を可能とする法制度がわずかに見いだしうるにすぎず、経済法制は経済的な支配力の存在の容認を基本としていたとみられる。これに対して、第2次大戦後におけるわが国の経済法制の場合には、消費者等経済主体の実質的な経済的自由の確保の要請が制度の基本的枠組みを規定する要因となっており、この点が、わが国の経済法の展開における現代経済法制の特質であるといえよう。国民経済の民主制の確保を目的とする独占禁止法を、この意味で、現代日本における経済基本法として位置づけることができる。本稿の研究の視点および視野を形成する経済法は、このような性格を有する現代経済法にほかならない[8]。

## 2)　業務提携と経済法 (問題の取り上げ方)

　今日のわが国の経済社会においては、経済的な力の形成が、事業者間の多様な結合形態をとおして行われており、多くの経済法的な問題を提起している。このような多様な結合形態は、実態認識の場面でも法制度の観点からも、先に例示したように種々の企業結合の諸類型の形で把握することができる。

---

8) このような経済法のとらえ方について、正田彬『経済法 (新訂版)』(日本評論社、1979年) 参照。

企業間結合の一形態としての業務提携の性格を他の諸類型との比較において
とらえるならば、業務提携は、事業活動について共同行為性の認められる事
業者間の結合関係としてきわめて広く理解される企業結合形態であり、また、
企業結合のいくつかの類型を包摂しうる包括的な結合形態であるということ
ができる（前述(2)3)）。このことから、経済的な力が形成される場合、そして
その力が行使される場合における業務提携の機能は、単純ではなく、業務提
携と経済法との関連も相当に複雑な態様のものとならざるをえない。

　業務提携と経済法についての個別的検討の対象となる諸問題の取り上げ方
については、次のようにいうことができよう。まず、前提として、経済社会
における業務提携の実態を把握しておく必要がある。これについては、公正
取引委員会および東京経済法研究会による実態調査が行われており、その
概要を後述することとしたい。次に、業務提携の経済法的考察の中心とな
るのは、経済法制を構成する主な法制度によって業務提携がどのように取
り扱われるのかという問題である（これには、規制の現状の理解だけではなく、
現行の経済法制を前提として規制がどうあるべきかの問題も含まれよう）。この場
合、経済基本法としての独占禁止法の諸規制と業務提携との関連が多くの重
要な問題を提起していることは、いうまでもない。同時に、いわゆる構造不
況業種についての個別的な政策立法によって業務提携（「事業提携」）が正面か
ら取り上げられている場合等、とくに経済基本法の原則との関連で検討を要
する。


## (4)　従来の研究の概観と課題の設定

### 1)　公正取引委員会の調査

**調査の枠組**　　公正取引委員会による調査[9]は、東京証券取引所第 1 部上

---

9）「業務提携に関する調査報告書」1976年11月 6 日、公正取引委員会事務局編『独
　占禁止懇話会資料集Ⅴ 独占禁止法改正』(1979年) 116頁以下。

場会社のうち金融会社を除く809社、およびその他の主要な非金融会社36社、合計845社を対象としたアンケート調査をとおして「主要な企業について、業務提携の全体的な実態調査を行うことにより、その概要を把握し、今後の対策検討のための一助とすること」を目的として行われたものである。この調査の出発点において業務提携と独占禁止法の問題がどのようにとらえられ、どのような結論が引き出されているかを焦点として、以下、調査内容をとりまとめる[10]。

　調査報告書では、はじめに、業務提携が独占禁止法上問題となる点が、次のように、4つの点について指摘されている。

　①株式所有や役員兼任等による企業結合については、独占禁止法第4章で報告が義務づけられるとともに、一定の取引分野における競争を実質的に制限することとなるもの等を禁止しているが、業務提携については、独占禁止法第4章の規制の対象外となっていること。

　②株式所有、役員兼任等による企業結合を補足し、とくに企業集団メンバー間において、その結束強化の手段として利用されるおそれがあること。

　③同業種企業間の業務提携は、カルテルの温床となるおそれがあること。

---

10）この調査では、業務提携の種類が「生産提携」、「販売提携」、「技術提携」、「情報提携」、「合弁提携」および「その他」に区分されている。しかし、このうち、共同子会社が設立される場合とされている「合弁提携」については、たとえば共同販売会社が設立される場合には「販売提携」の一形態ともとらえるべきものと考えられ、したがって「合弁提携」を、「生産提携」、「販売提携」など他の類型と峻別し、それらと並列的に位置づけることは妥当ではないように思われる。公正取引委員会の多方面にわたる調査活動のうち、業務提携に関するこの調査と同系列に属するものとして、「企業集団について」（1972年9月19日、公正取引委員会事務局編『独占禁止懇話会資料集Ⅳ　流通系列化』〔1974年〕33頁以下）、「総合商社に関する調査報告」（1974年1月22日、公正取引委員会事務局編・前掲注9）167頁以下）、「総合商社に関する第2回調査報告」（1975年1月22日、公正取引委員会事務局編・前掲注9）179頁以下）がある。

④業務提携に関連して、相手方の事業活動を著しく制約するおそれがある
が、そのような場合には、不公正な取引方法につながりかねないこと。

　上述の①では、業務提携が独占禁止法第4章における独自の規制対象とさ
れていない点が、とくに指摘されている。しかし、業務提携は、先に確認し
たように、株式所有、役員兼任等の場合とは異なり、多様な結合類型を含み、
確定的には定義づけることのできない包括的な企業結合形態であることか
ら、業務提携をそれ自体として株式所有等の場合と同様に独占禁止法の規制
対象とすることには、本来的に無理があるというべきであろう。したがって、
②－④に指摘されているように、業務提携をめぐる事業者間の結合関係のな
かに、独占禁止法による諸規制との関連において問題となる要素がどのよう
な形で存在するかの点が問題の焦点となるものと考えられる。

　**結　論**　　調査報告書の結論部分では、「今後、独占禁止政策上検討すべき
課題」として、前述②－④に対応した問題の整理が行われている。なかでも、
第1に、株式所有等企業結合の規制と業務提携との関連、第2に、いわゆる
六大企業集団をめぐる業務提携の機能の問題は、この調査の重点となって
いる。第1の点について「株式の所有、役員兼任等の制限規定を運用するに
際して、会社の支配ないし結合の状態を判断するに当たっては、業務提携
の状況も十分に考慮する必要がある」と指摘されている一方で、「独占禁止
法第4章に規定する企業結合手段を伴わない結合が極めて多く行われてい
ること」から、そのような業務提携の「実態について、十分な監視を行う必要
がある」とされている点は、注目に値しよう。企業集団との関連では、企業
集団内の提携がとりわけ旧財閥系の3グループにおいて盛んに行われてい
るだけではなく、企業集団間の提携が相当に進展しているという調査結果
にもとづいて「事業支配力の過度の集中の防止」という観点からの十分な監
視の必要性が説かれている。このような問題点の整理を踏まえて、最後に調
査報告は、業務提携についての「特定の企業集団ごとのきめ細かい調査・分
析」、「寡占的な業種やカルテルが行われやすい業種についてのきめ細かい調
査・分析」、「その動態を把握するための定期的な調査・分析」の必要性を強

調している。

### 2) 東京経済法研究会の共同研究

**総　説**　公正取引委員会の前記調査に続いて「業務提携と法」をテーマとする東京経済法研究会の共同研究が行われている[11]。この共同研究は、アンケート調査を中心とした検討にもとづいて行われており、同研究会によって継続的に行われている「企業集中に関する法の総合的研究」の一環として位置づけられている。

まず、一連の「企業集中に関する法の総合的研究」との関連においてこの研究の問題意識を明らかにしてみよう。

この「総合的研究」において従来検討の対象とされてきた企業結合形態を時系列によって列挙すれば、石油化学コンビナート、企業合併、共同子会社、そして業務提携である。この場合、コンビナートおよび共同子会社が業務提携と密接で不可分の関係にあること、また「固い結合」の典型である企業合併と「ゆるい結合」としての業防提携との対比ないし関連が問題となることに基づいて、コンビナート、企業合併、および共同子会社の3者を対象としたいずれの共同研究においても、「業務提携と法」が検討を要する課題として提起されたのである[12]。とくに「業務提携と法」の研究に直接に連なるもの

---

11）業務提携を締結している企業600社に対し、個別の業務提携ごとに合計896通の調査票を発送し、126通の完全な回答を分析の基礎としている。対象とした業務提携の選定については、新聞報道による業務提携の事例を収録している『企業提携の動向』（経済調査協会、1975－1977年）に依拠している。調査の方法上の諸問題については、正田ほか・前掲注2）参照（調査票「業務提携に関する質問票」が巻末に収録されている）。

　この共同研究は、アンケート調査結果の直接的な分析とそれに基づく理論的検討によって構成されている。後者については「業務提携と法①－⑥」としてジュリスト誌に連載された（後述「理論的検討」参照）。

12）正田・前掲注1）44頁。

240　　第二部　独占禁止法の諸問題

として行われた「共同子会社の法構造」の研究をとりまとめる過程において
は、業務提携を検討の対象とする必要性が強調されている[13]。これを踏まえ
て、東京経済法研究会による「業務提携と法」の検討の視角を、次のように
要約することができよう。①わが国において、共同子会社は、主として事業
活動面での種々の協力関係を目的として設立されており、合併へのステップ
としての共同子会社は、ほとんどみられない。②したがって、共同子会社の
性格を把握しようとする場合、合併への接続の問題とは離れて、それ自体と
しての性格に着目する必要がある。③このような観点からみるならば、共同
子会社という形態がとられるのは、一方で、相手方企業に対する直接の資本
参加を主要な手段として結合する必要が認められず、かつ他方で、単なる
「ゆるい結合」によっては当事者の目的が達成できない場合であると考えら
れる。このような場合に当該企業間の業務提携の実行手段として共同子会社
形態が採用されるという明確な連関が認められる。④共同子会社形態による
力の形成の評価のためには、したがって、第1に株式所有による企業支配と
共同子会社形態との関係、第2に「ゆるい結合」としての業務提携と共同子
会社との関係の両面から接近しなければならない。⑤共同子会社形態による
力の形成のあり方を規定している業務提携型の結合形態が当面の検討課題と
なる。

　この共同研究は、アンケート調査結果の直接的な分析、およびこれに基づ
く理論的検討に区分される。

　**アンケート調査結果の分析**　　単純集計結果の検討から、業務提携の基本的
性格と関連して、次のような点を指摘することができる。

　第1に、業務提携の内容については、「技術に関するもの」、「生産に関する
もの」および「流通・販売に関するもの」の3者がほぼ均等に分布しており、
このことから、業務提携が事業活動の様々な側面について行われることが確
認できよう。さらに、業務提携の内容の細目に着眼すると「技術の共同開発」、

13）東京経済法研究会「共同子会社の法構造⑿」ジュリスト708号（1980年）。

「技術の共同利用」、「新規事業分野への進出」を内容とするものが際立って多く、業務提携の性格を示す手掛りとなる。

　第2に、業務提携のねらいについては、右の点と関連して「従来行ってきた事業活動の拡大」、「新事業分野への進出」をねらいとするものが多く、直接にコストに関わるねらい（「生産原価の安定または引下げ」、「研究開発費の効率的な利用」）を圧倒している。また、「競争関係の調整」をねらいとしてあげている例も少数ながら見受けられる。

　第3に、業務提携の成立に伴って当事者間に株式取得、役員兼任等の「組織的関係」、信用供与、資産譲渡等の「信用・資産関係」、販売分野、生産分野、販売量・生産量、価格（決定方式）の取り決め等の「事業活動関係」のうち、どのような関係が形成されたかの点については、事業活動に関するものがほとんどであり、組織的関係、信用・資産についての関係が形成された事例はごく少数にとどまっている。このことは、業務提携の「ゆるい結合」としての性格を端的に示しているものとみることができよう。

　第4に、当該業務提携の実行のために共同子会社が設立された事例は多く、全体の3割近くに達している。

　第5に、合併との関係については、業務提携が合併を展望して行われることはごく例外的な場合に限られることを推定させる調査結果が出ている。すなわち、合併との関係について、当該業務提携と合併との間の何らかの積極的関連の含意をもつ選択肢（「提携後合併した」・「合併を前提とする提携である」・「当初は合併を予定して提携したが現在では合併を予定していない」）への回答は皆無であり、逆に、当該業務提携は「合併とは関係のない」ものであるとする回答が100％に近い。

　以上、単純集計の結果から引き出される業務提携の性格は、共同研究の出発点における業務提携像（前述・総説における①－⑤）をほぼ裏づけているように思われる。

　次に、アンケート調査結果の分析に付随して、その基礎となった新聞報道等における「業務提携」の諸事例の検討から、業務提携の現状についていく

242　　第二部　独占禁止法の諸問題

つかの点が指摘されている[14]。

第1に、企業の多角化戦略の手段として、業務提携が異業種事業者相互間で多様な展開を示していること。また、この場合、提携の当事者は必ずしも双方とも大企業であるとはかぎらず、大企業が新分野への進出を目的として中小企業と提携する事例が少なくないこと。

第2に、業務提携は、2社間にかぎらず3社以上の企業間で行われる場合も少なくなく、企業間のいわばグループ化の手段となっていること。この場合、業界全体に影響を与え、カルテル的性格の認められる事例、さらには「合併なみの業務提携」といわれる場合のように、企業集中に近い強固な結合関係を示す事例がみられること。

第3に、同一企業集団に属する企業間の業務提携が盛んに行われており、とくに新事業分野への進出等の場合のように、特定の企業集団による共同事業として行われる場合がみられる一方で、異なる企業集団に属する企業間の、集団を越えた提携関係を示す事例も少なくないこと。この場合、集団を越えた提携関係が、業界全体にわたる横断的な性格を有する場合には、前述した独占禁止法上のカルテル規制との関連が問題となる。

第4に、総合商社が業務提携の当事者または提携の提案者として多様な促進的機能を果たしていること。この点は、アンケート調査結果とも相応している。すなわち、提携当事者以外の第三者の関与によって成立した事例のうち、商社によって提案されたものが最も多い。

**理論的検討**　このように業務提携の実態把握に重点をおいたアンケート調査の結果の分析を踏まえたうえで、共同研究の第2段階として業務提携と競争秩序との関連を中心に理論的な検討が行われた[15]。その結果、業務提携

---

14）正田ほか・前掲注2）18頁以下（横川和博執筆）、同38頁以下（小原範子執筆）等。

15）正田・前掲注1）、宮坂・前掲注4）、奥島孝康「フランスの業務提携」ジュリスト788号（1983年）、野木村忠邦「米国における業務提携と法」ジュリスト788号（1983年）、舟田正之＝稗貫俊文「業務提携と競争秩序」ジュリスト789号（1983年）、正田彬「業務提携の法構造」ジュリスト790号（1983年）。

をめぐる独占禁止法の適用可能性の基本的な問題構造が、「研究の現段階におけるまとめとして」提示されている[16]。これを、次のように要約することができよう。

①共同行為性を中心として把握されていることに示されているように、業務提携は基本的に「ゆるい結合」に属する。

②しかし、業務提携がどのような企業間において行われているか、あるいは具体的にどのように組み上げられているかによっては、単に「ゆるい結合」としての性格をもつ場合だけではなく、「固い結合」と評価さるべき結合関係が形成される場合もある。

③この点を、アンケート調査のクロス集計の結果との関連で次のように整理することができる。すなわち、とくに資本的関係等の結合関係がすでに当該企業間に形成されている場合に、その既存の結合関係の展開として行われる業務提携については、「固い結合」として性格づけられる可能性が高い。一方、事前に特別の結合関係が存在しない当事者間において、事業活動に係るコスト引下げ等一定の目的からその手段として業務提携が行われる場合には、その業務提携によって形成される結合関係は「ゆるい結合」にとどまることが多い。

④独占禁止法の諸規制との関連では、業務提携の内容に応じて、第4章の企業結合の規制あるいはカルテル規制が問題となろうが、いずれの場合についても、当該業務提携そのものの内容のみにもとづいて「一定の取引分野における競争を実質的に制限する（こととなる）」か否かを認定することはできず、当該企業間の既存の結合関係を含めた総合的な判断が必要となる。すなわち、当該業務提携によって形成される「総合力」を含めて個別具体的に評価し判断することが必要となる。

⑤業務提携は、企業結合規制およびカルテル規制が問題となる場合のように対外的効果において競争秩序と関係するだけではなく、当事者間の内部関

---

16）正田・前掲注15）。

244　第二部　独占禁止法の諸問題

係において「力の濫用」を生む可能性がある。この共同研究では、提携の内容からみて、明白に企業間の支配関係を形成すると認められる場合を検討の対象から除外して考えているが、この基準によって検討の対象とされることとなる事例のなかには、当事者間に実質的対等性が確保されていない場合もあろう。

### 3） 課題の設定

独占禁止法を中心とした現行経済法制と業務提携との関係が本稿における検討の中心となることについては、すでに述べた（(3)2）参照）。公正取引委員会の調査および東京経済法研究会の共同研究においても、業務提携をめぐる独占禁止法上の諸問題が主要な検討の対象とされており、これらの調査研究によって、業務提携をめぐる独占禁止法の適用について考察する場合の枠組みが設定されたものということができよう。このような従来の研究を踏まえて、以下、業務提携の具体的な事例および独占禁止法の解釈理論の問題状況を含め、さらに踏み込んだ検討を加えたいと思う。

業務提携と経済法制の関係は、独占禁止法そのものの適用の問題のみに限定されるわけではない。経済法の基本原則との関連で重要と考えられる場合を中心に、業務提携に係る個別的な経済立法にも留意したい。

業務提携は、事業活動上の多様な目的のために具体的な事業活動について実施される共同行為であり、したがって必ずしも競争制限の意図に基づいて行われるものではないことから、後にも具体的にみるように、業務提携をめぐる独占禁止法の適用には困難な問題が伴う。業務提携に対する独占禁止法の適正な運用という課題を前提として、次には規制の現状の批判的検討を軸に考察を進めることとしたい。

IX 業務提携と法　245

## 2. 業務提携と独占禁止法

### (1) はじめに

　広範な企業間結合の諸形態を包摂している業務提携について、その競争秩序との関連を考察する場合には、独占禁止法上の諸規制の全般が視野に入ることとなる。

　従来の研究では、カルテル規制、企業結合規制が主要な論点とされ、これに加えて、不公正な取引方法としての規制の可能性にも論及されていた。しかし、業務提携と独占禁止法との関連は、これに限られない。すなわち、業務提携をめぐって私的独占が成立することも考慮する必要があるものと考えられる。もっとも、カルテル規制、企業結合規制および不公正な取引方法の規制のように、事業者の、それぞれの仕方で一定の定型的な行為を対象とする傾向のある諸規制とは異なり、私的独占の規制の場合には、事業者の多様な非定型的行為が問題とされることに留意するべきであろう。

　以下、業務提携の独占禁止法上の諸問題について、次のように検討することとしたい。まず、独占禁止法の適用が公正取引委員会によって具体的に問題とされた業務提携の事例をとりあげ（後述(2)）、さらに特定産業構造改善臨時措置法における「事業提携」の制度と独占禁止法の適用との関係について検討する（後述(3)）。次に、業務提携をめぐる独占禁止法上のその他の論点を取り上げたい（後述(4)）。ここでは、業務提携による新事業分野への進出の競争政策上の評価の問題をはじめとして、業務提携の多様な諸形態について、その独占禁止法上の問題点に論及する。このような検討を踏まえて、最後に、競争制限的性格を有する場合の業務提携の諸形態に係る独占禁止法による有効な規制を指向する立場から、競争の実質的制限（「一定の取引分野における競争を実質的に制限すること」）の解釈理論の問題を中心に、独占禁止法の実効性を規定していると考えられる基礎概念の解釈のあり方について検討すること

としたい（後述(5)）。


## ⑵　「石油元売業における業務提携」

### 1）　業務提携事案の内容

『公正取引委員会年次報告（昭和60年版）』（独占禁止白書）では、第 4 部（各論）
第五章（株式保有・役員兼任・合併・営業譲受け等）第 4（合併・営業譲受け等）
の四として、「石油元売業における業務提携」がとりあげられている。その記
述の全文を引用しよう（104-105頁）。


　「本件は、石油元売企業である日本石油株式会社と三菱石油株式会社、丸
善石油株式会社と大協石油株式会社、エッソ石油株式会社とゼネラル石油
株式会社、モービル石油株式会社とキグナス石油株式会社のそれぞれの間
で大要以下の内容の業務提携を行うことについて、これら 8 社（4 グルー
プ）からそれぞれ当委員会に対し相談があったものである。
　　仕入部門－原油の共同購入、タンカーの共同配船、原油輸入備蓄基地の
　　　共同利用等
　　精製部門－設備の相互利用、生産品の集約化等
　　物流部門－石油製品の交換、油槽所の統廃合及び共同利用、内航タンカ
　　　ーの共同利用等
　　販売部門－商権の相互尊重、価格体系の大枠の設定、給油所建設に係る
　　　協調等
　これに対し、当委員会は、所要の調査を行った結果、本件業務提携は、①
我が国石油産業の構造改善の一環として、合理化・効率化を推進するため
に行われるものであり、②提携外企業との競争の状況、合理化効果その他
の内容等を勘案すれば、独占禁止法上直ちに問題となるものではないと判
断し、昭和59年11月、その実施に当たり競争制限的な弊害が生ずることの
ないよう対処することを求めるとともに、所期する合理化を確実に達成す

Ⅸ　業務提携と法　　**247**

るよう強く要請した上、本件業務提携を認める旨回答した。」

## 2) 結合の性格と問題点

　本件業務提携には、いくつかの特質が認められる。第1に、提携の内容に係る事業活動の範囲が、原料調達、生産、流通、販売を中心として、石油元売企業の活動分野の全般に及んでいる。第2に、本件提携は、その成立の経緯、および参加企業が業界において占める地位からみて、石油業界全体に影響を与える、いわば横断的性格を有する。第3に、このような性格の背景とも関係して、この業務提携は、行政庁（通商産業省）の指導のもとに推進されている石油産業の「構造改善」と密接不可分の関係にあるものと思われる。

　提携内容のうち、原油の共同購入（仕入部門）、生産品の集約化（精製部門）、油槽所の統廃合および共同利用（物流部門）、商権の相互尊重、価格体系の大枠の設定、給油所建設に関する協調（販売部門）などは、独占禁止法2条5項後段・3条における不当な取引制限の禁止との関連において、第1に「共同」行為と評価されるものであり、加えて第2に、一定程度を超えた競争制限的性格の観点からみる場合、販売部門における商権の相互尊重および価格体系の大枠の設定は決定的な問題となる。しかも、このような共同行為が広く業界に影響を与えるような形で横断的に実施されるのであれば、これら共同行為の具体的内容のいかんによっては、本件業務提携による不当な取引制限の成立を導くおそれがあるといわざるをえない。

　また、本件は、仕入部門から販売部門までを貫く全面的な提携であること、さらに石油産業全体にわたる「構造改善」の一環として行われていることとも関係して、カルテルについてだけではなく、「固い結合」との関連においても問題を提起しているものと思われる。この点については、提携内容に含まれている共同行為、とりわけ精製部門における設備の相互利用、生産品の集約化、物流部門における油槽所の統廃合・共同利用、販売部門における給油所建設にかかわる協調が、具体的にどのような手段によって遂行されるかが問題となる。年次報告の記述からは明らかではないが、仮にこれらの共同行

為の実施のために営業の一部の譲渡などの手段が用いられる場合には、独占禁止法15条・16条（合併等の規制）の観点からの検討が行われるべきこととなる。同様のことは、これら共同行為の実施のために共同子会社が設立される場合、および生産等の受委託が行われる場合にも妥当しよう。

　もちろん、カルテル規制および「固い結合」を対象とする独占禁止法第4章の企業結合規制のいずれの観点からみる場合にも、提携内容の個別的検討によるのみでは、本件業務提携によって形成される企業間結合の性格を十分に把握することはできない。本件業務提携によって生ずることとなる経済的な力が「一定の取引分野における競争」に与える影響を正しく評価するためには、当該企業間にすでに存在している結合関係を含めた総合的な判断が要請される。

### 3）　公正取引委員会の対応の問題点

　本件業務提携に関して公正取引委員会に「相談があった」ことについて、公正取引委員会の対応はどのようなものであったか。前述のような本件の独占禁止法上の諸問題に係る公正取引委員会の見解を明確に窺い知ることはできないが、年次報告の記述から次のような点を指摘することができよう。

　公正取引委員会は、本件について「所要の調査を行った結果」「独占禁止法上直ちに問題となるものではないと判断」し、そして「本件業務提携を認める旨回答した」。そのような判断の根拠となる事情として、公正取引委員会は、第1に、この業務提携が「石油産業の構造改善の一環として、合理化・効率化を推進するために行われるもの」であること、第2に「提携外企業との競争の状況、合理化効果その他の内容等」をあげている。ただし、承認するに際して、公正取引委員会は、提携参加企業に対し「実施に当たり競争制限的な弊害が生ずることのないよう対処することを求め」、かつ「所期する合理化を確実に達成するよう強く要請した」。

　独占禁止法上直ちに問題となるものではないという判断については、独占禁止法の諸規制のうちいずれの規制が問題とされたのか、必ずしも明らかで

はない。個別的な提携内容そのものに着目すれば、主にカルテルの成否が問題とされたものと考えられる。しかし、先に述べたような本件業務提携の性格、さらに年次報告における本件の記述が「合併・営業譲受け等」の記述の一部となっている事実に注目するならば、カルテル規制についてだけではなく、独占禁止法第4章の規制の可能性についても検討が行われたものと思われる。

次に、独占禁止法上ただちに問題とはならないという判断の根拠となる事情として、構造改善による合理化・効率化の推進の目的が指摘されている。しかし、構造改善による合理化・効率化の推進の目的がカルテル規制等独占禁止法の諸規制との関連で具体的にどのように評価されているのか、明確には述べられていない。

さらに、本件業務提携が独占禁止法上ただちに問題とはならないという判断を根拠づけるいまひとつの事情として「提携外企業との競争の状況」等が指摘されている。これらについての具体的な内容を年次報告の記述から引き出すことはできない。この場合、提携外企業とは提携参加企業（8社）以外の石油元売会社を意味しているのか、または個々の提携の当事者2社との関係における他のすべての石油元売会社を指すものかは必ずしも明らかではないが、いずれにせよ本件業務提携の独占禁止法上の評価のためには、提携外企業との競争の状況が本件行為によってどのように変化することとなるのかを判断し、そのうえで、その変化を「一定の取引分野における競争」という広がりのなかで評価することが必要となる。競争の状況を静態的に把握するのみでは不十分であるというべきであろう。

公正取引委員会は、本件業務提携を承認する旨回答するに際して、業務提携の実施にあたり競争制限的な弊害が生ずることのないよう対処することを求めている。この趣旨は、本件業務提携の競争制限的性格を前提としているものと考えてよいであろう。そうであるとすれば、本件業務提携が独占禁止法上ただちに問題とはならないという判断を根拠づけるものとして公正取引委員会のあげている諸事情、すなわち構造改善による合理化・効率化の推進

250　第二部　独占禁止法の諸問題

の目的、提携外企業との競争の状況等が、競争制限的性格を有する本件業務提携に独占禁止法を適用しないという判断とどのように結びついているのかが問われる。また、公正取引委員会は、提携参加企業への回答に際し、所期する合理化を確実に達成するよう強く要請している。公正取引委員会によるこのような要請は、構造改善による合理化・効率化の目的が、本件業務提携に独占禁止法を適用するか否かの判断に対して決定的な影響を与えていることを示していよう。

なお、前述のとおり、公正取引委員会が参加企業に対して、実施に当たり「競争制限的な弊害」が生ずることのないよう対処することを求めている点については、雪印・クローバー合併事件不問処分[17]の場合と類似した重大な問題があることを指摘しておくべきであろう。というのは、一定の競争制限行為の原則禁止立法である独占禁止法を弊害規制主義的に変容させるおそれも否定できないからである。

### 4）小　括

石油元売企業4グループ（8社）による本件業務提携は、その内容が事業活動のあらゆる分野に及ぶ全面的提携であり、しかも、石油業界全体に影響を与える横断的性格を有するものである[18]。個々の提携内容については、価格

---

17）公正取引委員会編『独占禁止政策50年史（上巻）』（1997年）110頁。

18）本件業務提携が事実上承認されたこと（「石油元売り提携ゴーサイン」）を伝える新聞報道の主要部分は次のとおりである（日本経済新聞1984年10月31日）。

　「公正取引委員会と通産省は、日本石油－三菱石油をはじめとする石油元売り会社の4件の業務提携について、条件つきで4件とも11月中旬に正式了承することを基本合意した。」

　「各元売り会社に対する公取委の事情聴取は7月、8月に行われたが、公取委は各社が提携の柱としている仕切り価格の統一は『安易なカルテル行為』と難色を示し、提携内容の再検討を指導。これに対し元売り会社側は『それでは提携の意味がなくなる』と反発したものの、公取委との衝突を恐れて以後の折

決定に係る行為等が、カルテル禁止との関連で独占禁止法の適用の有無を考慮するべき事例であることは疑いない。また、油槽所の統廃合、給油所建設に係る協調などの共同行為が具体的にどのような手段に基づいて実施されるかによっては、独占禁止法第4章の企業結合規制との関連においても検討を要する課題を提起しているものといえよう。

本件のように多様な内容をもつ業務提携について独占禁止法の諸規制の観

---

衝を通産省に一任していた。」

「通産省と公取委との協議でも仕切り価格問題が最大の争点となったが、結局『統一は認めないが調整は認める』との線で基本合意にこぎつけた。統一と調整の違いは①提携企業同士が価格表を共有するような形で油種、数量、取引先ごとの価格を一致させれば統一とみなす②基本的な価格水準を申し合わせただけで、個々の取引先との取引条件は互いに自主性を保つならば調整——という解釈になっている。」

「一方、公取委が主張していた『提携に伴う合理化努力』についても精製部門、油槽所などの施設を統廃合させることで合意した。」

「日本石油など石油元売り各社は、公取委と通産省の合意内容について『仕切り価格の統一に制限をつけられたものの、価格の調整が認められ、提携の大きな障害にはならない』と判断している。」「公取委が特に注文をつけた仕切り価格の統一問題は、実際の特約店との取引では販売数量や輸送条件などから契約に多少の差が出るのは当然で、現実には仕切り価格の『調整』にならざるを得ない側面をもっている。」

また近時、石油審議会石油産業基本問題検討委員会は、報告書「1990年代に向けての石油産業、石油政策のあり方について」において、①設備許可制の運用の弾力化、②個別油種についての各社生産計画に対する指導を1988年度末までにやめること、③ガソリンスタンドの建設指導、転籍ルールを遅くとも1989年度内に順次撤廃することを具体的な柱として段階的な規制緩和の展望を示していると報じられている（日本経済新聞1987年6月18日）。そこでは、規制緩和の基盤のうえで、「合併や共販会社の設立、業務提携の抜本的強化」によって元売り企業の「集約化」を一層進展させることが予定されている。

点から評価する場合には、その内容を包括的に検討し、当該企業間にすでに
存在していた結合関係がどのように変化するかの点を中心に総合的に判断す
ることが不可欠である。

### (3) 特定産業構造改善臨時措置法における「事業提携」

#### 1) 制度の概要

　特定産業構造改善臨時措置法では、基礎素材産業を中心にいわゆる構造不
況業種（「特定産業」）に係る「構造改善基本計画」にもとづく施策の柱として、
主務大臣による指示カルテルとともに「事業提携」の制度を設けている。指
示カルテルの制度が、同法の前身である特定不況産業安定臨時措置法にすで
に存在していたのに対し、「事業提携」の制度は、特定不況産業安定臨時措置
法からの移行（正確には名称変更〔1983年〕）に伴って新たに産業構造改善臨時
措置法に盛り込まれたものである。なお、産業構造改善臨時措置法のあとを
承けて1987年に制定された産業構造転換円滑化臨時措置法においては、指示
カルテル制度が廃止されたが、事業提携制度は実質的に踏襲されている。以
下ここでは、特定産業構造改善臨時措置法に即して述べる。

　指示カルテルの制度は、企業の自主的な努力によっては構造改善基本計画に
定める設備の処理等が実施されないと認められる場合に、主務大臣が企業に
対し設備の処理等に係る共同行為の実施を指示するというものである。指示カ
ルテルと独占禁止法との関係については、主務大臣は、共同行為の「指示をし
ようとするときは、公正取引委員会の同意を得なければならない」とされてお
り、そのうえで主務大臣の「指示を受けた者がその指示に従ってする共同行為
については」独占禁止法の適用が除外される（不公正な取引方法を除く）（11条）。

　特定産業構造改善臨時措置法において「事業提携」とは「生産、販売、保管
若しくは運送の共同化、生産品種の専門化又は合併若しくは営業の全部若し
くは重要部分の譲渡若しくは譲受けその他これに準ずる行為」を総称するも
のであり、「生産若しくは経営の規模又は生産の方式の適正化に必要な」もの

IX　業務提携と法　　253

と認められる場合には、関連する事項を主務大臣は構造改善基本計画に定めることとされている（3条）。「特定産業に属する2以上の事業者であって当該特定産業に関する構造改善基本計画に定めるところに従って事業提携を実施しようとするもの（以下「提携事業者」という。）は、共同して、実施しようとする事業計画に関する計画（以下「事業提携計画」という。）を作成し、これを主務大臣に提出して、その事業提携計画が適当である旨の承認を受けることができる」（8条の2）。主務大臣による承認の要件として、構造改善基本計画との関係において必要かつ適切なものであること、一般消費者、関連事業者の利益を不当に害するおそれがないこと等が規定されている（同条3項）。

### 2) 公正取引委員会との関係

　事業提携については、指示カルテルの場合のような独占禁止法の適用除外は行われない。しかし、事業提携に対する独占禁止法の適用と関連して、主務大臣と公正取引委員会との間に、次のように2つの段階にわたる特別の関係が規定されている。

　主務大臣は、事業提携計画の申請を受理した場合において「必要があると認めるときは、その申請書の写しを公正取引委員会に送付する」（特定産業構造改善臨時措置法12条4項）。さらに、事業提携計画を承認しようとするに際して主務大臣は「公正取引委員会に対し、その旨を通知」するとともに、①「当該事業提携計画に係る特定産業に属する事業者の経営の状況その他の事業活動の状況」、②「当該事業提携計画に定める事業提携に係る競争の状況」および③「当該事業提携が当該競争に及ぼす影響」に関する事項について「意見を述べるもの」とされている（同条5項）。これに対応して、公正取引委員会は、通知された「事業提携計画について、主務大臣に対し、必要な意見を述べる」ものとされている（同条6項）。以上が第1段階である。

　第2の段階は、次のとおりである。公正取引委員会は、前述6項の規定によって意見を述べた事業提携計画が主務大臣によって承認された後に、その事業提携計画に基づく行為について独占禁止法の規定に「違反する事実があ

ると思料するときは、その旨を主務大臣に通知するものと」されている（同条
7項）。独占禁止法に違反する事実がある旨の通知を受けた場合に、主務大
臣は公正取引委員会に対し、当該事業提携計画の「承認後の経済的事情の変
化に即して」当該計画に係る前述①－③の事項について「意見を述べること
ができる」（同条8項）。

　以上要するに、第1に、事業提携計画が申請された段階で、主務大臣は、必
要な場合、すなわち当該事業提携が独占禁止法違反を惹起するおそれがある
と判断される場合、公正取引委員会に対して申請書の写しを送付するととも
に、当該事業提携による競争への影響の予測を含めた諸事情を通知し、これ
に対応して公正取引委員会は独占禁止法運用機関としての立場から必要な意
見を述べる。第2に、事業提携計画が承認されて以後、事業提携により独占
禁止法違反行為が行われたと思料する場合、公正取引委員会は、独占禁止法
所定の手続きを開始する前に違反行為の存在について主務大臣に通知しなけ
ればならず、またこれに対応して、主務大臣は、承認後の経済的事情の変化
に即した意見を公正取引委員会に対して述べることとなる。

　このように、特定産業構造改善臨時措置法における「事業提携」については、
主務大臣と公正取引委員会の間にいわば二重の意見交換が予定されている。
他方、独占禁止法の適用除外規定は存しない。しかし、事業提携計画が申請
された段階で公正取引委員会によって独占禁止法上の懸念が表明された場合、
また事業提携計画の承認後に公正取引委員会によって独占禁止法に違反する
事実が指摘された場合には、主務大臣が計画の変更等を指示することが予定
されているから、事業提携に対する独占禁止法の適用の可能性がその限りで
事実上減少するであろうことは、否定できないであろう。また、このことが、
事業提携に関する主務大臣・公正取引委員会間の意見交換の制度の趣旨であ
ると考えられる。逆にいえば、事業提携に対する独占禁止法の適用に関して、
両者の意見交換の意味は、それ以上のものと解されてはならない[19]。

---

19) 1983年2月に通産省が公表した特定不況産業安定臨時措置法の一部を改正する

### 3）「事業提携」と独占禁止法

　特定産業構造改善臨時措置法上の「事業提携」に係る独占禁止法の適用は、主務大臣・公正取引委員会間の意見交換に関する特別の規律を除いて、一般原則に基づいて行われる。したがって、事業提携として総称されている諸行為類型のうち、合併、営業譲渡・譲受け等は、独占禁止法第4章における合併等の規制に服する。すなわち、合併等をしようとする場合には「あらかじめ公正取引委員会に届け出なければならない」とされ、当該合併等によって

---

　法律案要綱には、具体的な事業提携計画の申請以前の時点で主務大臣が公正取引委員会に対して、構造改善基本計画に定められている合併等が「一定の取引分野における競争を実質的に制限することとなる」か否かについての判断の基準を公表するよう求めることができる旨、規定されていた。公正取引委員会は、この規定を不要として反対し、その結果、法律案から削除することで通産省と合意するとともに、「特定産業における合併等事業提携の審査に関する基準」を作成することとした（この点をはじめとする特定不況産業安定臨時措置法と独占禁止法との調整の経緯につき、綱本幸弘「構造改善法と独占禁止法の調整について」公正取引392号〔1983年〕22頁以下参照）。松下満雄「構造不況業種の法的救済と独占禁止政策」経済法学会年報4号（1983年）48頁および同『経済法概説』（東京大学出版会、1986年）332頁では、主務大臣は、合併等を内容とする事業提携に関する事項を構造改善基本計画に定めて告示した場合には「公取委に対し、当該合併等によって一定の取引分野における競争を実質的に制限することとなるかどうかについての判断基準を示すべきことを求めることができるとされている（8条の4）」と述べられているが、前述のように判断基準の事前公表の制度は立法過程で断念されており、誤りであろう（特定産業構造改善臨時措置法に「8条の4」は存在しない）。

　公正取引委員会部内には「主務大臣が事業者から承認申請を受けた場合には、公正取引委員会と意見交換を行い独占禁止法上問題がないものだけを主務大臣が承認するので、当該事業提携計画に従ってする行為は、特段の事情変更がない限り独占禁止法に違反することはないものである」との見解がある（綱本・前掲論文26頁）。

「一定の取引分野における競争を実質的に制限することとなる場合」、当該合併等が「不公正な取引方法による場合」には、合併等をしてはならない（独占禁止法15条・16条）。問題となるのは、主に前者の競争の実質的制限の基準であろう[20]。

　事業提携として行われることとされているその他の行為類型（「生産、販売、購入、保管若しくは運送の共同化、生産品種の専門化」等）も、そのために共同子会社が設立され、これに関連して営業または資産の重要部分の譲受けが行われる等の場合には、当然に独占禁止法15条・16条の規制に服する。さらに、生産等の受委託が営業の重要部分の賃貸借または経営の委任という性格を有する場合も、同様である[21]。この点については、特定産業構造改善臨時措置法の施行に伴い公正取引委員会によって公表された「特定産業における合併等事業提携の審査に関する基準」（公正取引委員会事務局、1983年5月23日）においても、事業提携に含まれる合併等以外のソフトな集約化を原則として合併等に準じて取り扱うこととし、そのうえで「その態様や内容によって競争に与える影響が合併等とは異なる面があるので、それらの状況を考慮して判断する」こととされている。この場合、ソフトな集約化のなかには、個別的にそれのみを独立してとりあげれば共同行為（「ゆるい結合」）として把握されるものもあろうが、このような場合においてもさらに、独占禁止法第4章の企業結合規制の枠組みのもとで総合的に評価されることとなろう。事業提携の審査に関する公正取引委員会の基準もこのような考え方に基づいているものと考えられる。

　さらに「特定産業における合併等事業提携の審査に関する基準」では「会社の合併等の審査に関する事務処理基準」（公正取引委員会事務局・1980年7月15日）による合併等の規制の一般原則のほか、特定産業構造改善臨時措置法

---

20）事業提携に関連して提携事業者相互間または共同子会社について株式保有、役員兼任が行われる場合には、もちろんそれぞれ独占禁止法10条・12条により届出義務を含む規制を受ける。

21）龍田節「不況対策と競争政策——総論」経済法学会年報4号（1983年）17頁以下。

における事業提携として行われる合併等の「審査に当たって特に考慮する事項」として、次の①－④が示され、また同じく「市場占拠率との関係」について次の⑤の点が特記されている（以下は要約である）。

①内外の経済的事情の著しい変化によって、当該特定産業に属する企業が著しい設備過剰、経営の不安定等のいわゆる構造的困難に陥っていることから生じている業績不振の状況を考慮する。

②当該商品について代替品が存在する場合には、当該代替品が当該商品に係る市場の競争に与えている影響の程度を考慮する。

③国内における市場の状況（当該特定産業の生産の特性、取引先との取引の状況、需要者の購買態度、同種の外国製品との競争の状況等）やその動向、および市場を取り巻く環境（海外における同種の市場の状況等）に関する事項を考慮する。

④構造改善基本計画に定める構造改善の目標達成時の市場構造の下における競争の状況を想定し、これを考慮する。

⑤当該特定産業に属する事業を行う会社の合併等については、当該行為により市場占拠率が25％以上となる案件についても、前記①－④の事項を総合的に考慮し、かつ当該行為後の市場構造が高度に寡占的とならないように考慮しつつ、その競争の実態に即して判断するものとする。

しかし、これら諸事項のうち、①の業績不振会社の救済合併は、構造不況の場合に限らず一般的に問題となる事柄であり、その他の事項も合併等の規制について常に考慮される諸事情に属するものと考えられる。ただ、⑤の点からは、――「市場構造が高度に寡占的とならない」ことを基本的な前提としながらも―― 一般的な場合とは異なる特別の取扱いが示唆されているようにもみえる。そうであるとすれば、「事業提携」に対する独占禁止法の適用についての基本的な考え方（主務大臣・公正取引委員会間の意見交換の制度を除いて手続的にも実体法的にも一般原則に従うという考え方）との関連で問題を含んでいる[22]。

---

22）通産大臣から公正取引委員会に対し特定産業構造改善臨時措置法に基づく事業

258　第二部　独占禁止法の諸問題

## 4）小　括

　構造不況業種における事業「集約化」のための合併等を含む事業提携については、立法論として、独占禁止法の適用除外の制度、あるいは当該産業における合併等の判断基準を公正取引委員会が事前に公表する制度を求める見解も主張されていた。しかし、特定産業構造改善臨時措置法においては、いずれの見解も採用されていない。その結果「一定の取引分野における競争を実質的に制限することとなる場合」には容認されないという独占禁止法の一般原則が妥当することとされている。「結局、経済の低成長下においても、また、いわゆる構造不況産業についても、産業調整の基本は市場メカニズムの活用であり、市場メカニズムによる経済合理性に則した産業調整によってこそ、我が国経済の活力を失うことなくその効率性を確保するとともに活性化を図ることができるといえる。この意味で、いわゆる構造不況産業についての対策を講ずるに当たっても、市場メカニズムと相反するような政府介入や競争制限的な行為は極力排除すべきである」（経済調査研究会報告「低成長経済下の産業調整と競争政策――特にいわゆる構造不況産業問題について」〔公正取引委員会・1982年11月5日〕）。このことは、指示カルテルの運用についてはもちろんのこと、当該産業の将来における市場構造を長期にわたって左右するこ

---

提携計画の通知があった具体的な案件として、『公正取引委員会年次報告』の記載から①「コープ・ケミカル株式会社（旧社名、東北肥料株式会社）ほか三社の肥料部門の統合」（昭和59年版）、②「ポリオレフィン製造業界の共同販売会社の設立」（同）、③「セメント製造業界における共同事業会社の設立」（昭和60年版）を知ることができる。いずれの案件についても「直ちに一定の取引分野における競争を実質的に制限することとなるとはいえないと判断した」とされている。しかし、②については、「共同販売会社の今後の運営いかんによっては、競争政策上好ましくない影響が生じる場合もあり得るので、当分の間、業界の動向を監視することとした」とされ、また③についても、これと同様の趣旨で「当分の間、業界及び共同事業会社の動向を監視すること」の必要性が指摘されている。

ととなる合併等の事業提携には、より強く妥当するものといえよう[23]。


### (4) 業務提携の諸形態と独占禁止法

#### 1) 総 説

　前述（(2)・(3)）では公正取引委員会によって独占禁止法の適用が具体的に問題とされた事例として「石油元売業における業務提携」を取り上げ、加えて特定産業構造改善臨時措置法上の「事業提携」と独占禁止法の関連について検討した。石油元売業における業務提携の事例は、業界全体に影響を与える横断的な性格をもち、その内容も事業活動のあらゆる部門にわたる全面的提携であった。特定産業構造改善臨時措置法上の「事業提携」も、これと同様の性格を有するものであることが予定されており、具体的な事業提携の事例からもこのことをみてとることができる。また、両者ともに業務提携による構造改善を目的としたものであり、さらにこれと関連して、行政庁が提携の成立に関与している（特定産業構造改善臨時措置法では主務大臣が「事業提携」を承認し、変更を命じ、または承認を取り消す権限を有する）こと、共同子会社等「固

---

23）産業構造審議会総合部会基礎素材産業対策特別委員会「基礎素材産業対策のあり方について（意見具申）」（1982年11月）（通商産業省産業政策局編『産構法の解説』〔1983年〕）では、「産業政策の立場から進める基礎素材産業における事業の集約化の緊急性及び集約化推進の目的と独占禁止法の目的とが中長期的には一致することを考慮すれば、」「事業の集約化による構造改善が計画的に行われ得るよう、独占禁止法の運用の不安定性を排し、予見可能性を高めるとともに、産業政策上の判断と独占禁止法上の判断が調整されうるような法律上のスキームの確立が図られるべきである」とされていた（450頁）。この意見具申が、通産省の法律案要綱に合併等の規制に関わる公正取引委員会の判断基準の事前公表制度が盛り込まれたことに連なっている（根岸哲「特定産業構造改善臨時措置法の制定と運用」経済法学会年報5号〔1984年〕115頁以下参照）。特定産業構造改善臨時措置法の施行初期の運用状況について根岸・前掲論文118頁以下参照。

260　　第二部　独占禁止法の諸問題

い結合」の要素を含んでいることが共通の特徴である。このように「石油元売業における業務提携」、特定産業構造改善臨時措置法上の「事業提携」は多様な形態の結合関係を包摂し、多面的で総合的な業務提携であるといえよう。したがって、独占禁止法との関係についてはカルテル規制、企業結合規制等について多くの論点が提起されることとなり、現実の規制実務に際しても総合的な視点からの接近が求められる。

　しかし、事業者の取引活動において現実に行われている業務提携は横断的、全面的な性格のものばかりではなく、場合によっては一定の限定された範囲の事業活動に係る共同行為として行われ、多様な形態や多様な目的をもって遂行されている。以下では、多様な諸形態のなかから、前述の検討において触れることのできなかった点を中心に、独占禁止法適用上の問題点を取り上げよう。

### 2) 新事業分野への進出と大規模事業会社の株式保有の制限〔注：旧法に基づく記述が含まれている。現行法について後述〔補足〕を参照。〕

　**問題状況**　　従来の実態調査からも明らかなように、1つの特徴的な形態として、複数の事業者が業務提携をとおして新たな事業分野へ参入する事例があげられる。その場合、基礎素材産業を中心とした不況業種において推進されている事業転換によって、さらには情報通信分野等における新たな事業分野の発展によって産業構造の転換が加速されていることが背景となり、また高度な先端的技術（たとえば情報通信技術）の必要性が新事業分野への進出を単独で遂行することの大きな障害となることから、新事業分野進出のための業務提携の重要性は高まる傾向にある。

　複数の事業者が業務提携をとおして新事業分野へ進出することそれ自体には、もちろん独占禁止法上の問題はない。むしろ、個別的事例によっては進出先の事業分野における競争を活発にするものとして、競争政策の立場から積極的に評価されるべき場合があろう[24]。一方で、複数の事業者が業務提携

---

24）経済調査研究会報告書「経済構造の変化と産業組織」（公正取引委員会、1987年

をとおして新事業分野へ進出するに際しては共同子会社が設立される場合を含めて株式取得が行われることが多く、このことが独占禁止法の株式保有の制限規定との関連で問題となる場合がある。独占禁止法第4章では株式保有に対する一般的な規制として、一定の取引分野における競争を実質的に制限することとなる場合および不公正な取引方法による場合に株式の保有（取得、所有）を禁止しているほか、金融会社の株式保有の制限（11条）および大規模事業会社の株式保有総額の制限（旧法9条の2）について規定している。このうち、株式取得を伴い新事業分野への進出を目的として行われる業務提携形態と関連しているのは、大規模事業会社の株式保有総額の制限である。大規模事業会社の株式保有総額の制限規定は、総合商社等大規模事業会社の株式保有による経済力の過度の集中を抑制することを目的として、1977年の独占禁止法改正によって導入されたものであり、資本金100億円以上または純資産額300億円以上の大規模事業会社について、基準額（資本金または純資産額のいずれか多い額）を超える株式保有を禁じることを内容としている。したがって、要件に該当する大規模事業会社が業務提携の当事者として相手方事業者、共同子会社等の株式を保有する場合、その株式は、当該大規模事業会社の株式保有総量に算入され、その総額が基準額を超えるか否かの判断の基礎となる。

**まとめ**　事業者が単独では新たな事業分野へ進出できない場合に他の事業者との業務提携をとおして目的を遂行することは、一面では、——独占禁止法1条の目的規定の文言によれば——進出先の事業分野の「競争を促進し、事業者の創意を発揮させ、事業活動を盛んにし、雇用及び国民実所得の水準を高め」ることに連なり、公共の利益に合致するものと評価されえよう。しかし、これを、既存の市場においてすでに支配的ないし優越的地位を確保している大規模企業が多角化の一環として行う場合には、公正で自由な競争に

---

6月）では、従来の業種の垣根を越えた企業間競争の活発化の現象を「業際化」という表現でとらえ、競争政策の観点から積極的に評価している（61頁以下、92頁）。

悪影響を与える場合のあることも否定できないであろう。

独占禁止法による大規模事業会社の株式保有総額の制限は、このような支配的・優越的大企業の力の拡張が株式保有を伴って行われる場合に、これに対する一定の抑制的機能を果たすものと評価することができる。すなわち、経済力の過度の集中を抑制し、公正かつ自由な競争を促進する目的から、一定の要件に該当する大規模事業会社の株式保有については、その総額が制限されることが原則とされているのである。しかし、その反面、主として産業政策的な要請に支えられた多くの適用除外が定められており、現実に行われている規制は、さきにも指摘したように、原則から大きく後退したものにとどまっている。このような立法の現状については、総額規制の本来の目的の観点から、疑問が提起されざるをえない。

いうまでもなく、独占禁止法による大規模事業会社の株式保有総額の制限は、業務提携による大企業の力の不当な拡大一般に及ぶものではなく、株式保有という「固い結合」による経済力の集中の規制の点に基礎を置いている。新事業分野への進出を目的とした総合商社等大企業の業務提携全般をめぐる諸問題については、さらに幅広く、独占禁止法を含めた経済法全体の視野から検討される必要があろう。

また、新事業分野への進出を目的とした業務提携に伴って行われる株式保有は、大規模事業会社の株式保有総額の制限の問題とは別に、それが「一定の取引分野における競争を実質的に制限することとなる場合」には、独占禁止法10条等の規定が適用される。

〔補足〕　　前述2)「新事業分野への進出と大規模事業会社の株式保有の制限」は本稿執筆時の法律状況に基づいている。1997年改正、2002年改正を経た現行独占禁止法では「他の国内の会社の株式（社員の持分を含む。以下同じ。）を所有することにより事業支配力が過度に集中することとなる会社は、これを設立してはならない」（9条1項）という規律に一本化されている。このことの経緯について【本書**第二部Ⅷ**】「独占禁止法における企業集中規制の現

況と課題」参照。

### 3) 企業間情報ネットワークと競争秩序

**情報化と競争秩序**　　業務提携による新事業分野への進出とも密接に関係する具体的な事象として、情報通信分野における近年の著しい展開がある。経済社会における情報化の進展には、進行しつつある多様な現象が含まれるが、競争秩序の観点からは2つの点が重要であろう。第1の点は、1985年4月に施行された電気通信事業法による電気通信事業への競争原理の導入と関係する。第2に、自由化された電気通信分野において供給される多様な情報通信サーヴィスに基づく企業間情報ネットワークの形成に係る問題がある。このうち、ここでは、業務提携による企業間結合の新しい展開を示すものとして右の第2の点、すなわち企業間情報ネットワークの形成の問題を取り上げよう[25]。

　企業間情報ネットワークをめぐる競争秩序の観点からの問題の整理は、公正取引委員会等によってすでに行われているところである[26]。ここでは、情報化による企業結合と競争秩序の問題についてさらに踏み込んだ検討を加えている研究[27] に基づいて、以下、ネットワークにおける企業結合形態の諸類型を取り上げ、独占禁止法上の問題点に論及する[28]。

---

25) 本文における第1の点、すなわち第1種および第2種電気通信事業における競争のあり方をめぐる複雑な問題状況については、公正取引委員会事務局経済部調査課編『新しい情報通信と独占禁止政策』(1985年)、経済法学会年報7号『情報・通信と競争政策』(1986年)、ジュリスト832号 (1985年) 特集「電気通信政策の新展開」、情報通信分野競争政策研究会「電気通信分野における競争政策の展開」(公正取引委員会、1987年2月17日) などを参照。

26) 公正取引委員会事務局経済部調査課編・前掲注25) 97頁以下、通商産業省産業政策局編『企業情報ネットワーク』(1985年) 51頁以下等。

27) 舟田正之「情報化による企業結合と競争秩序」ジュリスト851号 (1985年) 102頁以下。

28) 舟田・前掲注27) は、東京経済法研究会の「業務提携と法」に続く共同研究「技

**企業間情報ネットワークにおける企業結合の諸形態**　　企業間情報ネットワークにおける企業結合形態は、大きく水平型、垂直型およびコングロマリット型に区分することができる。

水平型ネットワークは、同種の商品または役務について同一の取引段階にある事業者が結合する形態である。水平型に属する多様な形態のネットワークの性格を、次の3つの指標によって把握することができる。第1の指標は、そのネットワークの機能が、主にコンピューター、通信回線を含む全体としてのシステムの共同利用によってコスト引き下げを図ることに重点を置いているか(「情報通信網共用型」)、そのネットワークシステムのソフトウェアが参加企業の事業活動そのものに深くかかわる形で開発・利用され、ネットワークが、参加企業の共同事業あるいは特定の業務についてのシステム共同利用等として運営されているか(「共同事業型」)という指標である。第2に、加入および脱退の自由が実質的な意味においてどの程度認められているかによって、「開放的」ネットワークと「閉鎖的」ネットワークに区別することができる。第3に、開放的なものと閉鎖的なものとを区別する観点に加えて、拘束性の強弱の指標がある。拘束性の強さを示すものとして、加入者に対して他のネットワークへの加入を禁止する場合、参加企業以外との取引を制限する場合などがあげられよう[29]。以上3つの指標の組み合わせにより、現実に

---

術・情報による企業結合と法」の一部を構成している。この共同研究については、舟田論文のほか正田彬「技術・情報による企業結合と法——問題の所在」ジュリスト850号 (1985年) 46頁以下、本間重紀「情報・技術と企業結合——所有論の視角から」ジュリスト853号 (1986年) 100頁以下、高橋岩和「技術による企業結合とテクノポリス」ジュリスト854号 (1986年) 95頁以下、野木村忠邦「情報化による企業結合と反トラスト法」ジュリスト857号 (1986年) 63頁以下、正田彬「技術・情報化による企業結合と法の課題」ジュリスト858号 (1986年) 106頁以下参照。このうち、本間論文は、とくに資本所有論の視角から企業間情報ネットワークの形成による独占・大企業の強化と中小企業支配の強化の危険性を指摘している。

29) 企業間ネットワークの形成が比較的進展している業種におけるそれぞれ大手5

は様々な性格のネットワークが考えられるが、典型的には、共同事業型の閉鎖的、拘束的ネットワークと情報通信網共用型の開放的、非拘束的ネットワークが、両極の性格を示すこととなる。

垂直型ネットワークは、メーカーと下請業者、メーカーと卸・小売業者、有力な卸売業者と小売業者等のように取引関係にある事業者の間に形成され、主として参加企業間の取引に関する情報を交換・処理する機能を有する。垂直型に属するもののなかには「情報通信網およびデータベース共用型」（旅行業者とホテル等との間のネットワークであって、たとえばホテル等が旅行業者に空室等の情報を提供し、旅行業者は顧客との成約情報をホテル等に提供するもの）や「系列強化型」（たとえば小売業者の売上げ情報がリアルタイムで卸売業者またはメーカーに流れ、それにもとづいて卸・メーカーが小売業者に商品を供給する場合）とがある。このうち、単独のリーダー企業のイニシアティヴによって構築され運営される系列強化型ネットワークは、有力メーカーとその専属下請事業者、または有力メーカーとその販売業者との間で、既存の系列関係をさらに強化する機能を有するものとみられる。

コングロマリット型ネットワークは、水平型、垂直型に属さない（従来競争関係にも取引関係にもなかった）企業間に形成されるものであり、異業種間の情報通信網共用型、地域共同ネットワーク型および機能複合型がある[30]。

---

社程度をリストアップして実施された公正取引委員会の調査では、自社システムの構成員が他社のシステムへ参加することについて「問題なし」とするものが49％、「問題あり」とするものが44％という結果がでている（公正取引委員会事務局経済部調査課編・前掲注25）92頁）。また、一般的に同一業界に多数のシステムが並立することについては「問題なし」が52％、「問題あり」が47％であり、さらに、「問題あり」とする場合の問題の具体的な内容として「端末機器等の設置スペースの負担」（68％）、「構成員の経営負担増」（53％）とともに「業界の競争激化」（38％）が多くの回答を得ている。

30）以上の記述、とりわけ水平型、垂直型、コングロマリット型のネットワークの具体例等について舟田・前掲注27）103頁以下参照。

**情報ネットワークによる力の形成・強化と競争秩序**　　まず、独占的ネットワークの問題がある。典型的には、競争事業者の大部分を参加企業とする水平型ネットワークが競争上必要不可欠というに等しいほどの重要性を有し、他に代替的手段を求めることがきわめて困難な場合である。このような独占的ネットワークが加入制限を伴い、閉鎖的な性格を有することとなれば、重大な参入障壁として機能する可能性がある。この場合の加入拒否をとらえて、「排除」行為による私的独占の成立が問題とされることとなろう[31]。また、特定の市場において単一のネットワークが独占的と評価されない場合にも、複数のネットワークの形成によって当該市場の性格が変化することが考えられる。すなわち、有力な中堅企業等を参加企業とする閉鎖的な複数の中規模ネットワークの形成によって、市場の寡占化・協調化が促進され、市場における競争にネガティヴな影響を与える場合である。

　次にリーダー企業の力の強化に連なる系列強化型の垂直的ネットワークとして、3つの類型が指摘されている。第1に、イニシアティヴをもつリーダー企業が取引の相手方にネットワークへの参加を強制し、またはそれに加えて他の系列のネットワークへの参加を禁ずる場合、第2に、リーダー企業が取引情報を独占的に掌握し、参加企業に対してはリーダー企業の政策に沿う情報のみが提供される場合、第3に、ネットワークが単なる情報交換として機能するのではなく、ネットワークをとおして当該取引に係る事業が一定の政策的指向のもとで統一的に運営される場合である。

**まとめ**　　以上のような企業間情報ネットワークをめぐる競争政策上の問題点については、すでに公正取引委員会もおおむね同様の問題設定を示している[32]。すなわち、企業間情報ネットワークの形成が競争秩序に与える影響について、同業種企業間の競争が活発化し、異業種企業間に新たな競争が発

---

31) 個人信用情報センターの提携あるいは合併による独占的ネットワークの形成の問題性について、舟田・前掲注27) 105頁参照。
32) 公正取引委員会事務局経済部調査課編・前掲注25) 95頁以下。

IX　業務提携と法　　267

生するという積極面を展望している一方で、企業間格差の拡大、企業のグループ化・系列化の拡大・強化、そして構成員の事業活動の制約のような弊害の側面にも注意を喚起しており、そのうえで、企業間情報ネットワークシステムの進展に伴って発生しうる競争政策上の具体的な弊害として、システム構成員の自由な事業活動の制限（加入・脱退の不当な制限、同業他社システムの利用の制限、取引の不当な拘束）、システムの共同運営に伴う競争制限的行為（特定企業の排除、参加者の事業活動の制限）、および系列化の進行をあげている[33]。

　また、近年の企業間情報ネットワークの進展が競争政策上の問題という範囲を超えた幅広い社会的な変化を伴うものであることに、とくに留意する必要があろう。なかでも、消費者信用情報を中心とした個人情報に関する企業間ネットワークは、個人の尊重、プライヴァシー保護の観点から問題が指摘されており[34]、現代社会における人間の基本的権利に対する脅威に連なる可能性がある。

### 4）　技術提携、流通系列化と独占禁止法

　**技術提携**　　東京経済法研究会による前記アンケート調査によれば、業務提携の内容を「技術に関するもの」、「生産に関するもの」および「流通、販売に関するもの」に区分する場合、技術に関する提携が他の2者を数のうえで

---

33）同様の意味において経済調査研究会報告書・前掲注24）参照。同報告書3章では「情報化の進展と産業組織」について検討されているが、そこでは、企業間情報ネットワーク構築の背景として、情報ネットワークによる合理化効果およびネットワークの経済性（組織拡大の利益、情報の共同利用に伴うコスト削減、情報の活用範囲の拡大）が指摘されていると同時に、ネットワーク構築の動機として、市場競争力強化をとおして市場支配力の獲得が期待できること、水平的ネットワークの場合に競争者相互の情報の入手が容易になり共通の意思の醸成が図りやすくなること等が考えられるとされている（119頁以下）。

34）正田・前掲注28）「技術・情報化による企業結合と法の課題」110頁以下。

上回っていた[35]。さらに技術提携の具体的な内容としてどのような事項が含まれているかの点に着眼すると、技術の共同開発および技術の共同利用を内容とするものが顕著であり、また当事者間で特許・ノウハウの専用実施権、通常実施権が供与される事例が、技術提携全体の約3割に達しており、業務提携の1つの特徴的な形態を示している。専用実施権、通常実施権の供与については、実施許諾者・実施権者間の私的権利義務関係が問題となると同時に[36]、独占禁止法の観点からも問題が生じる。実施許諾者・実施権者間の技術情報の取引関係は、通常の商品・役務の取引の場合とは異なる特有の側面を有しており、そして「この法律の規定は、著作権法、特許法、実用新案法、意匠法又は商標法による権利の行使と認められる行為にはこれを適用しない」と定める独占禁止法21条の規定の理解とも関連して、特許実施許諾契約等をめぐる独占禁止法の適用に関して困難な問題が生じる。

　この点については、独占禁止法6条1項の規定（「事業者は、不当な取引制限又は不公正な取引方法に該当する国際的協定又は国際的契約をしてはならない」）に対応して公正取引委員会が定めている「国際的技術導入契約に関する認定基準」（以下「認定基準」という）をめぐる議論が参考になる。「認定基準」は、国際的技術導入契約に係る不公正な取引方法の禁止の基準として作成されており、その主要な内容は次のとおりである。1項では「不公正な取引方法に該当するおそれのある事項のうち、主要なもの」として、輸出地域の制限、輸出価格・輸出数量等の制限、競争品の取扱い等の制限、原材料等の購入先に関する制限、販売先の制限、再販売価格の制限、改良・発明等に関する制限、契約対象外製品に対する実施料の徴収、原材料・部品等または特許製品の品質の制限の9項目の行為類型が列挙されている。2項は、ノウハウの実施許諾を内容とする国際的契約に1項を準用する旨の規定である。3項は、特許法等にもとづく「権利の行使と認められる行為」として、独占禁止法21条の

---

35）正田ほか・前掲注2）78頁以下参照。
36）この点については大隅・前掲注7）、小林・前掲注7）参照。

規定によって同法の適用除外とされる行為を定めている。すなわち、①製造・使用・販売等を区分して実施権を許諾すること、②特許権の有効期間中または有効地域内において、期間を限定しまたは地域を区分して実施権を許諾すること、③特許製品等の製造を一定の技術分野に制限し、またはその販売を一定の販売分野に制限すること、④特許方法の使用を一定の技術分野に制限すること、⑤特許製品等の製造数量、販売数量または特許方法の使用回数を制限することは、独占禁止法の適用対象とはならないとされている。

　「認定基準」のこのようなあり方を批判する有力な見解がある[37]（叙述の便宜上、以下、特許法を前提として述べる）。この見解は、第1に「認定基準」1項が特許権者の取引上の優越的地位の濫用の観念に基づいている点について、わが国の産業技術の国際的水準の現状と必ずしも合致しない「格差・一方的流入型」ととらえる視点に立っており、加えて特許権者が相手方に対して優越的地位にあるという一般的な前提が妥当性を欠くとして批判している[38]。第2に、この見解は、「認定基準」3項の規定の仕方の前提となっている独占禁止法21条の適用除外規定の解釈について、実施権の分割可能性という特許法上の論理を独占禁止法に無媒介に持ち込んでいるとして批判している[39]。このような批判的見解の考え方は「認定基準」に対する批判という枠を超えて広く独占禁止法21条の適用除外規定の解釈への新たな接近方法に連なるものであり、注目されよう。また、この点について展開されている主張の趣旨は、国際的技術移転にとどまらず、一般的に、国内を含めた事業者間の技術提携に対する独占禁止法の適用の問題にも妥当するものであろう。以下、問題のこのような広がりを前提として検討することとしたい。

　前述の見解によれば、特許法等による「権利の行使と認められる行為」とは、

---

37）稗貫俊文「国際的技術導入契約と独占禁止法」経済法学会年報5号（1984年）48頁以下。

38）稗貫・前掲注37）53頁以下。

39）稗貫・前掲注37）55頁以下。

その行為に対して独占禁止法の規制を行うことになれば、研究開発活動の奨励という特許法の目的に有意な悪影響を及ぼすと同時に、事業者の創意を発揮させることを目的とする独禁政策の自己否定ともなるような行為を意味するものと理解される[40]。その行為に対する独占禁止法の規制が特許法および独占禁止法の目的に対して悪影響を与えない場合には、適用除外の対象とはならない。要するに、独占禁止法21条の規定の意義を、特許法および独占禁止法の総合的な利益考量に基づいて特許法上の行為に対する独占禁止法の適用の限界を設定するものと解するのである。この場合、「特許法ないし特許政策上の利益は、独禁法ないし独禁政策上の利益と異質な対立する利益ではなく、共通の目的ないし効用——競争を基調とする産業社会において事業者の創意を発揮させ、国民経済の発展を図る——を有する共通の利益であることが前提とされ」ており、「具体的には、研究開発の奨励、特許技術の取引の活性化、特許製品の市場への普及、等は、特許法の政策的目的であると同時に独禁法の政策的目的でもある」ことが強調される[41]。

　特許法に基づく競争制限的・競争阻害的行為に対して独占禁止法を積極的に適用しようとする解釈論として、①特許権の本来的行使に対しても権利の濫用の法理を媒介として独占禁止法の規制を及ぼしうるとする見解[42]、②独占禁止法21条の規定は、法秩序の基本的前提としての財産権に属する特許権等の無体財産権の保障それ自体が独占禁止法と矛盾するものではないという当然の事柄を意味しているにすぎず、したがって特許権の行使による競争制限的・競争阻害的行為には独占禁止法が全面的に適用されるとして、独占禁止法21条の適用除外規定としての意義を事実上否定する見解[43]等が主張されていた。稗貫説は、右の①説について「濫用概念が独禁法の判断にひきず

---

40）稗貫・前掲注37）64頁以下。
41）稗貫・前掲注37）60頁以下。
42）紋谷暢男「特許権、ノウハウと独占禁止政策」『独占禁止法講座Ⅱ』（1976年）308頁以下。
43）正田彬『全訂独占禁止法Ⅱ』（日本評論社、1981年）223頁以下。

られて恣意的になることは免れないだろう」と批判している[44]。また稗貫説
は、特許法に基づく競争制限的ないし競争阻害的な行為（および独占的状態）
についても、その行為（および状態）を規制することによって研究開発の奨励、
特許技術の取引の活性化等のような特許法、独占禁止法に共通の目的が侵害
される場合には、独占禁止法21条の適用除外が機能すべきものと説いている
のであるから、前記②説とも異なっているようにみえる。特許法と独占禁止
法の政策目的の共通部分に着眼し、そのうえで独占禁止法21条の適用除外規
定について、同法の目的の観点からの実質的な利益考量の必要性を示すもの
ととらえている点に稗貫説の独自性がある。この見解は、公正取引委員会の
前記「認定基準」に対する有効な批判となっており、従来の諸学説とともに
相応の説得力を具えている[45]。

　特許法等に基づく権利行使と独占禁止法上の諸規制との関係は、単純には
割り切れない困難な課題である。独占禁止法21条の解釈についてどのような
論理的枠組みに依拠するにせよ、確かなことは、個別事例ごとに実質的な判
断を要するという点であろう。知的財産法と独占禁止法の考え方を総合する
視点が求められる[46]。

　**流通系列化**　　再販売価格維持行為、専売店制等のいわゆる流通系列を形
成する事業者間の諸関係は、――それが当該事業者によって「業務提携」と
して認識されるか否かにかかわらず――事業活動についての事業者間の共同
行為という意味における広義の業務提携として把握しうる場合があろう。流
通系列化と独占禁止法の関係については、周知のとおり、公正取引委員会に

---

44) 稗貫俊文「工業所有権と独占禁止法」特許管理33巻11号（1983年）1446頁。

45) 稗貫・前掲注37) 59頁以下では、違法性判定のための直接的な基準設定ではなく、
　　そのための基礎作業としての一般的な評価基準の構築という意味において、特許
　　権に基づく行為の競争促進効果（特許技術の取引の促進効果・研究開発活動の促
　　進効果）と競争制限効果（製品市場における競争の制限効果・特許技術の自由な
　　取引の抑圧効果・研究開発活動の抑圧効果）の利益考量が試みられている。

46) 江口公典『経済法研究序説』（有斐閣、2000年）102頁以下参照。

よって設置された独占禁止法研究会の報告書「流通系列化に関する独占禁止法上の取扱い」を契機として、有益な議論が展開されている。そこでは、従来の解釈理論の対立状況についての問題点の整理を踏まえたうえで、流通系列化をめぐる事業者の競争阻害的行為を不公正な取引方法として規制する場合の諸問題について踏み込んだ検討結果が提示されている[47]。

このように、独占禁止法研究会報告およびその後の展開において、流通系列化をめぐる独占禁止法上の問題は、圧倒的に不公正な取引方法の規制の観点から論じられてきた。もちろん、流通系列化の「公正な競争を阻害する」側面に着眼して不公正な取引方法の規制を中心として検討の枠組みを設定することに十分な根拠があることは疑いない。しかし、「公正な競争を阻害するおそれがある」当該事業者の行為が「支配」ないし「排除」と性格づけられ、かつ「一定の取引分野における競争を実質的に制限する」ものであると認められる場合には、その行為は、不公正な取引方法であると同時に、私的独占にも該当する場合がある。流通系列化に関する独占禁止法上の取扱いは、したがって、私的独占の規制を含めた視野から検討される必要があろう。同様のことは、競争制限的共同行為としての不当な取引制限の禁止との関連についても妥当する。このように、流通系列化に係る競争制限的行為は独占禁止法3条前段（私的独占の禁止）・後段（不当な取引制限の禁止）の問題でもある。

---

47）独占禁止法研究会「流通系列化に関する独占禁止法上の取扱い」野田實編著『流通系列化と独占禁止法』（大蔵省印刷局、1980年）、独占禁止法研究会「不公正な取引方法に関する基本的な考え方」（公正取引委員会事務局編『独占禁止懇話会資料集Ⅸ 経済力の濫用と独占禁止政策』〔1984年〕所収）のほか多くの文献がある。さしあたり根岸哲「流通系列化に対する独禁法の規制のあり方」経済法学会年報1号『流通系列化と独占禁止法』（1980年）、金子晃＝実方謙二＝根岸哲＝舟田正之『新・不公正な取引方法』（青林書院新社、1983年）、舟田正之「不公正な取引方法と消費者保護」加藤一郎＝竹内昭夫編『消費者法講座 第3巻』（日本評論社、1984年）、江口公典「公正競争阻害性、競争の実質的制限の解釈理論について（上）」公正取引437号（1987年）参照。

この場合、不公正な取引方法をめぐる近年の議論の中心をなしてきた公正競争阻害性の解釈の問題とならんで、競争の実質的制限（「一定の取引分野における競争を実質的に制限すること」）の要件の解釈のあり方が重要な論点となる。この点については、業務提携の多様な諸形態に対する独占禁止法の規制の実効性の観点から後述する（(5)参照）。


## (5)　独占禁止法の実効性と基礎概念の解釈

### 1)　総　説

　すでに述べたように、業務提携と関連して独占禁止法の適用が主として問題となるのは、当該業務提携における結合関係のあり方や提携事業者の行為に応じて、競争制限的共同行為（不当な取引制限、事業者団体の違反行為〔独占禁止法8条〕）、企業結合（「固い結合」）、私的独占および不公正な取引方法の規制についてである。そして業務提携が定型的な結合形態としてはとらえきれないことから、それに対する独占禁止法の規制も一義的ではありえない。したがって、業務提携における競争制限的要素をチェックする場合に、個別事例によっては多様な論点を検討することも少なくないであろう。


### 2)　競争の実質的制限

　独占禁止法の立法の現状を前提とすれば、競争制限的共同行為、私的独占等の諸規制は、不公正な取引方法の規制を除いて、いずれも「一定の取引分野における競争を実質的に制限すること」（競争の実質的制限）を要件としている。1953年の独占禁止法改正以降、競争の実質的制限は、独占禁止法の禁止行為における競争制限の程度を示す要件として、独占禁止法の中核となる基礎概念となっている。したがって、競争の実質的制限の要件をどう解するかによって独占禁止法の実効性を左右することになる。

　競争の実質的制限の要件の解釈に関する学説等の問題点および筆者の見解については、【本書**第二部Ⅰ**】を参照していただきたい。なお、江口公典『経

済法研究序説』（有斐閣、2000年）40頁以下では、前提問題として「競争」の概
念について論じている。


## 3. 結　語

　以上、業務提携に係る独占禁止法の適用をめぐる諸問題を中心に論じた。
これを踏まえて、ここでは経済基本法としての独占禁止法を含めた経済法全
般の観点から、業務提携の意味ないし位置づけについて簡潔に取り上げてお
きたい。加えて、わが国における経済法の課題との関連で総括的な検討を行
うこととしたい。


### 1)　業務提携の位置づけ

　業務提携そのものは、事業活動についての共同行為として、事業者の自由
な活動領域に属する。業務提携という形で事業者間に結合関係が形成される
ことそれ自体は、したがって経済法的な問題とはならない。経済法的な観点
から問題を生じるのは、業務提携によって経済的な力が形成され、その力が
他の経済主体の実質的な経済的自由に対して悪影響を及ぼす場合である。こ
の場合、経済法的な規制の中心に位置するのが独占禁止法であり、前述した
ように、業務提携の多様な形態に応じて不当な取引制限、私的独占、不公正
な取引方法、企業結合等の規制の観点から問題とされることとなる。このよ
うにみてくると、独占禁止法では、業務提携そのものをそれとして独自の規
制対象とする仕組みはとられていない。


### 2)　業務提携と経済法の課題

　経済法は、経済社会における民主制ないし実質的自由を原理とする。この
視点から重要と考えられる法制度として中小企業関係法がある。中小企業関
係法の焦点は、中小企業の対等取引の確保の要請の点にある。そしてこの場
合、大企業の競争制限的ないし競争阻害的行為の排除とならんで、中小企業

の事業の共同化、言い換えれば中小企業間の業務提携が対等取引の確保の主要な手段となる。他方で、関連する現行制度には課題があることにも留意すべきであろう。

　中小企業による事業の共同化のための試みがすでに様々な形で行われているが、経済民主制ないし実質的な意味における経済的自由の観点から、問題点も指摘されている。たとえば、協同組合原則に依拠した中小企業等協同組合法とともに中小企業組織化法制の重要な一部を占めている中小企業団体の組織に関する法律は、主務大臣によるアウトサイダー規制（商工組合の調整規程制度）のように競争制限的性格の強いものとなっていた。なお、このこととも関係して、中小企業の共同化の促進の目的を含んでいた中小企業近代化促進法については、近代化計画、構造改善計画を中心とした仕組みが事業活動の自主性、自律性の観点から問題点を含んでいるとして批判があった[48]。中小企業近代化促進法は1999年（平成11）に廃止されている。

　中小企業法の問題に対応して、大規模企業によるいわゆる企業集団の問題がある。これについては、企業集団内の結合関係に検討の重点が置かれてきたが、同時に企業集団間の結合関係にも注意が向けられつつある。企業集団間の結合関係の展開については、業務提携の実態調査によっても確認されるところであり、とくに情報通信分野等の新たな事業分野への参入に際してみられるように、このような業務提携の事例は将来においてもさらに多様な形で進展することが予想される。このことが経済社会における力の形成とどう結び付き、どのような問題を提起するか、そしてどのような法的な対応が求められることとなるか、これらの点については、独占禁止法の企業結合規制との関連からすでに検討を加えた（前述）。さらに幅広い経済法の視点からの考察は今後の課題である。

---

48）正田彬「現代における中小企業と法(11)・(12)」法律時報50巻 7 号（1978年）・同 9 号（1978年）参照。

# Ⅹ　独占禁止法とは何か（入門）

## 1．自己紹介（独占禁止法 1 条）

　独占禁止法（「私的独占の禁止及び公正取引の確保に関する法律」）では、1 条にその目的規定が置かれている。目的規定は独占禁止法の存在意義を明らかにしたものであり、独占禁止法の、いわば自己紹介であるともいえよう。目的規定の前半部分は、独占禁止法の多様な規制内容を具体的に要約したものとなっており、この意味で、この法律の個々の各論的な構成要素と関係している。他方、1 条の後半部分ではこの法律の「目的」そのものが提示されている。したがって次に、目的規定の後半部分を引用して、まずは独占禁止法の自己紹介に耳を傾けてみよう。

　それによれば、この法律は「公正且つ自由な競争を促進し、事業者の創意を発揮させ、事業活動を盛んにし、雇傭及び国民実所得の水準を高め、以て、一般消費者の利益を確保するとともに、国民経済の民主的で健全な発達を促進することを目的とする」とされている。このように目的規定では合計 6 つの事項が広い意味における目的として列挙されているとみられる。このうち「一般消費者の利益を確保するとともに、国民経済の民主的で健全な発達を促進すること」が端的に独占禁止法の目的を示すものであることは明らかであろう。では、その前の 4 つの事項はどのように位置づけられるか。この点について、それらの内容に即して考えれば、「公正且つ自由な競争を促進」することは、独占禁止法が現実に追求する規制原理（直接の目的）を明らかにしたものであり、これに続く「事業者の創意を発揮させ、事業活動を盛んにし、雇傭及び国民実所得の水準を高め」ることという部分は、自由で公正な競争

の促進による国民経済的効用[1]の指摘であるといえよう。要するに、独占禁止法は公正かつ自由な競争の促進を規制原理とし、一般消費者の利益の確保および国民経済の民主的で健全な発達の促進を目的とする法律であると理解されよう。

ところで、わが国の法律には、第1条に目的規定を置いているものと、そうでないものとがある。たとえば「民法」には目的規定がない。これは、民法の存在が近代市民法秩序にとって特別の説明を要しない自明のことであるからであろう。これは「刑法」にも当てはまる。他方で、近代市民法秩序の成立時にはその存在が予定されておらず、その後の変化の過程で初めて立法の必要性が認識され法秩序の構成要素となっている法律の場合には、当該法制度の存在意義や必要性を示すために目的規定が置かれているものと考えられよう。労働法・社会保障法分野の各法律、消費者契約法や環境基本法等とともに、独占禁止法もこの典型例である[2]。

## 2. 履歴書（歴史的展開）

### (1) 独占禁止法の世界史

今や世界中の約100を超える国々が、何らかの形で独占禁止法（・競争法）を有していると言われている。これらの諸国には、いわゆる先進国がもちろん含まれているが、中南米、アフリカの諸国等のいわゆる発展途上国のなかにも、独占禁止法をすでに制定している国が多い。また、国連の機関

---

1）「事業者の創意を発揮させ、事業活動を盛んにし、雇傭及び国民実所得の水準を高め」るの文言をどう理解するかの点について、「経済的効果」を指摘するものとする今村成和『独占禁止法（新版）』（有斐閣、1978年）6頁以下、「政策的効用」を説いているものとする同『独占禁止法入門（第3版）』（有斐閣、1992年）2頁以下参照。示唆的である。

2）本章において条文のみを示す場合には原則として独占禁止法の条文である。

（UNCTAD＝国連貿易開発会議）によるモデル法典作成等の動きをとおして、独占禁止法制はさらにグローバルな存在になりつつある。（各国独占禁止法の名称も内容もさまざまである。本稿では、競争秩序の維持・促進を目的として競争秩序の侵害を規制する法制度を広く独占禁止法と呼ぶ。）

　では、独占禁止法制の起源はどこにあるのか。現代の独占禁止法の直接の起源は、カナダやアメリカ（合衆国）で19世紀後半に制定された法律であるとされている。とりわけ、アメリカで1890年に制定されたシャーマン法は、その後の展開を含めて考えれば、世界の独占禁止法の先駆けと呼ばれるにふさわしいものといえよう。なぜなら、シャーマン法を基礎として、その後アメリカでは、1914年にそれを補完する複数の重要な法律（クレイトン法、連邦取引委員会法）が制定され、アメリカ反トラスト法は自由主義経済を支える法制度として大きな発展を遂げることとなったからである。（なお、反トラスト法とは、独占禁止法の、アメリカにおける名称である。）このような経緯から、アメリカ反トラスト法は現在でも世界の独占禁止法制のモデルとして位置づけられる重要な存在となっている[3]。

　次に、独占禁止法の成立と発展について世界史の動きと絡めて概観しておこう。

　西ヨーロッパや北アメリカの諸国では、産業革命を媒介とした大規模な経済活動の拡大により、19世紀後半以降、高度化した経済社会における独占問題に直面し、これに法的な対応策を打ち出すことが要請されることとなった。この問題に対するアメリカ合衆国の解答が自由主義思想に基づく反トラスト法の整備であったことは、前述した。他方、ヨーロッパ諸国では、この段階で独占禁止法制が主流となることはなく、むしろ主として統制経済立法による問題の解決が図られた。さらにヨーロッパでは、列強諸国間の市場争奪をめぐる紛争等を背景として、1914年に第1次世界大戦が始まり、その結果ヨーロッパ列強諸国は大戦以降世界のトップリーダーとしての地位を失うこと

---

3）欧州連合（EU〔European Union〕）の競争法の進展も著しい。

Ⅹ　独占禁止法とは何か（入門）　　279

となる。そして同じ1914年、アメリカ反トラスト法の大幅な強化が実現した
ことは象徴的であるといえよう。その後アメリカは、20世紀全般をとおして
自由と民主主義の理念を掲げて世界のリーダーの役割を果たす。


## (2)　戦後日本史と独占禁止法

　わが国の独占禁止法は、第2次世界大戦終結の直後、1947年に制定された。
日本史における大きな転換点と密接に関わっていることは、いうまでもない。
むしろ、以下に述べるとおり、その大きな変化の重要な構成要素であったと
いってよい。

　敗戦後、連合国による占領下において農地改革、労働組合の承認、財閥解
体を始めとする大規模な民主的改革が進行し、日本社会に構造的な変化がも
たらされたことは、周知ことであろう。独占禁止法は、このような変化の一
環として財閥解体と不可分の関係において制定された。すなわち、財閥解体
が、四大財閥の本社を含む多数の持株会社の解体整理を中心として財閥企業
集団の資本的・人的結合関係を断ち切り、過度経済力集中排除および私的統
制団体の解体整理によって補完されながら、経済民主化のための応急措置と
して実施されたことと並行して、その基盤の上で経済民主化を長期的・恒久
的に確保するための法律の制定が企図されたのである。そして日本側の素案
を連合国総司令部側の考え方に基づいて修正するという経緯を経て、1947年
3月、独占禁止法が成立した。

　また、独占禁止法はその後も現在に至るまでわが国経済社会の基本的なあ
り方を規定する存在であり続けている。制定から現在に至るまでの動きを、
簡潔にフォローしてみよう。

　占領期の立法である1947年制定法は異例に厳格な規制を含んでいた。1949
年の法改正を経て、これを踏まえた自主立法権回復後の1953年改正法に基づ
く独占禁止法は、アメリカ反トラスト法の主要な規制を基軸として、世界標
準に即した内容を備えていた。しかし、法制度が存在することと、法制度が

280　　第二部　独占禁止法の諸問題

現実に機能することは、別のことである。1953年改正以降、1960年代初めに至るまで、独占禁止政策は多くの領域で機能不全となり、停滞した。これは当時、独占禁止法が日本社会のなかに十分な支持基盤を持たなかったことに原因があるとみられる。経済界や、各業界を監督する通商産業省等の行政庁には、独占禁止政策の重要性に対する認識が希薄であり、むしろ産業政策を重視する傾向が見られた。

　1960年代に至って、独占禁止法の社会的定着を促す動きが次第に活発化する[4]。1960年代以降、政府部内では、物価問題への対応策として独占禁止法上の規制を活用するという方針が示され、また不当表示や過大な景品付販売を規制するために独占禁止法の付属法令として景品表示法（不当景品類及び不当表示防止法）が制定された。このように、広い意味における消費者問題と結びつきながら、独占禁止法の社会的な定着の歩みが始まる。この時期以降、独占禁止政策を推進する動きと産業政策的傾向とがせめぎ合い、石油危機による経済的混乱と1977年の独占禁止法強化改正をめぐる経緯を含めて、両者の間の緊張関係が続くこととなる。

　今や独占禁止法は名実ともにわが国における経済法制の基本法としての地位を築いているということができよう。この傾向が確固たるものになったのは1990年代に入ってからのことである。このような展開には明確な要因がある。それは、日本の経済社会のあり方に向けられたアメリカ、ヨーロッパからの外交圧力である[5]。その外圧は1980年代に頂点を迎え、自由主義的経済社会を単に建前にとどまらず実質的なものとすることをとりわけ強く求めたアメリカの要求項目には、独占禁止法の強化が含まれていた。これを受けて1990年代以降、主として執行力強化のための改正が相次いで行われ、また規制改革の進展と歩調を合わせながら、独占禁止法の機能領域が公益事業分野

---

4）このパラグラフについて、とりわけ正田彬『独占禁止法Ｉ（全訂版）』（日本評論社、1980年）50頁以下参照。

5）「日米構造問題協議──法的課題の検討〈特集〉」ジュリスト965号（1990年）等参照。

を含めた経済社会全般に拡大される傾向が強まることとなった。


### (3) まとめ（近未来）

このようにみてくると、世界と日本の歴史のなかで独占禁止法が重要な地位を占めていることが分かる。歴史的検討のしめくくりに、近未来について触れておこう。

目下の独占禁止政策の重点のひとつは談合の摘発にあるといえよう。事業者による談合の問題は、政・財・官を含めた日本社会の深層に潜む問題点と関わっており、緊急を要する重要な課題である。競争を避け、「和」を重んじる日本社会の体質とも結びついた問題であることから、この問題への取り組みには困難を伴うことが予想される。しかし「和」の文化の神髄は、一般消費者を含めた経済社会全般の民主的で健全な発達を目的とする独占禁止法の立場とこそ親近性を持つものであり、これに反して共謀する一部の事業者等の行為は本来の意味における「和」にむしろ敵対するものというべきであろう。独占禁止法は、この意味で将来の日本文化の行方とも関わる[6]。

国際社会に眼を転じると、グローバル化する経済社会に対応して独占禁止法の国際的ネットワークの構築が模索され、いわば実験段階にある。各国法文化の対立と融合の場であるといえよう。


### 3. プロフィール

独占禁止法とは何かという問いに答えるために、法目的および歴史的展開

---

6) なお、いわゆる官製談合（国・地方公共団体等の職員が関与している入札談合）を防止するために、入札談合等関与行為防止法（「入札談合等関与行為の排除及び防止並びに職員による入札等の公正を害すべき行為の処罰に関する法律」）が2002年に制定されている。

について取り上げてきた。次に、独占禁止法の具体的な内容を概観すること
としよう。

## (1) 独占禁止法の基本構造

本稿の冒頭に「自己紹介」として述べた目的規定を別にすれば、独占禁止
法の内容は、第1に規制対象となる競争秩序侵害の諸類型を定める部分、第
2に手続およびサンクションを定める部分に大別される。もっとも、実際に
個々の条文を見ていくと、両方の要素が混在している場合もあり、完全にク
リアーな構造となっているわけではない。しかし、独占禁止法上の諸規定は、
実質的にこのいずれかに属するものとして位置づけることができる。

## (2) 競争秩序侵害の諸類型

公正かつ自由な競争の促進の妨げとなる競争秩序侵害として、私的独占、
不当な取引制限、競争秩序侵害的な企業集中、不公正な取引方法、独占的状
態の5類型があり、これらが独占禁止法による規制の柱となっている[7]。ま
た適用除外規定も、競争秩序侵害をネガティヴに規定したものとして、この
系列に属する。なお、独占禁止法上の規制対象とされている構成要件の諸類
型を総称するものとして、本稿では「競争秩序侵害」という上位概念を用い
る。主要な5類型に関する規定は、次のとおりである。

まず2条1〜4項には、基本概念（「事業者」・「事業者団体」・「役員」・「競争」）
の定義規定が置かれている。これらは、競争秩序侵害の諸類型の定義規定に

---

7) このほか事業者団体の違反行為に係る独占禁止法8条1〜5号の規定のように、
5類型を補完する規定がみられる。なお、独占禁止法1977年改正によって同調的
価格引上げに係る報告徴収の制度が導入された（この規定は独占禁止法2005年改
正により廃止されている）。

X 独占禁止法とは何か（入門) 283

含まれる重要な基礎概念である。

そのうえで、競争秩序侵害の諸類型そのものに関する規定は、多くの類型の場合、定義規定とそれに対する法的評価から構成されている。たとえば独占禁止法上の規制対象の中心となる私的独占、不当な取引制限についてみると、2条5項・6項にそれぞれ定義規定があり、それを受けて次に3条に私的独占、不当な取引制限を禁止する旨の規定が置かれている。不公正な取引方法についても同様である（2条9項、19条参照）。他方、競争秩序侵害的な企業集中の規制（9条、10条、15条等）の場合には、規制対象の確定とその法的評価が一体として定められている。また、独占的状態の場合には、定義規定（2条7項）を踏まえ、それに対する法的評価と手続・サンクションを一体として定める規定（8条の4）が置かれている。

次に、21〜23条に適用除外規定がある。もっとも、創設的な性格を有する文字どおりの適用除外規定だけではなく、確認的な意味を有するにすぎない場合も含まれる（知的財産権と独占禁止法の関係について定める21条参照）。

### (3) 手続・サンクション

まず、独占禁止法の目的達成を任務とする公正取引委員会の組織・権限等を定める27〜44条（独占禁止法8章1節）の規定を取り上げる必要がある。とくに、一般の行政庁の場合とは異なり、公正取引委員会の意思決定が合議制によって行われる点、さらに公正取引委員会の委員長および委員に職権行使の独立性が認められている点に、留意すべきであろう[8]。次に、独占禁止法上の法的制裁（サンクション）には、行政処分、刑事罰および民事上のサンクション（差止請求、損害賠償請求）が含まれる。独占禁止法の執行機関としての公正取引委員会が競争秩序侵害の諸類型に係る行政処分の主体となること

---

8)「公正取引委員会の委員長及び委員は、独立してその職権を行う」（独占禁止法28条）。

は、いうまでもない。公正取引委員会は、それにとどまらず、刑事罰の場合や民事上のサンクションについてもそれぞれ一定の重要な役割を果たす。競争秩序侵害の諸類型に係る公正取引委員会の主要な行政処分には、第1に私的独占、不当な取引制限、不公正な取引方法等の違反行為に係る排除措置命令、第2に独占的状態に係る競争回復措置命令、第3に、一定の要件の下で私的独占、不当な取引制限、不公正な取引方法等について行われる課徴金納付命令があり、これらはいずれも、独占禁止法8章2節に規定する手続に従って行われる[9]。

　独占禁止法違反行為に対して刑事罰が科される場合がある。ただし、不公正な取引方法は、「公正な競争を阻害するおそれ」があるにすぎない行為であることから、それ自体として刑事罰の対象とはならない。これに対し、刑事罰の対象となる違反行為は、私的独占、不当な取引制限およびこれに準ずる8条1号所定の事業者団体の違反行為等である（89条以下参照）。また、独占禁止法違反行為は民事上のサンクションの対象となる。独占禁止法では、差止請求（24条）および損害賠償請求（25・26条）について規定している。

---

9) 独占禁止法違反の疑いについて、公正取引委員会と事業者等との間の合意により自主的に解決するための独占禁止法48条の2から48条の9までに規定する手続（「確約手続」）が導入された（2018年12月30日施行）。これには「環太平洋パートナーシップ協定の締結及び環太平洋パートナーシップに関する包括的及び先進的な協定の締結に伴う関係法律の整備に関する法律」に基づいて独占禁止法が改正され、確約手続が導入されたという経緯がある。

# XI　独占禁止法と競争秩序

## 1．独占禁止法の新展開と本稿の課題

　(a)　1947年の独占禁止法の制定までわが国においては独占禁止政策に係る法的伝統が稀薄であったことから、制定後の独占禁止法の展開が法の目的に即して順調であったとはいいがたい。むしろ、とくに1953年改正以降1960年前後までの時期には、運用の停滞がみられた。

　しかし、その後1960年代半ば以降、わが国社会において現代経済法制の基本法としての独占禁止法の重要性の認識が次第に深まり、1977年には、制定されて以降初めての強化改正が行われた。その後現在に至る展開を顧みるならば、独占禁止法1977年改正はわが国経済法制の進展に新たな時代が到来したことを示すものであったということができよう。

　すなわち、1991年、1992年には独占禁止法の執行力（課徴金、刑罰）強化のための改正が、1996年には公正取引委員会の組織強化のための改正が行われ、その後さらに、企業集中規制に係る複数の改正が行われている（事業支配力過度集中の規制に係る1997年改正、市場集中規制に係る1998年改正）。また、1999年には不況カルテル・合理化カルテル制度の廃止、適用除外法（独占禁止法の適用除外等に関する法律）の廃止、個別的適用除外制度の縮小を主な内容とする立法措置がとられた（独占禁止法の適用除外制度の整理等に関する法律）。適用除外制度の整理に関するこの立法措置は、継続的に行われてきた適用除外制度見直しの動向の大きな節目となるものであり、1990年代における一連の個別的な強化改正や運用の強化と連動して独占禁止法の新たな展開を示すポイントのひとつでもある。

286　第二部　独占禁止法の諸問題

(b) 立法や法運用の展開とともに、独占禁止法に係る理論面の進展も著しい。民事法等他の法分野の場合とは異なり、第2次大戦以前からの理論的な遺産がきわめて乏しいという与件のもとで、独占禁止法の目的等に関する基本的な考え方や、独占禁止法上の個別的諸制度をめぐる解釈上の諸問題について、学説の進展と蓄積がみられる。

独占禁止法をめぐる理論的な展開の全体像を提示することや個々の論点について詳細に取り上げることは、もちろんこの小論の目的ではない。本稿では、以下、将来における独占禁止法のあり方を展望する立場から基本的な問題点の整理を試みることとする。まず、目的規定や、私的独占等の主要な競争秩序侵害の諸類型の定義規定を取り上げ、それら諸規定における「競争」のとらえ方について検討する (2.)。次に、従来の法運用の重点やわが国の競争秩序の現実と関連する全般的な問題点について考察する (3.)。

## 2. 独占禁止法上の競争をめぐる諸問題

### (1) 「競争」

独占禁止法上の「競争」は、同法の目的規定において「公正且つ自由な競争」(1条) という形で、また主要な同法違反行為の構成要件において「一定の取引分野における競争」(2条5項等)、「公正な競争」(2条9項) という形で法律上の存在となっている。これら諸規定における「競争」の概念は、複数の事業者が相互に他を排して、第三者との取引の機会を獲得するために行う努力ないしそのような行為を意味するものと解される[1]。

「競争」の定義規定 (独占禁止法2条4項) については、同法第4章に係る買手間競争の除外の問題点が1998年の法改正によって立法的に解決されたとは

---

1) 江口公典「独占禁止法上の『競争』についての覚書」法律時報71巻7号 (1999年) 92頁以下 (江口公典『経済法研究序説』〔有斐閣、2000年〕40頁以下) 参照。

XI 独占禁止法と競争秩序 **287**

いえ、「肝腎の、他を排して取引の機会を得ようとする努力という、競争の本体を為す部分がとらえられていない」[2]ことの問題が残っている。したがって、実質的に2条4項の規定は、独占禁止法上の競争に潜在競争が含まれることを含め、競争をとらえる場合の枠組みを示すものとして機能しているということになる。

### (2) 「公正且つ自由な競争」と規制原理

(a) 独占禁止法1条では「一般消費者の利益を確保する」こと、そしてそれとともに「国民経済の民主的で健全な発達を促進すること」という2つの法目的が定められている。ここで一般消費者の利益の確保とは、国民経済の民主的で健全なあり方を示す最も重要な指標として法目的に加えられたものと考えられる。したがって、独占禁止法の目的は端的に国民経済の民主的で健全な発達の促進であるというとらえ方も可能であろう。

右の法目的を達成するために、独占禁止法は「公正且つ自由な競争」の促進を規制原理とする法制度として組み立てられている。独占禁止法を基本法とする現代経済法制の意義を踏まえて考える場合、「自由な競争」の促進は、経済主体の自由を基調とする市場経済の宣言としての国民経済の民主的で健全な発達という法目的と直接に結びついており、この意味で基本的な意義を有する。次に、「公正な競争」が独占禁止法の規制原理の構成要素とされていることの意味は、市場経済において「自由な競争」の結果として現実的に不可避となる不公正な競争を排除するために、独占禁止法の柱のひとつとして不公正な取引方法の禁止を定めていることと結びついている。

独占禁止法は、両者の総合としての「公正且つ自由な競争」を規制原理としているということになる。自由な競争なしに公正な競争はありえず、かつ

---

2) 今村成和「独占禁止法（新版）」（有斐閣、1978年）47頁。

288　第二部　独占禁止法の諸問題

公正な競争のみが自由である[3]）。

（b）　このように、独占禁止法の規制原理としての競争秩序は「自由」、「公正」の価値概念を含んでいる。以下では、両者の価値概念との関連に留意しながら、独占禁止法における競争秩序維持のための諸規制とそれらの定義ないし規制基準について検討する。

　その前提として、次の2つの点を確認しておきたい。第1に、独占禁止法2条以下に規定される諸規制は、自由な競争と公正な競争の総合としての「公正且つ自由な競争」の促進に向けられており、自由または公正のいずれかの価値のみを追求する規制は存在しないと考えられる。この前提に立って、第2に、しかし、自由な競争の促進に重点を置いた規制、公正な競争の促進に重点を置いた規制が存在すると考えられる。

### (3)　「一定の取引分野における競争」

（a）　自由な競争の促進に重点を置いた独占禁止法上の主要な規制として、私的独占・不当な取引制限の禁止、競争制限的企業集中の規制[4]をあげることに異論はないであろう。これらの諸規制では、自由な競争を促進する立場から、事業者の行為が「一定の取引分野における競争を実質的に制限すること」（競争の実質的制限）を要件の中心に位置づけている。自由な競争の促進という視点から、競争の有無ないしその程度が問われ、競争の有無ないしその程度を判断する場が「一定の取引分野」である。

　自由な競争という共通の価値に重点を置きながら、競争の実質的制限以外の基準が定められている場合も少なくない。第1に、構造規制としての特殊

---

3）ここで「公正な競争のみが『自由である』」とは、そのような競争のみが法的保護を受けるに値するという意味である。この関連では、競争に関する他の法制度（不正競争防止法等）も視野に入る。

4）独占禁止法第4章の諸規定のうち10条・15条等の、いわゆる市場集中の規制を指す。

性に基づく「独占的状態」の定義がある。第2に、旧事業者団体法に係る沿革上の背景を有する事業者団体に対する禁止行為のうち、独占禁止法8条3号の行為類型（一定の事業分野における事業者数の制限）もこの系列に属するものといえよう。

(b) 企業集中の諸類型のうち、競争制限的企業集中に属さない事業支配力過度集中の規制は、自由な競争と公正な競争という規制原理の両構成要素との関連において特別の性質をもつものと考えられる。この点は、持株会社の規制に係る1997年独占禁止法改正をとおして、持株会社の規制基準そのものにも表現されることとなった。すなわち、持株会社の規制基準（「事業支配力が過度に集中すること」）はその定義規定の一部において「公正かつ自由な競争の促進の妨げとなること」を構成要素としている。そしてこのことは、持株会社の規制が、他の諸規制のように自由な競争の促進または公正な競争の促進のいずれかを主眼とするのではなく、両者を総合した「公正かつ自由な競争の促進」という独占禁止法の規制原理の観点からの高度な立法政策的判断に基づいていることを示しているといえよう。


### (4) 「公正な競争」

(a) 公正な競争の促進に重点を置いた独占禁止法上の規制は、いうまでもなく不公正な取引方法の禁止である。不公正な取引方法の定義規定では、第1に不公正な取引方法の枠組みとなる取引拒絶、差別的取扱い等の行為類型（独占禁止法2条9項1-6号）が、第2に公正競争阻害性の要件（「公正な競争を阻害するおそれがある」こと）が示されている。この点は、不公正な取引方法に係る課徴金制度を導入し、同時に不公正な取引方法の定義を大幅に改めた2009年改正法によっても変更を受けていない。

独占禁止法2条9項1-6号の行為類型における「不当」性、一般指定の行為類型における「不当」性・「正当な理由がない」ことについては、「法が不公正な取引方法を禁止した趣旨は、公正な競争秩序を維持することにあ」り、

「『正当な理由』とは、専ら公正な競争秩序の見地からみた観念」であるとする解釈が定着しており、このような解釈自体は妥当であるということができる[5]。

　(b)　しかし、独占禁止法の規制原理としての公正かつ自由な競争の促進が自由な競争と公正な競争の総合としてとらえられるという前述の趣旨に即して考える場合にも、不公正な取引方法の禁止は自由な競争の促進とも無関係ではない。むしろ、不公正な取引方法の禁止の根底には自由な競争の促進の観点が厳存すると考えられよう。独占禁止法2条9項1－6号の行為類型における「不当」性、一般指定の行為類型における「不当」性・「正当な理由がない」ことについても、これらが第一義的に「公正な競争秩序の見地からみた観念」であることは疑いないが、より原理的には「公正かつ自由な競争」という独占禁止法の規制原理全般に立脚するものというべきであろう。

　「①自由な競争、②競争手段の公正さ、③自由競争基盤の確保の3つの条件が保たれていることをもって公正な競争秩序と観念し、このような競争秩序に対し悪影響を及ぼすおそれがあることをもって、公正競争阻害性とみる」見解（独占禁止法研究会報告・不公正な取引方法に関する基本的な考え方）も、個別的にはさらに検討の余地があるが、右の文脈から理解することができる。批判的検討は今後の課題である。

## 3.　法運用の重点と今後の課題

### (1)　従来の法運用の重点について

　(a)　実体法的な側面に着眼するならば、独占禁止法は、公正かつ自由な競争を促進するために、①私的独占・カルテルの禁止、②不公正な取引方法の

---

5）明治商事再販売価格維持行為事件最高裁第二小法廷判決（昭和50年7月11日）参照。

禁止・企業集中の制限、③独占的状態の規制を中心とする規範体系を備えている。これらの競争秩序侵害に対する諸規制をアメリカ反トラスト法およびわが国独占禁止法の歴史的展開に即して素描すれば、①（1890年アメリカ・シャーマン法）から②（1914年アメリカ・合衆国クレイトン法・連邦取引委員会法）へ、そしてさらに③（1977年わが国独占禁止法改正）へ、という競争秩序侵害に対する規制の歴史的発展の過程が明らかになる。ここで詳論することはできないが、それぞれの規制は、独占禁止法の目的と規制原理の立場から固有の根拠に基づいて位置づけられている【本書**第二部Ⅶ**参照】。

その一方で、主として公正取引委員会による具体的な法運用の現実に即してみる場合には、競争秩序侵害に対する諸規制の間に法運用の重点に関して差異がみられる。端的にいえば、わが国の独占禁止法の運用は、3条後段および8条に基づく競争制限行為・競争阻害行為の規制に重点が置かれてきたということができよう[6]。また、不公正な取引方法の領域では、再販売価格の拘束等の垂直的価格制限行為の規制も（処理件数では3条後段・8条に及ばないとはいえ）法運用の重点として定着してきていると考えられる[7]。

　(b)　独占禁止法の展開に係る今後の課題について取り上げる前提として、従来の法運用のあり方とその意味について検討しておこう。

まず、わが国における競争秩序をめぐる規範と現実との間の特別の緊張関係について明確に認識することが求められるように思われる。規範と現実との間の緊張関係はあらゆる社会において、さらにどの法分野においても法的規範に通常随伴するものといってよい。そしてわが国の独占禁止法をめぐる規範と現実との間の緊張関係は、この領域の法的伝統が乏しいわが国の社会に、高度に進展したアメリカ反トラスト法に基づく法制度が占領期に導入さ

---

6）さしあたり公正取引委員会事務総局編『独占禁止政策50年史（下巻）』（1997年）254頁・256頁、金井貴嗣「独占禁止法50年——回顧と今後の課題」経済法学会年報18号（1997年）参照。

7）公正取引委員会事務総局編・前掲注6）256頁・257頁参照。

れたことと関係していると考えられる。このため、わが国独占禁止法をめぐる規範と現実との間の緊張関係は特別に顕著である。

このことから、独占禁止法の規範体系と社会的現実との間の乖離に留意しながら、将来像を展望することが課題となる[8]。

## (2) 展望と課題

(a) 現実的に独占禁止法は不当な取引制限、事業者団体の独占禁止法8条違反行為、再販売価格維持行為等の水平的・垂直的価格制限行為の規制を中心として機能を果たしてきた。このような領域の周辺にまで独占禁止法の機能を拡大することが、将来における中期的な課題となる。このような展開はすでに多くの領域で進行している。以下、主要なものを例示しよう[9]。

第1に、独占禁止法第4章における企業集中規制のうち市場集中規制（10条・15条等）については、競争の実質的制限の要件に係る八幡・富士合併事件審決の解釈上の問題点が「株式保有、合併等に係る『一定の取引分野における競争を実質的に制限することとなる場合』の考え方」の公表によってさしあたり妥当な解決をみたこと、また株式所有・合併等の報告・届出制度が1998年改正により合理化されたことをとおして、本格的な規制に向けた枠組みが整備された。同時に、このような条件整備を事実上先取りしたとみられる規制実務にも注目すべきであろう[10]。

第2に、水平的ないし垂直的な価格制限行為と密接に関係する競争秩序侵

---

8) 公正取引委員会事務総局編『独占禁止政策50年史（上巻）』（1997年）131頁以下・160頁以下参照。

9) 以下本文に述べる事項のほか、近時増加している私的独占の事例に実質的な適用範囲の拡大の傾向がみられることを指摘できよう。なお、この点については、泉水文雄「私的独占・企業結合の規制」経済法学会年報18号（1997年）1頁以下参照。

10) 公正取引委員会年次報告・平成7年度199頁以下、同・平成8年度195頁以下、同・9年度225頁以下参照。

害としての、共同ボイコットや並行輸入阻害行為の規制に係る進展が指摘されよう。

前者の共同ボイコットについては、「流通・取引慣行に関する独占禁止法上の指針」(1991年)において、「共同ボイコットが行われ、行為者の数、市場における地位、商品又は役務の特性等からみて、事業者が市場に参入することが著しく困難となり、又は市場から排除されることとなることによって、市場における競争が実質的に制限される場合には不当な取引制限として違法となる」という公正取引委員会の考え方が表明されている。具体的に共同ボイコットの態様がどのような場合に競争の実質的制限の要件を充足するかについて、指針における例示[11]を踏まえて具体的な解釈基準が明らかになることが期待される。

後者(並行輸入阻害行為)については、「流通・取引慣行に関する独占禁止法上の指針」において、総代理店が海外における流通ルートからの真正商品の入手を妨害する行為が「契約対象商品の価格を維持するために行われる場合」には不公正な取引方法の一般指定13項(現在は12項)(不当な拘束条件付取引)または同15項(現在は14項)(競争者に対する不当な取引妨害)に該当するとされている。近時この考え方に従って、わが国の輸入総代理店が契約相手方たる当該商品の外国供給業者に対して契約の履行を要求する行為と事実上密接に結びついている行為についても、これを不公正な取引行為に該当するとした事例が見られるようになっている[12]。このような規制事例は、この領域における従来の事例[13]に現れていた規制基準のラインからの明らかな進展

---

11) 「流通・取引慣行に関する独占禁止法上の指針」第2・2・注2参照。

12) 星商事事件・公正取引委員会平成8年3月22日勧告審決、松尾楽器商会事件・公正取引委員会平成8年5月8日勧告審決、ミツワ自動車事件・公正取引委員会平成10年6月19日審判審決参照。

13) 輸入総代理店でない販売業者による入手妨害行為に関するヤシロ事件・公正取引委員会平成2年9月5日勧告審決、輸入総代理店による国内流通業者の並行輸入品取扱いの制限行為に関するオールドパー事件・公正取引委員会昭和53年

を示している。

（b）より長期的な視野からは、現行独占禁止法上の競争秩序侵害の諸類型の全般的な実効性について、さらには前述した独占禁止法の目的の立場からの立法論的な課題について、多くの問題点が残されている。ここでは、独占禁止法の目的の実現に関する2つの論点のみを指摘しておきたい。

第1に、民事訴訟による独占禁止法の実現の問題がある[14]。幅広い問題領域のうち、差止請求に係る立法論的な議論が進行している[15]。差止請求の制度は2000年の法改正により独占禁止法24条として実現した。

第2に、十分に煮詰められた論点ではないが、地域社会における独占禁止法・消費者法の実現について検討する必要があるのではないか[16]。

---

4月18日勧告審決参照。

14）日本経済法学会年報19号（1998年）・特集「競争秩序と民事法」における各論文（厚谷襄児、松本恒雄、茶園茂樹、岡田外司博、森田修、白石忠志執筆）参照。

15）「民事的救済制度研究会中間とりまとめ」（別冊NBL 43号）（1997年）、企業法制研究会報告書「不公正な競争行為に対する民事的救済制度のあり方」（別冊NBL 49号〔1998年〕）および独占禁止法違反行為に係る民事的救済制度に関する研究会中間報告書「独占禁止法違反行為に対する私人による差止請求制度の導入について」（1998年）参照。

16）さしあたり都道府県知事の関与に係る不当景品類及び不当表示防止法の規定（33条11項）が現行法上の足掛かりとなろう。とりわけ消費者法の分野においては大きな進展が見られる。この点について、消費者庁「地方消費者行政強化作戦2020」（2020年4月1日）では「第4期消費者基本計画（令和2年3月31日閣議決定）を踏まえ、どこに住んでいても質の高い相談・救済を受けられ、消費者の安全・安心が確保される地域体制を全国的に維持・拡充すること」を目標として「地方消費者行政強化作戦」（2015年3月24日）を改定し、新たに「地方消費者行政強化作戦2020」を定め、同時に「消費者庁は、地方消費者行政が自治事務であることを踏まえ、地方公共団体の自主性・自立性が十分に発揮されることに留意するとともに、地方消費者行政の充実・強化のための交付金等を通じて、地方公共団体等による消費者行政推進のための計画的・安定的な取組を支援する」ことを宣言している。

競争秩序をめぐる具体的な経済社会の現実の理解を踏まえて、独占禁止法の目的ないし規制原理を含めた競争秩序の規範体系のあり方を探求することが今後の課題となる。

## 初出一覧

### 第一部　法における人間像と現代法

I　法における人間像の更新

　　［現代企業法学の理論と動態第1巻「下篇」（奥島孝康先生古稀記念論文集）（成文堂）、867−878頁、2011年10月］

II　独占禁止法の基本問題に係る文化的含意

　　［慶應法学9号、85−94頁、2008年2月］

III　Cultural Implications in the Framework of Basic Issues of Competition Policy

　　［Josef Drexl (ed.), The Future of Transnational Antitrust: From Comparative to Common Competition Law (Munich Series on European and International Antitrust Law), Volume 1, pp. 3-8, Mar. 2003］

IV　環境問題と競争秩序

　　［法律時報73巻8号（日本評論社）、4−8頁、2001年7月］

V　ドイツにおける環境問題と競争秩序

　　［公正取引601号（公正取引協会）、22−29頁、2000年11月］

VI　日本法のための覚書

　　［法学雑誌tâtonnement（タートンヌマン）11号、332−342頁、2009年3月］

VII　Wirtschaftsverfassung und Wirtschaftsrecht in Japan vor den Herausforderungen der Globalisierung und der WTO

　　［Rainer Pitschas/Shigeo Kisa (Hrsg.) Internationalisierung von Staat und Verfassung im Spiegel des deutschen und japanischen Staats- und Verwaltungsrechts, S. 289-295, 2002］

VIII　フーゴー・ジンツハイマー「法律家の世界像における変遷」

　　［慶應法学48号、203−214頁、2022年3月］

IX　スマートフォンの社会的（悪）影響と法

　　［慶應法学51号、111−123頁、2024年3月］

X　「ドイツ法」の教育

　　［1、2の記述は書き下ろし。3の記述の出典はLAW BOOKS、026号（DH国際書房）2014年10月1日・027号（DH國際書房）2014年12月1日、4の記述の出典はLAW BOOKS、075号（DH國際書房）2019年11月30日］

## 第二部　独占禁止法の諸問題

I　独占禁止法上の競争の実質的制限に関する覚書
　　［慶應法学47号、97−105頁、2022年1月］

II　独占禁止法上の競争の実質的制限
　　［慶應法学45号、1−11頁、2020年12月］

III　Wesentliche Wettbewerbsbeschränkungen im Antimonopolgesetz
　　［岡山大学法学会雑誌36巻3・4合併号、574−584頁、1987年3月］

IV　独禁法の基礎概念
　　［経済法講座第2巻（日本経済法学会編）（三省堂）、22−38頁、2002年10月］

V　競争秩序と知的財産法制のあり方──具体的トピックに基づく検討──
　　［法と実務 vol. 4（日弁連法務研究財団編）（商事法務）、21−32頁、2004年7月］

VI　知的財産権と独占禁止法の境界線
　　［Right Now! 2005年2月号（税務経理協会）、24−34頁、2005年2月］

VII　競争制限的企業集中の規制に関する一考察
　　［慶應法学1号、199−211頁、2004年12月］

VIII　独占禁止法における企業集中規制の現況と課題
　　［競争法の現代的諸相（上）（厚谷襄兒先生古稀記念論集）（信山社出版）、431−441頁、2005年3月］

IX　業務提携と法
　　［企業結合と法（実方謙二＝奥島孝康＝江口公典＝本間重紀著）（現代経済法講座3）第3章（三省堂）、139−205頁、1991年9月］

X　独占禁止法とは何か
　　［法学セミナー585号（特集1・独占禁止法へのイントロダクション第I部）（日本評論社）、6−9頁、2003年9月］

XI　独占禁止法と競争秩序
　　［法律時報71巻11号（日本評論社）、38−41頁、1999年10月］

## あとがき

### 第一部について

　意欲していたわけではない。それどころか当初は確かな自覚もなかったように思う。記録と記憶を遡ってみると、およそ40年間の職業生活のちょうど前半が終わろうとする頃、経済法の解釈論等の実用法学的研究とは別に、経済法制や現代日本法全般に係る基本問題の考察が筆者の研究の重要な一部を成すようになった。なぜそうなったのか、その背景や意味はどのようなものか。おおむね次の点が指摘できるように思われる。

　第1に、その時期に国際的な学術交流に参加するようになり、研究集会のテーマに即して報告を行い、また場合によっては報告を踏まえて論文を執筆する機会が与えられた。国際交流の場面では、複数ないし多数の国の法秩序を跨ぐテーマが設定されることとなり、そのため一定の抽象度を具えた基本問題に取り組むことが多い。具体例をあげよう。1999年10月にドイツ・ライン河畔のシュパイアー（Speyer）において「国家と憲法の国際化──ドイツと日本における公法・行政法の観点からの検討」（Internationalisierung von Staat und Verfassung im Spiegel des deutschen und japanischen Staats und Verwaltungsrechts）という研究集会に参加し、日本の経済法の立場から報告を行い、また2002年6月にドイツ・バイエルンのフラウエンキームゼー（Frauenchiemsee）において「国境を越える反トラスト──比較競争法から共通競争法へ」（The Future of Transnational Antitrust: From Comparative to Common Competition Law）をめぐって行われた研究集会では、文字どおり「基本問題」の検討が筆者の課題となった（Cultural Implications in the Framework of Basic Issues of Competition Policy）。

　国際交流に係る要因に加えて、第2に、筆者の実用法学的経済法（・独占禁止法）研究がそれのみでは次第に立ち行かなくなってきていたという経緯が

ある。「立ち行かなくなってきていた」という認識は、今になってそう思うのであって、その当時は「どうもうまくいかない」・「さてどうしたらいいものか」と考えながら漠然とした危機を感じていた。その前後の数年間における論文等のリストをいま眺めてみると、その間の研究活動における変化がある程度明らかになる。さしあたり、関連する主な論文等のタイトルを時系列によって列挙するのが分かりやすいかもしれない:

① „Kleine Versuche zur Überbrückung der Unterschiede des japanischen und europäischen Privat- und Wirtschaftsrechts" (2002年)[1] 【本書**第一部Ⅵ**参照】

② "Cultural Implications in the Framework of Basic Issues of Competition Policy" (2003年)[2] 【本書**第一部Ⅲ**】

③ 「法における新しい人間像を求めて」2009年[3]

④ 「法における人間像の更新」2011年【本書**第一部Ⅰ**】

このうち前二者(①②)はそれぞれの研究集会や催しの全体のテーマに規定されたものである。次に、その数年後に公けにされた③④の論稿は、筆者による独自の問題設定に基づいている。基本問題の検討は、このようにして研究活動における重要な地位を占めるようになった。

「スマートフォンの社会的(悪)影響と法」(**第一部Ⅸ**)は、収録している論文等のなかで最も新しく2024年3月に公表されたものである。テーマに関する筆者の現段階における第一歩ともいうべきものであり、また本論文の刊行後に三宮麻由子著『わたしのeyePhone』(早川書房刊)等の注目すべき著作が公表されていることから、諸賢のご指導も得ながら、さらに考察を進めたい。本論文の主題と内容は「経済法」から離れているように見えて、しかし潜在的には相当に近い位置にあるようにも思う。初出誌に掲載された際に読者の

---

1)「日欧経済法の架橋の試み」(講演)。

2) 日本語訳は【本書**第一部Ⅱ**】「独占禁止法の基本問題に係る文化的含意」参照。

3) 三田評論2009年5月号48頁。

1人から、この小論に接して筆者が社会法研究者であることを改めて実感したという感想が寄せられた。社会問題の現実の把握から出発して法の形成層に光を当てるという伝統を今後とも持ち続けたいと思う。

**第一部**のⅧおよびⅩがそれぞれの仕方で慶應義塾大学大学院法務研究科（法科大学院）における教育と授業に関する活動から生まれたことは、本文に述べたとおりである。赴任した当時、そしてその後も数年間「半学半教」という言葉がそれほどしっくりこなかったことを記憶している。慶應義塾の草創期からの精神を理解し、ある程度それを自分のものとしたのかもしれないと感じるまでに、およそ10年を要した。


## 第二部について

**第二部**は経済法、とりわけ独占禁止法に関する論文等を収めている。多くは大学紀要、法学雑誌に掲載されたものである。他方、いわゆる講座もの（「経済法講座」等）の一部として出版されたものが含まれている。

まず**第二部**のⅠ・Ⅱ・Ⅲは独占禁止法上の競争の実質的制限の要件をテーマとする点で共通するが、執筆の時期や経緯等が大きく異なっており、以下ここでは、とりわけそれぞれの相互関係について説明を加えておきたい。Ⅰの「独占禁止法上の競争の実質的制限に関する覚書」は、テーマに関する最近の問題状況を概観したうえで自らの見解をとりまとめており、この意味でアクチュアルなものということができる。これに対して、**第二部**のⅡおよびⅢは、逆にこのテーマに関する初期の論稿であり、現在の観点から見ると理論的洗練の度合いの点で問題を含む箇所がないではない。なお、Ⅲ („Wesentliche Wettbewerbsbeschränkungen im Antimonopolgesetz"、1987年公表）がオリジナルであり、Ⅱ（「独占禁止法上の競争の実質的制限」）は、2020年に公表したその日本語訳である。なお、民事法、刑事法等の伝統的法分野の場合と比較すると、経済法・独占禁止法についてはとりわけ政策的観点が前面に出ることが多く、学説や解釈論の論理的整合性に関心が払われる度合いが比較的少

ないのではないかという印象を持つことがある。そのことには確かに一定の理由があることも否定できないが、論理に係る問題がこの法分野の理論と実務の十分な展開を制約する要因となることも考えられるのではないかとおそれる。

第二部 IX「業務提携と法」については、刊行の時期（1991年）についての考慮から原則的に執筆当時の状況を維持するという方針に基づいている。収録するに際して、修正点は一部にとどめた。テーマに関する歴史的経緯に光を当て、それらを記録することも、本書のような論文集の果たしうる役割の1つであろう。

第二部 X「独占禁止法とは何か」は、主として初学者に向けて企画された法学雑誌の特集の巻頭論文として執筆された。このことから、狭義の論文の場合とは異なる叙述がみられる箇所が含まれている。教育と研究の架橋となることを望んでいる。

次に第二部の XI「独占禁止法と競争秩序」は、法律雑誌の特集「独禁法の新展開と理論的課題」を構成する論稿の1つとして執筆されたものである。筆者が引き受けたテーマは、他の多くの論稿が各論的・具体的課題に係るものであったのに対し、大いに総論的・抽象的であった。有効な議論を展開できているかどうか。

あとがき　303

江口公典（えぐち・きみのり）

1953年　福岡県に生まれる
1972年　福岡県立三池高等学校卒業
1976年　九州大学法学部卒業
1976年　九州大学大学院法学研究科社会法学専攻修士課程入学
1978年　九州大学大学院法学研究科社会法学専攻博士課程進学
1980年　岡山大学法学部助手
（1980年〜1982年　慶應義塾大学産業研究所訪問研究員）
1984年　岡山大学法学部助教授
（1987年〜1989年　ドイツ・ミュンヘン大学法学部客員研究員）
1991年　岡山大学法学部教授
1994年　上智大学法学部教授
2004年　慶應義塾大学大学院法務研究科教授
2019年　慶應義塾大学名誉教授（現在に至る）

**主要著作**
『経済法研究序説』有斐閣・2000年
『経済法』（金井貴嗣・山部俊文・土田和博と共著）有斐閣・1999年
『企業結合と法』（実方謙二・奥島孝康・本間重紀と共著）三省堂・1991年

法における人間像と経済法

2024年9月1日　初版第1刷発行

著者ⓒ　江口公典

発行者　苧野圭太
発行所　尚学社
〒113-0033　東京都文京区本郷1-25-7　電話(03)3818-8784　FAX(03)3818-9737
http://www.shogaku.com/　verlag@shogaku.com
ISBN978-4-86031-191-9 C3032

組版・ACT・AIN／印刷・TOP印刷／製本・井上製本所